"十四五"职业教育国家规划教材

国家职业教育护理专业教学资源库配套教材

营养与膳食

（第3版）

主编 杨柳清

中国教育出版传媒集团

高等教育出版社·北京

内容提要

　　本书为"十四五"职业教育国家规划教材,也是国家职业教育护理专业教学资源库配套教材。全书共8章、6个实训,第一章概括介绍营养与膳食的基本概念及营养与人体健康的关系;第二、三、四章主要介绍营养学的基础理论知识;第五、六章主要介绍不同生理人群的营养特点及营养评价方法;第七、八章主要介绍临床营养基本知识及临床常见疾病的营养治疗与膳食指导。每章设计了学习目标、思维导图、学习内容、知识拓展、执考考点和测验题等模块,以典型案例导入教学内容,激发学生学习兴趣。

　　本书配套建设有一体化的教学资源,包括思维导图、视频、知识拓展、在线测试等,可通过扫描二维码在线学习,在提升学习兴趣的同时,也为学习者提供自主学习的空间。教师如需获取本书授课用配套PPT,请登录"高等教育出版社产品信息检索系统"(https://xuanshu.hep.com.cn/)免费下载。

　　本书适用于高等职业教育护理、助产等医学相关专业教学,也可供临床护理人员参考。

图书在版编目（CIP）数据

　　营养与膳食 / 杨柳清主编. -- 3版. -- 北京：高等教育出版社，2025. 9. -- ISBN 978-7-04-065205-5

　　Ⅰ. R151. 4

　　中国国家版本馆CIP数据核字第2025SN7238号

YINGYANG YU SHANSHI

策划编辑	吴　静	责任编辑	吴　静	封面设计	马天驰	版式设计	曹鑫怡
责任绘图	杨伟露	责任校对	刘丽娴	责任印制	耿　轩		

出版发行	高等教育出版社	网　　址	http://www.hep.edu.cn
社　　址	北京市西城区德外大街4号		http://www.hep.com.cn
邮政编码	100120	网上订购	http://www.hepmall.com.cn
印　　刷	山东临沂新华印刷物流集团有限责任公司		http://www.hepmall.com
开　　本	787mm×1092mm　1/16		http://www.hepmall.cn
印　　张	13.75	版　　次	2015年1月第1版
字　　数	280千字		2025年9月第3版
购书热线	010-58581118	印　　次	2025年9月第1次印刷
咨询电话	400-810-0598	定　　价	39.00元

《营养与膳食》（第3版）编写人员

主　　编　杨柳清

副 主 编　孙联伟　李焕勇　郎春辉

编　　者　（以姓氏拼音为序）

崔新慧　甘肃卫生职业学院

郎春辉　重庆大学附属三峡医院

李焕勇　滨州职业学院

冉春霞　重庆三峡医药高等专科学校

孙联伟　黑龙江护理高等专科学校

韦　婷　雅安职业技术学院

项青云　合肥职业技术学院

杨柳清　重庆三峡医药高等专科学校

杨伟品　山东医学高等专科学校

编写秘书　冉春霞

第3版前言

党的二十大报告指出,人民健康是民族昌盛和国家强盛的重要标志,要把保障人民健康放在优先发展的战略位置,完善人民健康促进政策。党的二十大同时对"健康中国建设"做出部署,为医护教育事业发展指明了方向,提供了基本遵循。人民健康促进政策的完善则对基层医护人员的培养提出了更高的要求。

本次修订以培养德智体美劳全面发展,掌握扎实的科学文化基础和护理学知识,具备熟练运用基本护理技术的能力,具有救死扶伤精神,能够从事临床护理及预防保健等工作,为人民群众提供健康保障的高素质技能人才为宗旨,在继承第2版经典内容的基础上,进行了以下几方面的重点更新与改进:

1. 更新完善内容 本教材广泛吸纳了中国营养学会等学术机构的最新研究成果,并结合临床岗位的新技术应用、国家卫生健康委员会发布的最新规范以及护士执业资格考试大纲的最新要求,对各章节内容进行了全面的更新,以确保教材内容更加贴合中国居民的营养与健康需求。

2. 强化思政教育 以弘扬社会主义核心价值观为核心,依据护理专业人才培养目标,将培养"敬佑生命、救死扶伤、甘于奉献、大爱无疆"的职业精神,以及诚实守信、热爱劳动、遵守道德准则和行为规范等作为教育的总目标,进一步深入挖掘思政元素,实现了教材内容与思政教育的有机融合。

3. 体现产教融合 在"案例导入"和"情景实践"的内容设计中,教材精选并补充了典型案例,辅助教师在课堂上开展以问题为导向的小组讨论和情景模拟等教学活动,以此激发学生的主动思考和评判性思维,提升学习兴趣和创新潜能。

4. 加强实训练习 对利用营养膳食软件编制食谱、孕妇膳食指导、老年人膳食指导、临床营养健康教育指导、糖尿病患者食谱编制等5个实训项目的操作流程进行了优化,以增强学生的实践操作能力。

5. 丰富数字资源 对原有的思维导图、在线测试题进行了迭代更新,优化知识拓展、视频等资源9个,新增原创资源30个,使教材的数字资源质量更佳。这不仅使教材与护理专业资源库相得益彰，而且较为完整地展现了该课程的自主学习体系，方便学生进行移动泛在学习，推动教育数字化进程，助力构建全民终身学习的学习型社会。

全书共 8 章、6 个实训，安排教学 38 学时。第一章概括介绍营养与膳食的基本概念及营养与人体健康的关系；第二、三、四章主要介绍营养学的基础理论知识；第五、六章主要介绍不同生理人群的营养特点及营养评价方法；第七、八章主要介绍临床营养基本知识及临床常见疾病的营养治疗与膳食指导。每章设计了学习目标、思维导图、学习内容、知识拓展、执考考点和测验题等模块，以典型案例导入教学内容，激发学生学习兴趣。

本书编写团队由学校专职教师与行业兼职教师共同组成，双方优势互补。全体编者分工合作，确保教材编写工作统筹协调。具体编写任务：第一章由杨柳清编写；第二章由项青云编写；第三章及实训一由冉春霞编写；第四章由韦婷编写；第五章第一、二、三、六节及实训三由李焕勇编写，第四、五节及实训二由杨伟品编写；第六章及实训四由孙联伟编写；第七章及实训五由崔新慧编写；第八章及实训六由郎春辉编写。全体编者始终以严谨、求实、科学的态度对待编写工作，查阅专业书籍、了解专业动态、调研岗位任务，与临床专业人员反复沟通交流，共同选择典型案例，力争使教材内容科学、语言浅显、案例生动，具有可操作性与指导性。但是限于编写人员经验不足、水平有限，本书难免有不足之处，真诚希望所有读者不吝赐教、及时反馈，提出建设性意见，以便我们对教材不断修改、完善并提高其质量。

本书在编写过程中得到了重庆三峡医药高等专科学校等 46 所院校以及重庆大学附属三峡医院等行业单位的支持，特致以衷心感谢！

杨柳清

2025 年 4 月

第 2 版前言

国家职业教育护理专业教学资源库配套新形态一体化教材《营养与膳食》是在全国护理专业教学资源库建设专家委员会领导下组织编写的。编写按照"贴近学生、贴近岗位、贴近社会"的原则,体现职业教育特色与理念,具有突出的高职教育特色。

第 2 版教材是在 2015 年第 1 版的基础上,依据中国营养学会 2016 年发布的《中国居民膳食指南》成果,结合临床营养发展最新动态、执业护理资格考试大纲最新要求,主要做了以下工作:一是更新知识,对各章节的知识内容做更新、修订、完善;二是优化章节内容,删减了职业人群营养、社区营养教育内容,突出教材的实用性,对营养状况评价及常见疾病的营养治疗与指导两章的二级目录做了优化调整;三是强化实训练习,增加了利用营养膳食软件编制食谱、孕妇膳食指导、老年人膳食指导、临床营养健康教育指导、糖尿病患者食谱编制五个实训项目;四是应用信息化技术配套了二维码数字资源,将思维导图、视频、测试答题、知识拓展等内容做成数字资源放入资源库云端,使教材与护理专业教学资源库相辅相成,较完整地展现了该课程的自主学习体系,方便学生移动泛在学习。

全书共 8 章、6 个实训,安排教学 38 学时。第一章概括介绍营养与膳食的基本概念以及营养与人体健康的关系;第二、三、四章主要介绍营养学的基础理论知识;第五、六章主要介绍不同生理人群的营养特点及营养评价方法;第七、八章主要介绍临床营养基本知识以及临床常见疾病的营养治疗与膳食指导。每章设计了学习目标、思维导图、学习内容、知识拓展、执考考点和测验题等模块,以真实案例导入教学内容,激发学生学习兴趣。

教材编写团队由学校专职教师与行业兼职教师共同组成,双方优势互补。全体编者分工合作,确保教材编写工作统筹协调。具体编写任务:第一章由杨柳清编写;第二章第一、二节由项青云编写;第二章第三、四、五节由何晓文编写;第三章由冉春霞编写;第四章由韦婷编写;第五章第一、二、三节由王淑芳编写;第五章第四、五节由杨伟品编写;第五章第六节由李焕勇编写;第六章第一、二、三节由杨艳旭编写;第六章第四、五节由孙联伟编写;第七章第一、二节由吴建芬编写;第七章第三节由崔新慧编写;第八章第一、二、三节由郎春辉编写;第八章第四、五、六、七节由任刚编写。全体编者始终以严谨、求实、科学的态度对待编写工作,查阅专业书籍、了解专业动态、调研岗位任务,与临床专业人员反复沟通交流,共同选择典型案例,力争使教材内容科学、语言浅显、案例生动,具有可操作性与指导性。但是由于编写人员经验不足、水平有限,本书难免有不足之处,真诚希望所有读者不吝赐教、及时反馈,提出建设性意见,以便我们对教材不断修改、完善与提高。

本教材在编写过程中得到了重庆三峡医药高等专科学校等 13 所院校以及重庆三峡中心医院的支持,特致以衷心感谢!

杨柳清

2020 年 2 月 28 日

第1版前言

　　国家职业教育护理专业教学资源库配套教材《营养与膳食》是在全国高等职业教育护理专业教学资源库建设专家委员会领导下统一组织编写的,教材编写按照"贴近学生、贴近岗位、贴近社会"的原则,体现职业教育特色与理念,使教材具有高职高专护理专业的特色。教材主要适用于高职高专护理专业学习使用,同时也可作为临床与社区护理人员继续教育学习的培训教材。

　　本教材按34学时编写,内容编写上充分考虑了护理专业岗位需求,结合执业护士考试要求,删减了食品卫生与监督管理、强化食品与保健食品等内容,将营养不足或过剩导致的营养性疾病归入相应章节内,突出教材对于护理专业学生岗位工作的实用性与针对性。全书除绪论外,分为九章。首先为绪论,概括介绍营养与膳食的基本概念及营养与人体健康的关系;第一、二、三章主要介绍营养学的基础理论知识;第四、五、六章主要介绍不同生理人群与职业人群的营养特点及营养评价方法,指导人群合理膳食,预防营养性疾病;第七、八章概述临床营养基本知识以及临床上常见疾病的营养治疗与护理;第九章介绍社区营养教育的方法与内容。正文后设6个实训,指导学生实践学习。本教材每章设计了学习目标、学习内容、知识链接、本章小结和思考题等模块,各章节以列举案例的形式导入教学内容,激发学生学习兴趣。

　　教材编写中,团队中的每位老师始终以严谨、求实、科学的态度对待本工作,查阅专业书籍、了解专业动态、调研岗位任务,与临床专业人员反复沟通交流,共同选择典型案例,力争使教材内容科学、语言浅显、案例生动,具有可操作性与指导性。但是,由于我们编写经验不足、水平有限,本书难免有疏漏与不足之处,真诚希望所有读者不吝赐教、及时反馈,提出建设性意见,以便我们对教材不断修改、完善与提高。

　　本教材在编写过程中得到了重庆三峡医药高等专科学校、黑龙江护理高等专科学校等院校领导的支持,特致以衷心感谢。

主编

2014 年 6 月

目 录

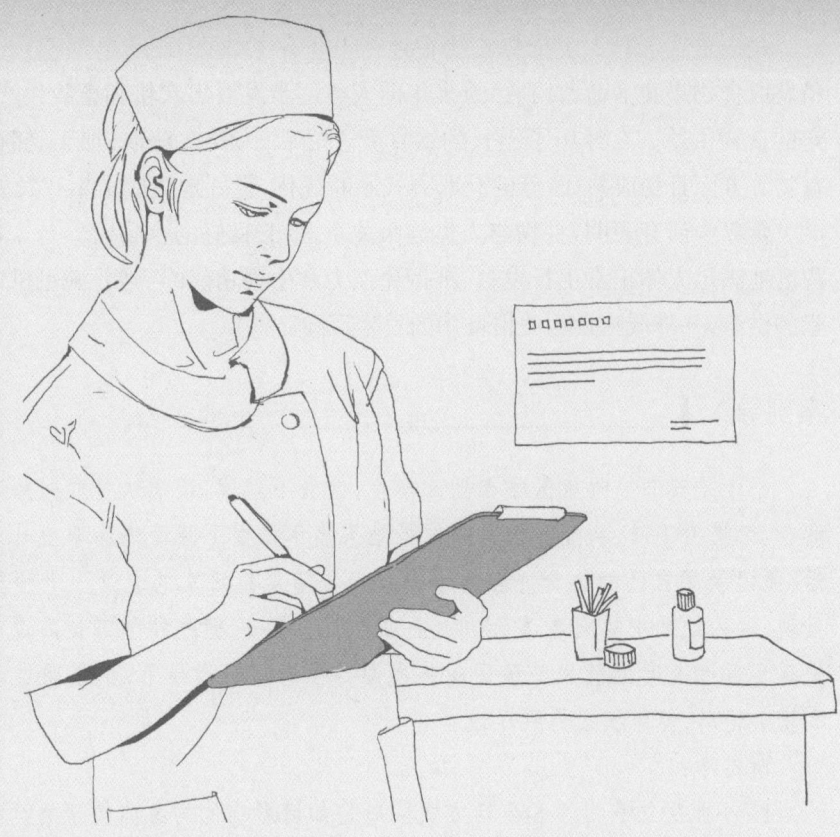

第一章 绪论

学习目标

知识目标

1. 记忆营养、营养素、合理营养及膳食营养素参考摄入量的基本概念。

2. 归纳营养与健康的关系。

3. 知晓中国居民面临的主要营养问题。

能力目标

1. 能正确区分五大类食物,描述各类食物的主要营养成分和对人体健康的基本贡献。

2. 能意识到食物多样化的重要性,初步具备食物搭配的基本实践能力。

素质目标

1. 提升社会责任感,积极参与社区营养健康活动,帮助提升周围人群的营养健康意识。

2. 在日常生活中养成良好饮食习惯和生活方式,成为健康生活的实践者。

思维导图

民以食为天。人类依靠食物在地球上生存了数百万年,早期猿人通过采集和狩猎获取食物果腹活命,直到一万多年前人类逐步发展出农耕和畜牧生产体系,保证稳定的食物供给。在经历了漫长的饮食变迁之后,人类在获取、加工、储存、烹调、消费食物等方面日趋成熟,营养的获取方式不断优化,更好地适应了生存发展的需要。

营养学研究表明,食物与人类健康关系密切,良好的食物营养与饮食习惯能最大程度地满足人体正常生长发育、维持免疫力和生理功能的需要,满足机体能量和营养素的供给,并降低膳食相关慢性病的发生风险。

案例导入

小张是某高校临床医学专业大学生,饮食不规律,常吃快餐或叫外卖。近期出现疲劳、记忆力下降、头痛和便秘。体检结果显示体重下降而体脂率上升。意识到问题后,他记录了自己的饮食并咨询学校营养与膳食教研室的老师。老师与他一起分析发现,他的饮食中缺乏蔬菜、水果,蛋白质来源单一,糖分和加工食品过多。同时由于缺乏运动和长时间静坐减缓了新陈代谢。在老师的指导下,小张通过调整饮食习惯和增加运动,健康状况得到了改善。

请思考:

1. 小张的饮食习惯和生活方式问题是如何影响他的身体健康的?

2. 如何通过提升营养健康意识,帮助大学生实现学业压力和健康生活的动态平衡?

第一节 营养学的基本概念

一、食品概念与分类

(一) 食品与食物

《中华人民共和国食品安全法》对食品的定义:食品(food)是指各种供人食用或者饮用的成品和原料以及按照传统既是食品又是中药材的物品,但是不包括以治疗为目的的物品。在传统和习惯上,人们常常将可进食的物品分别称为食品与食物,食品指供人食用或者饮用的成品,食物多指食品的原料。根据前述定义,以上两者均可统称为食品。

(二) 食品分类

食品按照其来源习惯上分为植物性食物和动物性食物两大类。按照食品的营养价值和形态可分为五类。

2

1. **谷薯类**　包括谷类（全谷物）、薯类和杂豆类。主要提供糖类（碳水化合物）、蛋白质、膳食纤维及 B 族维生素，是膳食能量的主要来源。

2. **蔬菜水果类**　包括各种蔬菜、水果。主要提供膳食纤维、矿物质、维生素 C、胡萝卜素、维生素 K 及有益健康的植物化学物，是膳食纤维、微量营养素和植物化学物的良好来源。

3. **畜禽鱼蛋奶类**　包括畜、禽、鱼、蛋、奶类食物。主要提供蛋白质、脂肪、矿物质、维生素 A、维生素 D 和 B 族维生素，是优质蛋白质、脂肪和脂溶性维生素的良好来源。

4. **大豆和坚果类**　包括大豆及花生、核桃、杏仁等坚果类。主要提供蛋白质、不饱和脂肪酸、膳食纤维、矿物质、B 族维生素和维生素 E，是蛋白质和钙的良好来源。

5. **油脂和盐**　包括动植物油和食盐等。

知识拓展：
限制食用的
食品

二、营养与营养素

（一）营养

营养是指人体从外界环境摄取食物，经过消化、吸收和代谢，利用食物中的有益物质供给能量，构成和更新身体组织以及调节生理功能的全过程。

（二）营养素

营养素是指食物中具有特定生理作用，能维持机体生长、发育、活动、生殖及正常代谢所需的物质。

人体所需要的营养素包括蛋白质、脂类、糖类、矿物质及维生素等。其中，蛋白质、脂类和糖类为人体内含量及需要量相对较多的营养素，每天需要量为数十克至数百克，称为宏量营养素。宏量营养素在体内代谢过程中能够产生能量，因此又称为产能营养素。除了宏量营养素之外的，人体内含量及需要量相对较少的称为微量营养素，包括矿物质和维生素两大类，人体每天对微量营养素的需要量较少，一般以毫克或微克计。

食物中所含的能量和营养素能满足人体营养需要的程度，体现该食物的营养价值。

三、合理营养与平衡膳食

（一）合理营养

合理营养是一个综合性的概念，它既要通过膳食调配提供满足人体生理需要的能量和各种营养素，又要考虑合理的膳食制度和烹调方法，以利于各种营养物质的消化、吸收与利用，同时合理营养也特别强调膳食构成的合理比例，避免某些营养素过多以及在烹调过程中营养素的损失或有害物质的形成。

（二）平衡膳食

膳食即人们每天食用的、由多种食物组成的饭菜。平衡膳食是指一段时间的膳食组成中的食物种类和比例可以最大限度地满足不同年龄、不同能量水平健康人群的营养和健康需求。平衡膳食是达到合理营养的物质基础，也是达到合理营养的手段。

平衡膳食模式（balanced diet model）是根据科学研究原理、中国居民膳食营养素参考摄入量及科学研究成果而设计。

中国居民平衡膳食八准则，首要的是食物多样、合理搭配。其核心推荐是坚持谷类为主的平衡膳食模式（详见第四章第三节）。食物多样化的方法是小份量选择、同类食物互换、巧搭配和合理烹调。

四、膳食营养素参考摄入量

膳食营养素参考摄入量（dietary reference intakes, DRIs）是评价膳食营养素供给量能否满足人体需要、是否存在过量摄入风险以及有利于预防某些慢性非传染性疾病的一组参考值。《中国居民膳食营养素参考摄入量（2023 版）》包含 7 个指标（详见第四章第二节）：平均需要量、推荐摄入量、适宜摄入量、可耐受最高摄入量、宏量营养素可接受范围、降低膳食相关非传染性疾病风险的建议摄入量、特定建议值。

五、营养不良与营养改善

（一）营养不良

营养不良是指由能量、蛋白质及其他营养素不足或过剩造成的组织、机体和功能改变及相应的临床表现，是一种不正常的营养状态。

1. 营养缺乏　亦称"营养不足"，是指机体从食物中获得的能量、营养素不能满足身体需要，从而影响生长、发育及正常生理功能的现象。如蛋白质－能量营养不良、维生素 A 缺乏、维生素 D 缺乏、维生素 B_1 缺乏（脚气病）、维生素 C 缺乏（坏血病）、营养性贫血、碘缺乏等。

2. 营养过剩　亦称"营养过度"，是指长期过量摄入产能营养素引起的一种不健康状态。早期表现为超重，进一步发展为肥胖症。

营养缺乏和营养过剩都可以通过膳食调查、体格测量及相关的生理生化指标、体征的检查和临床症状来发现和诊断。

（二）营养改善

营养改善指为改善居民营养状况而开展的预防和控制营养缺乏、营养过剩和营养

相关疾病等工作。营养改善以平衡膳食、合理营养、适量运动为中心,以科学宣传、专业指导、个人自愿、社会参与为原则。例如,我国政府在《国民营养计划(2017—2030年)》中提出了学生营养改善行动、老年人群营养改善行动。其中,学生营养改善行动包括:指导学生营养就餐,学生超重、肥胖干预以及开展学生营养健康教育;老年人群营养改善行动包括:开展老年人群营养状况监测和评价,建立满足不同老年人群需求的营养改善措施,促进"健康老龄化",建立老年人群营养健康管理与照护制度。

第二节 营养与健康的关系

营养与健康的关系十分密切,合理营养是保证健康的四大基石之一,不合理的营养会损害健康,甚至诱发机体疾病及心理健康问题。营养与健康的关系主要表现在以下几个方面。

一、人体所需的营养素必须通过摄取食物来获得

机体活动需要能量,构成机体和修复组织需要营养素,调节代谢以维持正常生理功能也离不开营养素。人体所需的营养素多达40余种,这些营养素必须通过食物摄取,以满足机体生理需要。除喂养6月龄内婴儿的母乳外,任何一种天然食物都不能提供人体所需的全部营养成分,因此人体需要通过摄取多种食物来供给机体所需要的各种营养素。

二、平衡膳食是身体健康的基础保障

食物没有好坏之分,各种各样的食物各有其营养优势,在膳食搭配中需要根据个人的身体状况来合理选择食物的种类与数量,做到食物的多样化。若对食物多样化进行量化,建议为:平均每天不重复的食物达到12种以上,每周达到25种以上。具体是:谷类、薯类、杂豆类食物平均每天3种以上,每周5种以上;蔬菜水果类食物平均每天4种以上,每周10种以上;鱼、蛋、禽肉、畜肉类食物平均每天3种以上,每周5种以上;奶、大豆、坚果类食物平均每天2种,每周5种以上。即一日三餐:早餐摄入3~5个品种,午餐摄入4~6个品种,晚餐摄入4~5个品种,加上零食1~2个品种。合理膳食的关键在于平衡,平衡膳食是保证身体获取足够能量与营养素、保障机体各种生理需要、维持健康的基础。

三、合理营养能预防疾病、促进健康

合理营养可以促进人体的生长发育和智力发育,维持人体免疫力的平衡与稳定,

有助于器官功能维持在良好的工作状态,提升机体的体能并延长寿命。在临床上进行营养治疗可改善患者机体的营养状况,降低营养相关疾病和感染性疾病及其并发症的发病率,提高临床治疗效果和患者生存率。

四、不合理的营养损害健康

长期不合理的营养可引起营养不良、慢性非传染性疾病、机体免疫功能下降而使感染性疾病的发病率增加。如:奶类食物摄入过少可引起缺钙;高盐和低纤维素膳食可引起高血压;高脂饮食可引起血脂异常;营养不良可造成胸腺和其他淋巴组织等免疫器官发育不全、萎缩,使细胞免疫、体液免疫、补体功能和吞噬作用等受损,从而导致机体免疫功能降低而发生全身感染。

情景实践

艾娜 13 岁在故乡选美大赛中获胜,从此开启模特生涯。她曾在俄罗斯、日本等多个国家工作。在模特行业对外形要求的压力下,艾娜因过度关注体重导致厌食和体重急剧下降。她的身高为 172 cm,体重仅 40 kg,体质指数为 13.52,远低于健康标准。虽然家人对她的消瘦非常担忧,但艾娜却坚称自己健康。艾娜在 21 岁时因厌食症并发全身感染去世。

请根据以上案例查阅资料,了解世界卫生组织建议的体质指数标准,讨论分析厌食症对身体健康的影响,思考健康体重与身体形象的关系。

第三节 中国居民营养与健康现状

我国通过开展全国居民营养状况调查,定期发布《中国居民营养与健康现状调查报告》,及时反映居民的营养与健康问题,进而实施有效的干预,遏制慢性病快速上升的趋势。国家卫生健康委员会已将原每 10 年一次的中国居民营养与健康状况调查,变更为每 4 年一个周期的常规性营养监测。近年的监测结果表明,随着我国人民生活水平不断提高,全民营养健康教育不断普及,国民的营养供给能力显著增强,国民营养健康状况明显改善,但仍面临着问题和挑战。

1. **居民营养状况持续改善** 居民的平均身高持续增长,城乡差异逐步缩小;营养不足的问题得到持续改善,6 岁以下儿童生长迟缓率降至 4.8%,低体重率降至 2%,达到《国民营养计划(2017—2030 年)》目标;人群微量营养素缺乏症也得到了持续改善,以贫血为例,我国 18 岁及以上居民贫血率、6~17 岁儿童青少年贫血率以及孕妇贫血率与 2015 年相比均有显著下降。

2. **居民健康意识增强** 健康素养水平稳步提升,2023 年达到 29.70%;健康生活

视频:中国
居民营养与
健康现状
分析

营养与膳食

方式与行为素养水平提升幅度较大,定期测量体重、血压、血糖、血脂等健康指标的人群比例显著增加。居民吸烟率、二手烟暴露率、经常饮酒率均有所下降。家庭烹调减盐由 2015 年的人均每天烹调用盐 10.5 g 减到 9.3 g。

3. 重大慢性病过早死亡率逐年下降　2023 年,我国居民因心脑血管疾病、癌症、慢性呼吸系统疾病和糖尿病等四类重大慢性病导致的过早死亡率为 15.0%,与 2015 年的 18.5% 相比下降 3.5 个百分点,降幅达 18.9%。

4. 居民不健康生活方式普遍存在　膳食脂肪供能比持续上升,农村首次突破 30% 推荐上限。家庭人均每天烹调用盐和用油量仍远高于推荐值,同时居民在外就餐比例不断上升,食堂、餐馆、加工食品中的油、盐量普遍较高。儿童青少年经常饮用含糖饮料问题凸显,15 岁以上人群吸烟率、成人 30 天内饮酒率超过 25%,身体活动不足问题普遍存在。

5. 居民超重肥胖问题不断凸显　城乡各年龄组居民超重肥胖率继续上升,有超过一半的成年居民超重或肥胖。据 2023 年统计,我国 6~17 岁儿童青少年超重肥胖率接近 20%,6 岁以下儿童超重肥胖率约为 10%。高血压、糖尿病、高胆固醇血症、慢性阻塞性肺疾病患病率分别达到 31.6%、12.0%、14.4%、13.7%,与 10 年前相比有明显上升。

6. 慢性病发病率上升　我国因慢性病导致的死亡占总死亡的 88.5%,其中心脑血管疾病、癌症、慢性呼吸系统疾病死亡比例为 80.7%,防控工作仍面临巨大的挑战。

根据居民存在的营养问题,中国营养学会定期推出《中国居民膳食指南》,结合中国人的饮食特点,推行植物性食物为主、动物性食物为辅、膳食结构多元化的食物消费模式,控制食用油和盐的摄入量。指导国民通过"平衡膳食、合理营养、适量运动"养成健康的生活方式。

第四节　学习本门课程的意义

在现代医学教育中,"营养与膳食"课程对于医学生来说具有不可替代的重要性。医学生作为未来的人民健康守护者,通过学习本课程,能够更好地理解营养与健康之间的关系,为日后的临床工作奠定科学基础。

1. 营养学基础知识对慢性病防治至关重要　随着科学研究的不断深入,营养学在慢性病的预防、治疗以及健康促进中的作用越来越受到重视。营养与慢性病发生、发展密切相关,良好的营养不仅是预防慢性病的重要手段,而且在治疗过程中也扮演着重要角色。掌握营养学的基础知识,理解营养与健康之间的关系能为今后临床实践中开展慢性病预防和治疗打下坚实的基础。例如在心血管疾病、糖尿病等慢性病患者的日常膳食营养中,坚持精准搭配膳食、合理补充营养等,可显著改善疾病损害、促进康复。

2. 公共营养服务的重要性　通过学习本课程,能够掌握评价人群营养状况、指导人群合理膳食的基本知识和技能。这些技能对于开展公共营养服务至关重要。医学生将能够运用所学知识，为社会不同年龄、职业、健康状况的人群提供全生命周期的营养咨询和指导，进而改善公众的营养状况，预防营养相关疾病的发生。

3. 社区营养管理与人群健康水平提升 社区营养管理和干预的工作，主要是运用营养科学知识、技术及措施，研究和解决社区人群营养问题。医学生通过学习本课程，能够为社区营养管理提供科学依据和实践指导。通过开展营养调查、营养干预、营养监测、营养教育等活动，提高人群营养知识水平，改善膳食，增进人群健康，提高人们的生活质量。这对于预防疾病、提高居民健康水平具有重要意义。

4. 跨学科合作的桥梁 营养学是连接基础医学、临床医学、公共卫生等多个学科的桥梁。医学生通过学习本课程，能够更好地理解不同学科之间的联系，促进跨学科合作，为解决复杂的健康问题提供多角度的解决方案。

执考考点

1. 食品的分类。
2. 合理营养的概念。
3. 膳食营养素参考摄入量（DRIs）概念。

测验一

一、选择题
请扫描二维码完成在线测试。
二、简答题
1. 按食品营养价值与形态区别，分别说说五大类食品的名称及营养特点。
2. 简述营养与健康的关系。
3. 举例说明食物多样化的膳食搭配原则。

在线测试

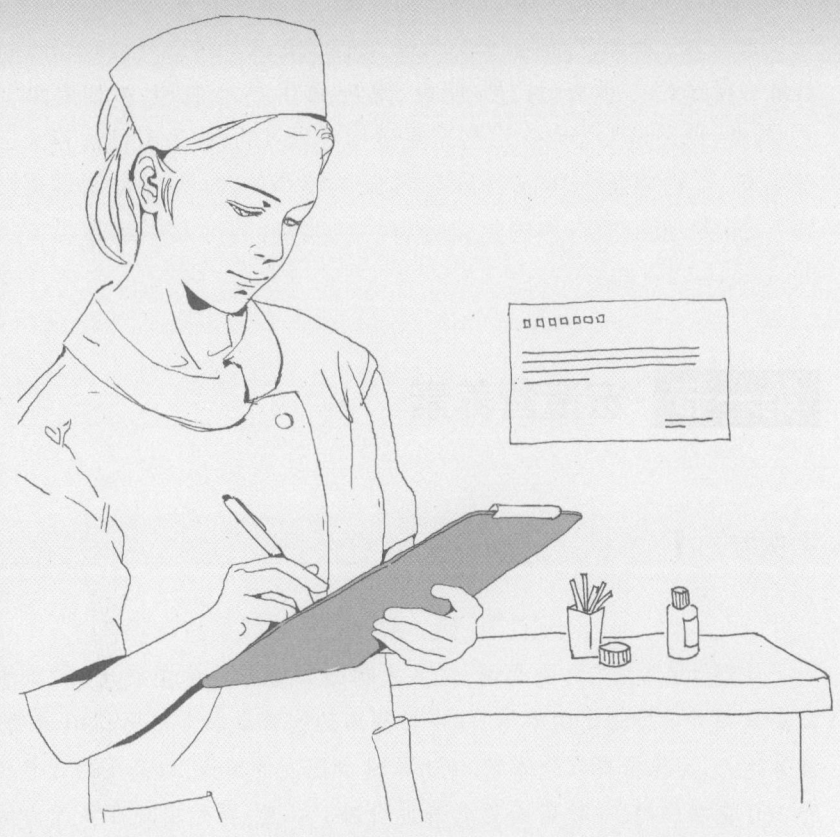

第二章 营养素及营养缺乏的健康损害

学习目标

知识目标

1. 记忆营养素的基本概念及类别;蛋白质、脂类、糖类、矿物质和维生素的概念、组成、分类、评价;能量的单位、消耗及需要量;人体水平衡及其调节。

2. 归纳各营养素的基本概况及其与健康之间的关系;各营养素和能量的营养学意义,参考摄入量及食物来源。

3. 知晓各营养素的消化、吸收、代谢、别称、活性形式等。

能力目标

1. 能够正确判断并识别人群营养状态并给出科学合理建议。

2. 能够根据各营养素与能量相关疾病的临床表现,初步具备识别、预防、控制各营养素和能量相关疾病的能力。

素质目标

养成良好的饮食习惯和严谨的科学态度,积极参与营养指导和宣传,帮助人们正确识别和评价自己的营养状态,了解和识别各类食物的营养特点并合理利用;成为营养健康的倡导者和实施者。

思维导图

人体为了维持生命和健康,保证生长发育和从事各种劳动,每天必须摄入一定数量的营养素,主要有蛋白质、脂类、糖类、维生素、矿物质、水和膳食纤维。其中蛋白质、脂类、糖类是人体内含量与需要量相对较多的,称为宏量营养素(macronutrient),维生素、矿物质是人体内含量与需要量较小的,称为微量营养素(micronutrient)。糖类、脂类、蛋白质在体内氧化分解产生能量,满足人体需要,又称为产能营养素(energy-yielding nutrient)。

第一节 宏量营养素

案例导入

长期"低碳水高蛋白"的饮食合理吗?

近期"减脂操"火遍全网,很多人都跟着健身主播在家开始"减脂"。注重身体健康是一件值得肯定的事情,健身过程中的饮食也非常重要。30岁的马先生是一位健身达人,为保持更低的体脂,他听从健身朋友的建议,以高蛋白饮食为主,一个月吃掉160袋鸡胸肉,并饮用大量乳清蛋白粉。一天,突然出现浑身无力的症状,遂去医院就诊,尿液检查结果显示尿蛋白2+。医生诊断他因蛋白质摄入过量,肾代谢负担过重,导致肾损伤。

请思考:

1. 蛋白质的生理功能有哪些?

2. 蛋白质是否摄入得越多越好? 蛋白质摄入过多对人体有什么危害?

3. 如何对蛋白质摄入过剩的人群进行营养干预?

一、蛋白质

蛋白质(protein)是以氨基酸为基本单位,通过肽键连接起来的一类含氮大分子有机化合物,是一切生命的物质基础,也是构成生物体最基本的结构物质与功能物质,是生物体生长发育和健康的重要营养素之一。

(一)蛋白质的营养学意义

1. 生长、更新和修补组织的重要成分 人体一切细胞组织都是由蛋白质组成的,蛋白质占成人体重的16%~19%,约占细胞内干重的80%。体内蛋白质不断分解、重建及修复,每天约更新3%。

2. 构成人体重要的生物活性物质 蛋白质参与构成的物质有:调节各种代谢过程的激素类物质,如生长激素、肾上腺素、胰岛素等;在新陈代谢过程中起催化作用的

视频:人体内的主要"建筑材料"

知识拓展:蛋白质的吸收代谢

酶,如淀粉酶、胃蛋白酶等;负责各种小分子、离子、电子运输的蛋白,如血红蛋白、脂蛋白、运铁蛋白等;其他活性物质,如肌动蛋白、免疫球蛋白、胶原蛋白、核蛋白等。

3. 维持体液及酸碱平衡　血红蛋白和血浆蛋白是血液缓冲系统的重要成分,能够调节机体酸碱平衡。正常情况下,血浆和组织液间不停交换水分子以保持其平衡。由于血液中的蛋白质起胶体渗透压的作用,若蛋白质浓度降低,则渗透压下降,血液中的水分子进入组织引起水肿。血液中"蛋白质钠盐 / 蛋白质"为缓冲对,可维持血pH恒定在弱碱性(动脉血 pH 7.35~7.45)。

4. 供给能量　人体每天所需能量有 10%~15% 来自蛋白质。当糖类和脂肪摄入不足时,蛋白质用于产生能量。

5. 为机体提供氮源,维持氮平衡　摄入氮与排出氮的动态平衡,称为氮平衡(nitrogen balance)。摄入氮 = 排出氮:健康成年人摄入和排出的氮量大致相等,摄入的蛋白质正好修补和更新人体组织,为零氮平衡。摄入氮>排出氮:处于生长期的儿童、少年、孕妇、乳母及病后恢复人群等,蛋白质合成速度大于损失速度,人体组织会增加,为正氮平衡。摄入氮<排出氮:衰老、短暂的饥饿或某些消耗性疾病时,排出氮大于摄入氮,蛋白质分解速度高于合成速度,为负氮平衡。

氮平衡受食物含氮量、热能含量,生长激素、睾酮、皮质类固醇和甲状腺素及疾病、应激状态、精神过度紧张等多种因素的影响。当能量供给量充足时,表现为正氮平衡。长期处于负氮平衡状态会出现疲乏、体重减轻、机体抵抗力下降,伴有血浆蛋白下降,白球比下降;婴幼儿对蛋白质缺乏敏感,表现为生长发育停滞、贫血、智力发育障碍,严重时可出现蛋白质性营养不良。

6. 其他　蛋白质中蛋氨酸是体内重要的甲基供体之一,肌酸、松果素、肾上腺素、肉碱等含氮物质在生物合成时,须由蛋氨酸提供甲基。甲基化在蛋白质和核酸的修饰加工方面也极为重要。突触蛋白、视蛋白等在胎儿和婴儿中枢神经系统和视觉系统发育中起关键作用。

知识拓展:
氮平衡临床
应用

11

知识拓展:
构成人体蛋
白质的 21
种氨基酸

(二) 必需氨基酸

氨基酸(amino acid)是组成蛋白质的基本单位。构成人体蛋白质的 21 种氨基酸中,有 9 种是人体不能合成或合成速度不能满足机体需要,必须从食物中直接获得的,称为必需氨基酸(essential amino acid)。它们是异亮氨酸、亮氨酸、赖氨酸、蛋氨酸、苯丙氨酸、苏氨酸、色氨酸、缬氨酸、组氨酸,其中组氨酸为儿童必需氨基酸,成人需要量较少。创伤、感染、剧烈运动及高分解代谢等特殊条件下,成为必需氨基酸的精氨酸和谷氨酰胺以及能减少必需氨基酸需求的酪氨酸和半胱氨酸,称为条件必需氨基酸(conditionally essential amino acid)。其余可由其他营养物质合成,不一定必须从食物中获取的为非必需氨基酸(nonessential amino acid),如天冬氨酸、谷氨酸、甘氨酸、丝氨酸、丙氨酸、脯氨酸等。

因为组成人体各种组织蛋白质的氨基酸有一定比例,所以每天膳食中蛋白质所提供的各种必需氨基酸比例与此种比例越接近,在体内被利用的程度就越高。某种蛋白质中各种必需氨基酸相互构成的比例称为氨基酸模式(amino acid pattern)(表2-1)。计算方法为:将某种蛋白质中的色氨酸含量定为1,分别计算其他必需氨基酸的相应比值,这一系列的比值即为该蛋白质的氨基酸模式。鸡蛋和牛奶的氨基酸模式与人体较接近,在实验中常作为参考模式,称为参考蛋白质(reference protein)。

表 2-1　几种蛋白质的氨基酸模式

氨基酸	人体	全鸡蛋	牛奶	牛肉	大豆	面粉	大米
色氨酸	1.0	1.0	1.0	1.0	1.0	1.0	1.0
异亮氨酸	4.0	3.2	3.4	4.4	4.3	3.8	4.0
亮氨酸	7.0	5.1	6.8	6.8	5.7	6.4	6.3
赖氨酸	5.5	4.1	5.6	7.2	4.9	1.8	2.3
蛋氨酸及胱氨酸	3.5	3.4	2.4	3.2	1.2	2.8	2.3
苯丙氨酸及酪氨酸	6.0	5.5	7.3	6.2	3.2	7.2	3.8
苏氨酸	4.5	2.8	3.1	3.6	2.8	2.5	2.9
缬氨酸	5.0	3.9	4.6	4.6	3.2	3.8	4.8

两种或两种以上食物混合食用,必需氨基酸的种类和数量可以互相补充,从而更能接近人体需要的比值,使食物的生物价值得到相应的提高,称为蛋白质互补作用(protein complementary action)。如小麦、小米、牛肉、大豆单独食用时,其蛋白质生物价分别为67、57、69、64,而混合食用的生物价可高达89。组成蛋白质的氨基酸须同时存在才能合成蛋白质,且机体内氨基酸的储存量很少,故膳食中不同蛋白质在24小时内摄入才能起到互补作用。

(三)膳食蛋白质营养价值评价

膳食蛋白质营养价值取决于蛋白质含量、氨基酸比例和种类是否符合人体的需要。一般动物蛋白优于植物蛋白,植物蛋白中大豆蛋白最好。

1. 蛋白质含量　是食物蛋白质营养价值的基础。食物中蛋白质含量测定一般用凯氏定氮法。多数蛋白质平均含氮量为16%,用测得的氮含量乘以蛋白质系数(一般为6.25)表示蛋白质含量。不同食物的蛋白质折算系数不同,准确计算时,按各类食物的含氮量分别采用不同蛋白质折算系数(表2-2)获得食物蛋白质含量。

表 2-2　常见食物蛋白质折算系数

食物	蛋白质折算系数	食物	蛋白质折算系数
大米	5.95	花生	5.46
全小麦	5.83	蛋	6.25
玉米	6.25	肉	6.25
大豆	5.71	奶	6.38

2. 蛋白质消化率　食物蛋白质消化率指机体对食物蛋白质消化吸收的程度。消化率越高,被机体吸收利用的可能性越大,价值越高。

$$蛋白质真消化率 = \frac{摄入氮 - (粪氮 - 粪代谢氮)}{摄入氮} \times 100\%$$

$$蛋白质表观消化率 = \frac{摄入氮 - 粪氮}{摄入氮} \times 100\%$$

注:粪代谢氮(metabolic fecal nitrogen)指无氮(蛋白质)膳食条件下,机体由粪便排出的氮。

表观消化率(apparent digestibility)比真消化率(true digestibility)低,对蛋白质营养价值的估计偏低,因此有较大的安全系数。

蛋白质消化率,如奶类 90%~99%、肉类 92%~94%、大米 82%、马铃薯 74%、大豆 60%、豆腐 90%、豆浆 85%(表 2-3),除受蛋白质本身的性质及加工烹调方式的影响外,还受全身状态、消化功能、精神情绪、饮食习惯和心理因素等的影响。

13

表 2-3　常见食物蛋白质真消化率(%)

蛋白质来源	真消化率 /%	蛋白质来源	真消化率 /%
鸡蛋	97	稻米	88
牛奶	95	小麦(全)	86
鱼、肉	94	小麦(精粉)	96
玉米	85	燕麦	86
花生	95	小米	79
豆粉	86	豌豆	88
面包	78	大豆	60
玉米窝头	60	豆腐	90

3. 蛋白质利用率　是指蛋白质经消化吸收后被机体利用的程度。常见的指标如下:

(1) 蛋白质生物价(biological value,BV)　指蛋白质储留量占吸收量的百分比,生物价越高表示该蛋白质利用率越高。计算公式如下:

$$蛋白质生物价 = \frac{储留氮}{吸收氮} \times 100\% = \frac{吸收氮 - (尿氮 - 尿内源氮)}{摄入氮 - (粪氮 - 粪代谢氮)} \times 100\%$$

注:尿内源氮(urine endogenous nitrogen)指无氮(蛋白质)膳食条件下,机体由尿排出的氮。

各种食物的蛋白质生物价不一样,常见食物蛋白质生物价见表 2-4。

表 2-4　常见食物蛋白质生物价

食物名称	生物价	食物名称	生物价
鸡蛋黄	96	芝麻	71
全鸡蛋	94	小麦	67
牛奶	90	马铃薯	67
鸡蛋白	83	豆腐	65
鱼	83	熟黄豆	64
虾	77	玉米	60
大米	77	花生	59
牛肉	76	绿豆	58
白菜	76	小米	57
猪肉	74	生黄豆	57
番薯	72	高粱	56

(2) 蛋白质净利用率（net protein utilization，NPU）　指蛋白质真消化率与蛋白质生物价的乘积，可以更全面地体现蛋白质消化和利用两方面的情况。

$$蛋白质净利用率 = 蛋白质真消化率 \times 蛋白质生物价 = \frac{储留氮}{摄入氮} \times 100\%$$

(3) 蛋白质功效比值（protein efficiency ratio，PER）　指在规定条件下，实验动物每摄入 1 g 蛋白质的体重增加量（g）。一般以雄性初断奶的大白鼠为实验对象，用含 10% 蛋白质的标准饲料喂养 28 天后，计算每摄入 1 g 蛋白质所增加体重的克数。

$$蛋白质功效比值 = \frac{实验期内动物体重增加克数（g）}{实验期内摄入的蛋白质克数（g）}$$

(4) 氨基酸评分（amino acid score，AAS）　又称化学评分，指每克被测食物蛋白质中第一限制氨基酸量（mg/g）与每克参考蛋白质相应氨基酸量（mg/g）之比。食物蛋白质中某种必需氨基酸含量与等量参考蛋白质中该氨基酸含量比值最低的为第一限制氨基酸，以此类推，可计算出第二、第三等限制氨基酸。

$$氨基酸评分 = \frac{每克被测食物蛋白质中第一限制氨基酸量（mg/g）}{每克参考蛋白质相应氨基酸量（mg/g）} \times 100$$

为了排除消化率的影响，有时会采用蛋白质消化率校正的氨基酸评分（protein digestibility-corrected amino acid score，PDCAAS），即 PDCAAS = 蛋白质真消化率 × AAS。

(四) 蛋白质营养不良

机体储存蛋白质约占体蛋白总量的 1%，为易动蛋白，主要储存于肝、肠黏膜和胰腺。

1. 蛋白质不足　当膳食蛋白质缺乏时，组织蛋白分解快、合成慢，导致一系列生化反应、病理改变和临床表现。肠黏膜和消化腺较早被累及，表现为消化吸收不良、腹泻；随后肝不能维持正常结构与功能，出现脂肪浸润；血浆蛋白合成发生障碍；酶的活性降低，主要是黄嘌呤氧化酶和谷氨酸脱氢酶降低；肌肉蛋白合成不足时出现肌肉萎缩；抗体合成减少使机体对传染病的抵抗力下降；肾上腺皮质功能减退，应激克服不良；胶原合成障碍，使伤口不易愈合。

蛋白质缺乏常有热能不足，严重时可引起临床综合征。儿童更敏感，尤其小于3岁的婴幼儿，常表现为蛋白质－能量营养不良（protein-energy malnutrition，PEM）性疾病，主要表现为骨骼生长缓慢、智力发育障碍、消瘦无力、皮下脂肪减少、腿及腹部水肿、虚弱、情感淡漠、各种器官的功能紊乱，从而易感染其他疾病而死亡。

需要特别补充蛋白质的人群有：体弱者、运动员、素食者、胃肠病患者、青少年、哺乳期妇女、孕妇、营养不良者、感冒患者、手术后患者、疲劳者、老年人、烧伤者、胃下垂者、骨折者、贫血者、高血压者、烫伤者、儿童、失血者、减肥人群等。

2. 蛋白质摄入过多　蛋白质摄入过多对人体有害。过多的蛋白质分解过程中产生较多的酸性代谢产物，从而加速尿钙的排出，导致肝肾负担加重，造成肝肾增大、机体脱水、脱钙、痛风等。

（五）膳食蛋白质来源及参考摄入量

1. 蛋白质的膳食来源　蛋白质广泛存在于动植物食物中。肉、鱼、蛋、奶等动物性食物蛋白质含量高（如蛋类含蛋白质 11%~14%），质量好，必需氨基酸种类齐全，是优质蛋白的重要来源。植物性食物蛋白质含量较低（如谷类含蛋白质 6%~10%），质量相对较差，但为我国居民蛋白质的主要来源。豆类的蛋白质含量高（如干豆类为20%~40%），且含有各种必需氨基酸，是唯一能代替动物性蛋白质的植物性蛋白质。花生、核桃、葵花籽等坚果类含蛋白质 15%~25%，可作为蛋白质的良好补充。乳类为婴幼儿蛋白质的最佳来源。

2. 蛋白质的参考摄入量　中国营养学会的推荐摄入量（RNI）：成年男女分别为65 g/d 和 55 g/d，孕早、中、晚期妇女分别为 55 g/d、70 g/d 和 85 g/d，乳母为 80 g/d。

适宜的食物蛋白质提供能量占总能量的 10%~15%。动物性食物及大豆类食物供给的优质蛋白应占总摄入蛋白质的 1/3 以上。

二、脂类

脂类（lipid）是人体必需的营养物质，是脂肪和类似脂肪物质的统称，包括脂肪（fat）和类脂（lipoid）两大类。脂肪是由 1 分子甘油和 1~3 分子脂肪酸所形成的酯，包括一酰甘油、二酰甘油、三酰甘油。三酰甘油（triacylglycerol）又名甘油三酯（triglyceride，TG）或中性脂肪（neutral fat），是由甘油的 3 个羟基与 3 个脂肪酸分子通过酯化生成的甘油酯，约占脂类的 95%。脂肪在体内含量不稳定，受营养状况和机体活动的影响而增减。类脂包括磷脂（phosphatide）、固醇类（sterol）等，约占脂类的 5%，其含量稳定，不受营养状况和机体活动的影响。

（一）脂类的营养学意义

1. 构成人体组织 脂类广泛存在于人体内，一般占体重的14%~19%，若男性超过20%，女性超过30%，即为肥胖。脂肪以油滴状存于脂肪组织细胞内，主要分布于皮下、大网膜、肠系膜及脏器周围。脂类是细胞的构成原料，与蛋白质结合成为细胞膜及各种细胞器膜的脂蛋白，广泛分布于血液、淋巴、脑髓、脏器、肾上腺皮质、胆囊、皮脂腺等周围。

2. 提供并储存能量 脂肪是体内产能最高的营养素，1 g脂肪在体内完全氧化后约产生37.7 kJ（9 kcal）的能量。除成熟红细胞和大多数神经元（直接利用脂肪酸受限）外，其他组织可直接或间接（通过酮体）利用脂肪供能。人在饥饿时首先动用体脂供能，避免蛋白质的消耗。当机体摄入能量过多或不能被及时利用时，则以脂肪形式储存在脂肪细胞（图2-1）内，脂肪的吸收和储存无上限。

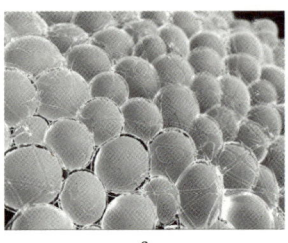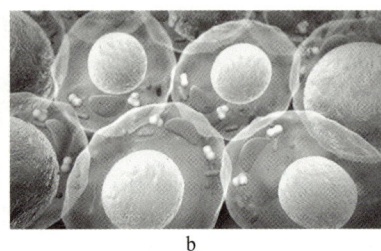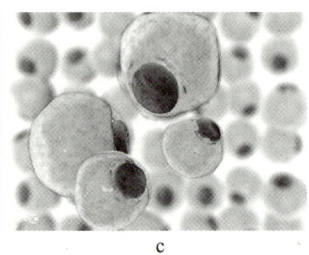

图2-1 脂肪细胞
a. 人体脂肪细胞；b. 脂肪细胞储存脂肪后变大；c. 脂肪细胞燃烧脂肪后变小

3. 提供必需脂肪酸 脂肪酸（fatty acid）是构成脂肪、磷脂及糖脂的基本物质，多数脂肪酸在人体内能合成。人体不能合成，必须由食物提供的多不饱和脂肪酸（polyunsaturated fatty acid，PUFA）为必需脂肪酸（essential fatty acid，EFA），主要包括n-6系的α-亚油酸（linoleic acid，LA）和n-3系的亚麻酸（alpha-linolenic acid，ALA）。另外，花生四烯酸（arachidonic acid，ARA）、二十碳五烯酸（eicosapentaenoic acid，EPA）和二十二碳六烯酸（docosahexaenoic acid，DHA）等都是人体不可缺少的脂肪酸，由α-亚油酸和亚麻酸合成。必需脂肪酸具有以下重要的生理功能：

（1）促进生长发育 是组织细胞成分，参与磷脂的合成，是细胞膜的重要成分，对线粒体和细胞膜尤为重要。必需脂肪酸缺乏可导致线粒体肿胀，并引起细胞膜结构和功能异常，表现为通透性和脆性增加，从而易发生细胞膜破裂造成溶血。

（2）和生殖有关 与精子形成有关，必需脂肪酸缺乏可使生殖力下降，表现为受精障碍性不孕症。

（3）参与脂质代谢 参与胆固醇运输和代谢，降低血胆固醇水平。如缺乏必需脂肪酸，胆固醇可能在血管壁沉积，发展成动脉粥样硬化。

（4）其他功能 与维持正常视力、脑发育和行为相关；能促进伤口愈合，保护皮肤；调节神经、内分泌及物质代谢；刺激子宫平滑肌收缩，帮助催娩和促使流产等。

必需脂肪酸缺乏会影响机体代谢，表现为上皮细胞功能异常、湿疹样皮炎、皮肤角化不全、创伤愈合不良、抵抗力减弱、心肌收缩力降低、血小板聚集能力增强、生长停滞等。

4. 携带脂溶性维生素并促进其吸收　脂肪不仅是脂溶性维生素的重要来源，还能作为脂溶性维生素的溶剂或刺激胆汁分泌，促进或协助其吸收。如低脂膳食影响胡萝卜素的吸收；肝胆系统疾病患者，脂类消化吸收功能障碍导致脂溶性维生素吸收障碍，出现维生素缺乏症。鱼油和动物性肝脏中的维生素 A 与维生素 D，麦胚中的维生素 E 都是脂溶性维生素的重要来源。

5. 改善食品的感观性状，增加饱腹感　脂肪在胃中停留时间较长，富含脂肪的食物具有较强的饱腹感。脂肪还增加膳食的色、香、味，促进食欲。

6. 其他作用　脂肪组织存在于各器官及组织间，使其减少摩擦，免受损伤，如臀部皮下脂肪可以使人久坐而不觉局部劳累。脂肪不易传热，可维持体温恒定，抵御寒冷。许多类脂，包括磷脂、胆固醇等是机体活性成分或可转化为活性成分，还具有润肠缓泻等作用。

（二）膳食脂类营养价值评价

脂类营养价值由其消化率、稳定性、必需脂肪酸的种类及含量和脂溶性维生素的种类及含量四个方面决定。

1. 脂肪消化率　与熔点密切相关，熔点高于 50℃的脂肪不易消化，不饱和脂肪酸（unsaturated fatty acid，USFA）碳链短、熔点低、易消化，消化率高，吸收速度快，利用率高，如在室温下液态的脂肪消化率可高达 97%~98%。动物脂肪（羊牛油）含长链饱和脂肪酸多，熔点较高，消化率低。婴儿膳食中的乳脂吸收最为迅速。常见油脂的消化率见表 2-5。

表 2-5　常见油脂的消化率

种类	消化率 /%	种类	消化率 /%
花生油	98.3	奶油	97.0
芝麻油	98.0	鸡油	96.7
玉米油	96.9	鱼油	95.2
大豆油	97.5	猪油	97.0

2. 脂类的稳定性　脂肪在空气中长时间放置，其理化性质易受影响，易发生腐败变质。变质的油脂有异味且营养价值低，甚至会产生有毒物质，不宜食用。油脂的稳定性与不饱和脂肪酸及维生素 E 含量有关。不饱和脂肪酸是不稳定的，容易氧化酸败，而维生素 E 有抗氧化作用，可防止脂类酸败。

3. 必需脂肪酸的种类及含量　亚油酸能明显降低血胆固醇，而饱和脂肪酸却显著增高血胆固醇。一般植物油中亚油酸含量高于动物脂肪，其营养价值优于动物脂肪；但椰子油、棕榈油的亚油酸含量很低，饱和脂肪酸含量高。鱼油中因含有二十碳五烯酸和二十二碳六烯酸，与儿童的脑发育、降血脂等相关，营养价值较高。常见食物中亚油酸含量见表2-6。

表 2-6　常见食物中亚油酸含量（占脂肪酸总量的百分比）

食物	亚油酸含量 /%	食物	亚油酸含量 /%
豆油	52.2	奶油	4.2
芝麻油	43.7	猪油	8.9
花生油	37.6	羊油	2.9
葵花籽油	63.2	牛油	1.9
菜籽油	16.3	椰子油	6.0~10.0

4. 脂溶性维生素的种类及含量　脂溶性维生素有维生素 A、维生素 D、维生素 E、维生素 K。脂溶性维生素含量高的脂肪其营养价值也高。动物肝、鱼肝油、奶和蛋类中富含维生素 A 和维生素 D，鲨鱼肝油中维生素 A、维生素 D 含量最多，奶油次之。猪油几乎不含维生素 A 和维生素 D，营养价值较低。维生素 E 广泛分布于动植物组织内，以植物油类含量最高；麦胚粉中维生素 E 含量高达 232 μg/g，鸡蛋内维生素 E 含量仅为 22.9 μg/g。

（三）脂类营养不良

1. 缺乏　长期脂类摄入不足易造成皮肤干燥、脱发、皮炎、湿疹等皮肤疾病，甚至不孕症；可引起前列腺疾病、维生素吸收障碍、创伤愈合不良、抵抗力减弱、心肌收缩力降低、血小板聚集能力增强、视网膜异常等。

2. 摄入过多　脂类摄入过多可引起肥胖，导致胆石症、痛风、高脂血症、脂肪肝、冠心病、高血压、糖尿病，以及结肠癌、乳腺癌等癌症。脂类摄入过多，也可使免疫功能下降、影响钙吸收、促使衰老等。

（四）脂类膳食来源及参考摄入量

1. 脂类的膳食来源　脂类来源于各种食物含有的脂肪（约占总脂肪 60%，动物性食物约占 2/3）及烹调油（即食用油）。通常食用的植物油有豆油、花生油、菜籽油、芝麻油、棉籽油、茶籽油、葵花籽油、米糠油及玉米油等；动物油有猪油、牛油、羊油、禽油等。各种植物含多不饱和脂肪酸多，椰子油、棕榈油除外；坚果中脂肪是多不饱和脂肪酸重要来源，如带皮核桃的亚麻酸占 12.2%。动物脂肪含 40%~60% 饱和脂肪酸（saturated fatty acid, SFA），30%~50% 单不饱和脂肪酸（monounsaturated fatty acid, MUFA）；含脂肪最多的是肥肉和骨髓，含量高达 90%，其次是肾和心脏周围的脂肪组织、肠系膜等。鱼贝类含二十碳五烯酸（EPA）和二十二碳六烯酸（DHA）较多，EPA 和 DHA 具有扩张血管、降低血脂、抑制血小板聚集、降血压等作用，可以防止脑血栓、心肌梗死、高血压等疾病。蘑菇、蛋黄、核桃、大豆、麦胚、花生、动物瘦肉、脑、心、肝、骨髓、肾等富含磷脂；肉类、动物内脏、脑、蛋黄和奶油等富含胆固醇；乳脂、蛋黄是婴幼儿脂类的良好来源。

2. **参考摄入量**　中国营养学会推荐营养素摄入量（RNI）成年人脂肪的摄入量占总能量比为 20%~30%。其中饱和脂肪酸、单不饱和脂肪酸、多不饱和脂肪酸之比以 1∶1∶1 为宜。胆固醇的摄入量不超过 300 mg/d。不同年龄和性别的摄入量见表 2-7。

表 2-7　中国居民膳食脂肪参考摄入量

年龄/岁	脂肪/%E	SFA/%E	MUFA/%E	PUFA/%E	n_6/n_3	胆固醇/mg
0~	45~50				4∶1	
0.5~	35~40				4∶1	
2~	30~35				(4~6)∶1	
7~	25~30				(4~6)∶1	
13~	25~30	<10	8	0	(4~6)∶1	
18~	20~30	<10	10	10	(4~6)∶1	<300
60~	20~30	6~8	10	8~10	4∶1	<300

注：%E 为脂肪能量占总能量的百分比。

三、糖类

糖类（carbohydrate, CHO）又称碳水化合物，由碳、氢、氧三种元素组成，分子式中 H∶O 为 2∶1，与水分子一致；是构成生命的重要组成部分，是所有单糖、双糖、糖醇、寡糖和多糖的总称，为提供能量的三大宏量营养素中最经济的营养素。

（一）糖类的分类

营养学上将其分为单糖（monosaccharide）、双糖（disaccharide）、糖醇（alditol）、寡糖（oligosaccharide）和多糖（polysaccharide）。

1. **单糖**　是所有糖类的基本结构单位，其碳原子数为 3~6 个，不能再水解，有丙糖、丁糖、戊糖、己糖等，其中己糖最为常见。单糖有甜味，易溶于水，具有结晶性和旋光性。

食物中的单糖主要是葡萄糖（glucose/dextrose）、果糖（fructose/fruit sugar）、半乳糖（galactose），均为己糖。葡萄糖是不进食时血液内唯一能被直接利用的游离单糖类，它有 D 型和 L 型，人体只能利用 D 型而不能利用 L 型。果糖是除甜味剂外最甜的天然糖，不受胰岛素制约，需在肝中转成葡萄糖后才能利用。半乳糖主要存在于乳制品中，特别是发酵后乳糖分解的产物中。食物中还存在少量的戊糖，如核糖和脱氧

视频：碳水化合物的基本知识

核糖。

知识拓展：糖类的代谢

2. **双糖** 是由两分子单糖缩合而成。天然食物中主要有蔗糖(sucrose)、麦芽糖(maltose)和乳糖(lactose)等。真菌、食用薯和细菌含有海藻糖(trehalose)。

蔗糖俗称食糖，有白糖、红糖和冰糖三种形式，存在于甘蔗、甜菜、蜂蜜及水果、蔬菜中。麦芽糖仅存在于植物中，大量存在于发芽谷粒，特别是麦芽中。乳糖主要存在于乳汁及乳制品中，是常见双糖中唯一未在植物中天然发现的糖。

3. **糖醇** 是单糖或双糖衍生物，存在于水果和蔬菜中。山梨醇和甘露醇由葡萄糖氢化形成，吸收率达90%，在体内转化为葡萄糖后参与代谢。因其在肠内吸收慢，食后血糖不会迅速提高，故可作为糖尿病患者的食品；亲水性强，可作为脱水剂。木糖醇不受胰岛素影响，可作为糖尿病患者的甜味剂。麦芽糖醇可作为甜味剂，并且有防龋齿作用。

4. **寡糖(低聚糖)** 是由3~9个单糖构成的一类小分子多糖。常见的寡糖是存在于豆类食品中的水苏糖和棉籽糖。二者均不能被消化酶分解，可在大肠中被细菌分解，易造成胀气。低聚果糖(fructo-oligosaccharide，FOS)是水溶性膳食纤维，洋葱、大蒜、香蕉等食品中含量丰富，大豆低聚果糖是肠道双歧杆菌的增殖因子。

5. **多糖** 是由10个以上单糖分子脱水缩合而成的大分子化合物，广泛存在于植物中，包括淀粉(starch)和非淀粉多糖(non-starch polysaccharide，NSP)。淀粉包括直链淀粉(amylose)、支链淀粉(amylopectin)和糖原(glycogen，又称动物淀粉)；非淀粉多糖包括纤维素(cellulose)、半纤维素(hemicellulose/semicellulose)、果胶类和各种活性多糖，如香菇多糖、茶多糖、壳多糖。

(1) **淀粉** 由大量葡萄糖聚合而成，以颗粒形式广泛存在于粮谷类(稻米、麦子、玉米、小米、高粱等)种子，植物的块状根茎(马铃薯、番薯等)及豆类(红小豆、豌豆等)和坚果(板栗等)类果实中。淀粉在淀粉酶作用下分解为单糖，根据葡萄糖聚合方式或结构不同，分为直链淀粉(线性结构，易溶于水，易消化，如大米)和支链淀粉(树权状结构，不溶于水，难消化，如糯米)。不同食物中两种淀粉的含量不同，一般食物中直链淀粉含量高。支链淀粉含量越高，黏性越大，口感越好。

(2) **糖原(动物淀粉)** 是动物体内葡萄糖的储存形式，由肝和肌肉合成及储存。食物中糖原含量很少，动物肝和贝壳软体动物中含量最多。肝中的糖原为肝糖原，主要发挥平衡血糖和解毒的作用，为机体尤其是红细胞、脑和神经组织等提供能量；肌肉中的糖原为肌糖原，主要提供人体运动时所需能量，特别是高强度和持久运动时所需能量。

视频：糖类的营养学意义和营养不良

(3) **纤维素、半纤维素** 纤维素、半纤维素和木质素是植物支持组织的主要结构成分，其中纤维素和半纤维素是存在于食物中不能被人体消化吸收的多糖。

(二) 糖类的营养学意义

1. **储存和提供能量** 糖类是人体最主要的能量来源，我国居民能量的50%~65%来自糖类，1 g糖类可产生16.7 kJ(4 kcal)能量。葡萄糖是人体的直接供能物，主要以糖原形式储存于肌肉和肝内,肝内的糖原储存只能维持几个小时,需从食物中不断补充。肌糖原仅供给本身能量需要;肝糖原在需要时会迅速分解成葡萄糖进入血液,为神经组织、中枢等供能。

2. 机体的重要组成物质 糖类往往与蛋白质或脂类形成复合结构,参与机体构成。如构成细胞膜的糖蛋白、结缔组织的黏蛋白、神经组织的糖脂、DNA 的脱氧核糖和 RNA 的核糖。

3. 蛋白质节约作用 若糖类供应不足,部分氨基酸会被分解以提供能量;若糖类充足,则首先动用糖类来供能,从而减少蛋白质作为能量的消耗,起到节省和减轻机体中蛋白质及其他成分消耗的作用,即糖类的蛋白质节约作用(protein sparing action)。

4. 抗生酮作用 脂肪在体内代谢产生的乙酰辅酶 A 必须与草酰乙酸结合进入三羧酸循环才能被彻底氧化产生能量,而草酰乙酸可由葡萄糖代谢产生。如糖类摄取不足,脂肪氧化不全而产生过量酮体,引起酮血症和酮尿症,表现为恶心、呕吐、情感淡漠,甚至昏迷等。如糖类摄入充足,可避免酮症发生,即糖类的抗生酮作用(antiketogenesis)。

5. 解毒及保护肝作用 进入肝的细菌毒素、乙醇、砷等有毒物质可与肝内的葡萄糖醛酸结合,消除或减轻其毒性,即糖类的解毒和保护肝作用。

6. 其他功能 食糖是烹调加工中不可缺少的重要原料。利用糖类的各种性质,加工成形式各异、色香味不同的食物,改善食物的感观性状。不消化的糖类在结肠内发酵,可促进肠道菌群增殖、刺激肠道蠕动等,从而调节肠道功能,维持肠道健康。

(三) 糖类营养不良

1. 摄入不足 糖类摄入不足会减少供能,导致酮体堆积、血糖浓度降低等,出现疲乏、头晕、心悸、生长缓慢,甚至休克、脑功能障碍等表现。

2. 摄入过量 糖类摄入过多会减缓脂肪的分解,也会导致脂肪堆积,出现肥胖,增加糖尿病、冠心病、高脂血症等疾病的风险。摄入过多的糖类还可造成龋齿和牙周病等。

3. 糖代谢异常 包括高血糖(空腹血糖>6.1 mmol/L)、低血糖(血糖浓度<3.9 mmol/L)和乳糖不耐受。血糖浓度过低可出现头晕、心悸、冷汗并有饥饿感等。乳糖不耐受者缺乏乳糖酶,食用乳品后,乳糖不被水解而出现腹泻、胃肠胀气等症状。

(四) 糖类膳食来源及参考摄入量

1. 膳食来源 糖类的膳食来源较为丰富,主要来源于植物性食物,如粮谷类、根茎类食物、薯类、豆类;单糖和双糖主要来源于糖果、糕点、蔬菜、水果等。动物性食物肝中含有糖原,乳品中含有乳糖。纯糖类有糖果、酒类、饮料等。

2. 参考摄入量 糖类是人类最容易获得的能量物质,其摄入量应根据能量需要,结合经济水平、饮食习惯、劳动性质及环境因素等来确定。中国居民膳食营

知识拓展:
血糖生成
指数

第二章 营养素及营养缺乏的健康损害

养素参考摄入量推荐,我国成人每天糖类摄入量的产能量应占每天能量总需求的50%~65%。

第二节　能量

案例导入

　　贝贝,男,12 岁,身高 150 cm,体重 68 kg。贝贝从小学习成绩优秀,开朗爱笑,备受家人、老师和同学的喜欢。随着年龄增长,贝贝身体脂肪积聚越来越明显,臀部最为显著,下肢显著肥胖,活动时常感气短、疲劳。平时食欲旺盛,喜食淀粉类甜食。贝贝小学时期圆嘟嘟的脸还能得到众人关于"可爱"的夸赞,升入初中之后,更加圆滚滚的肚子让这个从小备受宠爱的小朋友开始因为体型而被人调侃。家人开始注意到,孩子的成绩退步了,放学回来经常沉默寡言。

　　请思考:

　　1. 贝贝遇到的营养问题是什么?

　　2. 应该如何帮助贝贝解除烦恼?

　　人体的一切活动都与能量代谢分不开,为维持生命活动和脑力、体力活动,人体每天必须从食物中获得能量以满足需要。人体所需的能量来自糖类、脂肪和蛋白质。每克产能营养素在体内完全氧化时所产生的能量为能量系数(energy coefficient)。糖类、脂肪、蛋白质的能量系数分别为 16.7 kJ/g(4 kcal/g)、37.7 kJ/g(9 kcal/g)和 16.7 kJ/g(4 kcal/g)。

　　能量的国际单位是焦耳(J),指 1 牛顿力把 1 kg 物体移动 1 m 所需要的能量。传统单位是卡(cal),指在 1 个标准大气压下把 1 g 水提升 1℃所需要的热量。两种能量单位的换算关系为:1 cal=4.184 J,1 J=0.239 cal。

一、人体能量的消耗

　　一般情况下,健康成人摄入与消耗的能量保持动态平衡。成人能量消耗主要用于维持基础代谢、食物特殊动力作用和机体活动。而婴幼儿、青少年、孕妇、乳母需要额外能量以满足其生长发育等生理需要,康复期患者也需要额外能量修复细胞组织。

　　1. 基础代谢(basal metabolism)　指人处于空腹、静卧、室温 18~25℃及清醒状态下测定的维持体温、心搏、呼吸等机体最基本生命活动所需要的能量消耗,占健康成人总能耗的 60%~70%。单位时间、单位体表面积的基础代谢即基础代谢率(basal metabolic rate,BMR),以 $kJ/(m^2 \cdot h)$ 表示(表 2-8)。因基础代谢测量条件严格,多用静息代谢(resting metabolism)替代基础代谢。

表 2-8　不同年龄、性别人体基础代谢率

单位：kJ/(m²·h⁻¹)［kcal/(m²·h⁻¹)］

年龄/岁	男	女	年龄/岁	男	女
1~	221.8(53.0)	221.8(53.0)	30~	154.0(36.8)	146.9(35.1)
3~	214.6(51.3)	214.2(51.2)	35~	152.7(36.5)	146.4(35.0)
5~	206.3(49.3)	202.5(48.4)	40~	151.9(36.3)	146.0(34.9)
7~	197.9(47.3)	200.0(45.4)	45~	151.5(36.2)	144.3(34.5)
9~	189.1(45.2)	179.1(42.8)	50~	149.8(35.8)	139.7(33.9)
11~	179.9(43.0)	175.7(42.0)	55~	148.1(35.4)	139.3(33.3)
13~	177.0(42.3)	168.6(40.3)	60~	146.0(34.8)	136.8(32.7)
15~	174.9(41.8)	158.8(37.9)	65~	143.9(34.4)	134.7(32.2)
17~	170.7(40.8)	151.9(36.3)	70~	141.4(33.8)	132.6(31.7)
19~	164.0(39.2)	148.5(35.5)	75~	138.9(33.2)	131.0(31.3)
20~	161.5(38.6)	147.7(35.3)	80~	138.1(33.0)	129.3(30.9)
25~	156.9(37.5)	147.3(35.2)			

基础代谢率不仅和人的年龄、性别、体表面积、内分泌系统状态等有关，还受环境温度、气候、营养状态、药物、应激等影响。如基础代谢率男性高于女性，儿童和青少年高于成人，寒冷气候下高于温热气候下，等等。Harris 和 Benedict 提出根据年龄、身高和体重直接计算基础代谢能量消耗。男性基础代谢耗能 =66+13.7×体重(kg)+5.0×身高(cm)−6.8×年龄(岁)；女性基础代谢耗能 =65.5+9.5×体重(kg)+1.8×身高(cm)−4.7×年龄(岁)。

2. **身体活动**　是影响人体能量消耗的主要因素，一般占总能耗的 25%~50%，也是个体耗能差别最大的影响因素。身体活动消耗的能量与劳动强度、工作性质、劳动持续时间及工作熟练程度等因素有关。一般肌肉越发达，体重越重者，做相同活动所消耗的能量越多；劳动强度越大，持续时间越长，工作越不熟练，消耗的能量越多。中国营养学会推荐的成人身体活动水平(physical activity level，PAL)分级见表 2-9。

表 2-9　成人身体活动水平分级

劳动强度	职业工作时间分配	工作内容举例	PAL 男	PAL 女
轻	75% 的时间坐或站立；25% 的时间站着活动	办公室工作、修理电器钟表、售货员工作、酒店服务员工作、化学实验操作、讲课等	1.55	1.56
中	25% 的时间坐或站立；75% 的时间进行特殊职业活动	学生日常活动、机动车驾驶、电工安装、车船操作、金工切割等	1.78	1.64
重	40% 的时间坐或站立；60% 的时间进行特殊职业活动	非机械化农业劳动、炼钢、舞蹈、体育运动、装卸、采矿等	2.10	1.82

注：能量需要量(EER)= 基础代谢率(BMR)×身体活动水平(PAL)。

3. 食物特殊动力作用（specific dynamic action，SDA）　又称为食物热效应（thermic effect of food，TEF），是指人在摄食时对营养素进行消化、吸收、代谢等过程中所引起的能量额外消耗的现象。糖类、脂肪、蛋白质的食物热效应分别为其产能量的5%~10%、0~5%、20%~30%，成人混合性食物的食物特殊动力作用相当于基础代谢的10%。食物特殊动力作用还与进食量、进食速度等因素有关，吃得越多越快，食物特殊动力作用耗能越多。

4. 生长发育及影响能量消耗的其他因素　生长发育期的儿童及青少年每增加1 g体重约需20 kJ（4.78 kcal）能量；孕妇除供给胎儿的生长发育外，自身器官和生殖系统的进一步发育也需要消耗能量；乳母合成、分泌乳汁需要消耗能量；康复期患者修复细胞组织也需要消耗能量等。

二、能量需要量

能量需要量（estimated energy requirement，EER）指满足机体总能量消耗所需能量，即满足基础代谢、身体活动、食物热效应等消耗的能量，以及儿童期生长发育、妊娠期营养储备、哺乳期泌乳等特殊时期需要的能量。能量需要量的计算包括公式法、生活观察法、体重观察法等。

1. 公式法
男性：每天能量需要量（kJ/d）= 体重（kg）× 192
女性：每天能量需要量（kJ/d）= 体重（kg）× 167
按劳动强度不同进行调整，轻体力劳动（如久坐办公）、积极活动（如日常活动 + 锻炼）和剧烈活动（如高强度体力劳动 / 训练）的调整系数分别为0.9、1.17、1.34。

2. 生活观察法
记录被观察者24小时内的各种活动持续的时间，归纳同类活动的总时间，然后根据各种活动的能量消耗率计算每种活动的能量消耗量，算出全天能量消耗量。

3. 体重观察法
能量消耗量与摄取量如能在较长时间内达到平衡，即体重能保持稳定。选择一定数量（15人左右）及有代表性的人员作为观察对象，进行个体膳食调查，规定每天晨起后，排出晨尿，称量裸体重。观察期至少应持续2周以上，生活内容符合研究目的要求。如观察对象观察期内体重保持稳定，能量摄入量即是需要量。如成人体重不能保持稳定，应对能量消耗量和摄入量及膳食质量做进一步研究。

4. 其他
根据不同年龄人群的目标参考体重值、BMR 和身体活动水平（PAL）计算能耗等。如20岁低强度身体活动水平男性目标参考体重为65.0 kg，按 $BMR=14.52W-155.88S+565.79$（W：体重，单位为 kg；S：性别，男性 =0，女性 =1）计算出 BMR=1 510 kcal/d（6 318 kJ/d），再按 EER=BMR × PAL 计算，其 EER=2 341 kcal/d（9 795 kJ/d）。

三、能量的营养不良

视频：造就
肥胖的秘密

正常人体每天摄入与消耗的能量应基本保持平衡，体重维持在正常范围内，机体保持健康。能量长期摄入不足，可使体重减轻，出现全身无力、倦睡、怕冷、头晕，皮肤苍白、粗糙、缺乏弹性等症状，严重影响各项生理功能，还可能继发蛋白质缺乏，出现营养不良性水肿、机体抵抗力降低、幼儿生长发育迟缓等一系列蛋白质缺乏症状。但能量摄入过多，易导致肥胖，增加高血压、高胆固醇血症、冠心病、糖尿病、关节炎、癌症等风险。能量是否平衡对患者而言不仅影响疾病的转归走向，还关乎机体康复的速度和质量。

四、膳食能量来源及参考摄入量

1. 能量的来源　能量主要来源于糖类、脂肪和蛋白质。根据我国人民的经济现状及以植物性食物为主、动物性食物为辅的饮食习惯，三大营养素占总能量的百分率分别为：糖类 50%~65%，脂肪 20%~30%，蛋白质 10%~15%。

2. 参考摄入量　与基础代谢率和身体活动有关，如一般成人轻体力活动者推荐摄入量为男性 2 150 kcal/d（8 996 kJ/d），女性 1 700 kcal/d（7 113 kJ/d），具体见中国居民膳食营养素参考摄入量。

第三节　微量营养素

案例导入

李某，女，22 岁。半年前无明显诱因出现头晕、乏力，家人发现其面色不如以前红润，但能照常上班，最近症状加重并伴有活动后心悸，遂到医院就诊。医生通过一些相关信息和体格检查，建议患者进行必要的实验室检查，后确诊为缺铁性贫血，遂予其膳食调整建议。

请思考：

1. 身体贫血的类型有哪几种？

2. 缺铁性贫血的表现如何？如何确诊？

3. 请列举易发生缺铁性贫血的人群。

4. 应如何进行缺铁性贫血患者的营养干预？

微量营养素包括矿物质和维生素。矿物质分为常量元素（macroelement）和微量元素(trace element);维生素分为脂溶性维生素(lipid-soluble vitamin)和水溶性维生素(water-soluble vitamin)。

一、矿物质

矿物质又称无机盐,是存在于人体和食物中的无机化学元素,为维持正常生理功能所必需的元素。

按照矿物质在体内的含量或膳食需要量可将其分为两类:一类是钙、磷、钠、钾、氯、镁、硫7种元素,因其含量大于体重的0.01%,且每天膳食需要量均在100 mg以上而被称为常量元素;另一类是在人体内的含量小于0.01%体重的矿物质,称微量元素,其中铁、碘、锌、硒、铜、钼、铬、钴8种为人体必需的微量元素,锰、硅、镍、硼、钒5种为人体可能必需的微量元素,氟、铅、镉、汞、砷、铝、锂、锡8种为具有潜在毒性,但在低剂量时,对人体可能有益的微量元素。

(一) 钙

钙(calcium,Ca)是人体内含量最多的无机化学元素,相当于体重的1.5%~2.0%,仅次于碳、氢、氧、氮。约99%的钙沉积在骨骼和牙齿中,其余1%的钙存在于细胞外液和全身软组织中(称为混溶钙池)。人体具有调控钙浓度恒定的机制,当膳食钙严重缺乏或机体钙异常丢失时,骨骼中的钙可被动员入血液,从而维持细胞外液中钙浓度的相对稳定。

1. 钙的营养学意义

(1) 构成骨骼和牙齿 骨骼组织由骨细胞和钙化的骨基质组成,骨基质中约65%为矿物质,35%为有机物质。矿物质中钙占了约32%。骨矿物质决定骨的硬度,而有机物质决定骨的韧性。骨钙在破骨细胞作用下不断被释放入混溶钙池,混溶钙池中的钙也不断沉积于成骨细胞中,如此反复使骨骼不断更新。

牙本质是牙齿的主体,其化学组成类似于骨骼。但组织结构中无细胞、血管和神经,因此牙齿中的矿物质无骨骼中的更新转换过程。

(2) 维持肌肉和神经的正常活动 钙与神经和肌肉的兴奋、神经冲动的传导、心脏的搏动等关系密切。当血清中钙离子浓度降低时,肌肉和神经的兴奋性增加可引起肌肉抽搐;而钙离子浓度过高时肌肉收缩功能受损,引起心脏疾病和呼吸衰竭等。

(3) 其他功能 钙对许多参与合成、转运的酶都具有调节作用,如调节或激活ATP酶、脂肪酶、蛋白质分解酶、钙调蛋白等。钙可激活凝血酶原,使之成为凝血酶而参与凝血过程。钙还参与细胞的吞噬、激素的分泌等。

2. 钙营养不良
钙吸收减少和钙消耗增加可致钙缺乏症。如维生素D合成障碍可导致钙吸收不良,而腹泻、肝炎等可致机体钙大量流失。钙缺乏症主要表现为骨骼的病变,如儿童的佝偻病(rickets)、成年人的骨质疏松症(osteoporosis),在婴儿可表现为手足搐搦,还可能出现凝血功能异常、甲状腺功能减退等现象。

视频:矿物质概述

视频:矿物质概述及钠

视频:矿物质——钾、钙

营养与膳食

佝偻病是因钙或维生素 D 缺乏导致的以骨骼异常改变为主的疾病,多见于 3 岁以内的婴幼儿。严重者可致骨骼畸形,如乒乓头,方形颅,X 形、O 形(图 2-2)、军刀形腿,鸡胸,漏斗胸,串珠肋等,影响儿童生长发育,使机体免疫力下降,易并发各种感染性疾病。

钙缺乏症应针对病因治疗,给予含钙制剂或维生素 D 制剂,同时改善生活习惯,适当负重或运动有助于钙质储备。保持平衡膳食,摄入足够的钙和维生素 D,减少或避免饮酒,少喝浓茶、咖啡等,对治疗钙缺乏症大有裨益。

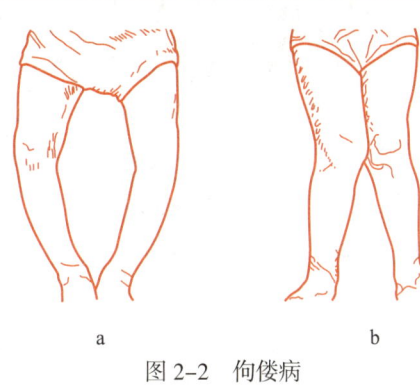

图 2-2 佝偻病
a. O 形腿;b. X 形腿

此外,钙摄入过量多见于含钙制剂或高钙膳食摄入过度。过多的钙摄入对机体不利,主要表现为高钙血症、高钙尿症、血管及软组织钙化、肾结石、奶碱综合征和干扰其他矿物质的吸收与利用。所以,合理的钙摄入对人体健康至关重要。

3. 膳食钙来源及参考摄入量 因奶中含钙量丰富且吸收率高,所以奶和奶制品是钙的重要来源。此外,豆类、坚果类、绿色蔬菜也是钙的较好来源。虾皮、海带、芝麻酱等含钙量也很高。适量的维生素 D、某些氨基酸、乳糖以及适当的钙磷比例均有助于钙的吸收和利用。膳食中对钙吸收不利的因素有:植酸、草酸、膳食纤维、脂肪酸、部分药物(如糖皮质激素)等。一般而言,随着年龄增加,钙的吸收率下降。

中国营养学会 DRIs 中,成人钙的推荐摄入量为 800 mg/d,青少年为 1 000 mg/d,孕妇和乳母无须额外增加。4 岁以上的人群及孕妇、乳母的可耐受最高摄入量为 2 000 mg/d。

(二)磷

人体磷(phosphorus,P)的含量约占体重的 1%,成人体内的磷含量为 600~900 g,其中 85% 以上的磷与钙结合存在于骨骼和牙齿中,其余 15% 以磷脂、磷蛋白及磷酸盐等形式分布在骨骼肌、皮肤、神经等软组织、生物膜和体液中。

1. 磷的营养学意义

(1) 构成骨骼和牙齿 磷在骨骼和牙齿中的存在形式主要是无定形的磷酸钙 $[Ca_3(PO_4)_2]$ 和结晶的羟磷灰石 $[Ca_{10}(PO_4)_6(OH)_2]$,是构成机体的支架。与钙类似,这部分磷也作为储存库与血液中的磷保持动态平衡。

(2) 组成生命的重要物质 磷是核酸、磷蛋白、磷脂、环腺苷酸、环鸟苷酸和多种酶的主要成分。

(3) 参与能量和糖脂代谢 高能磷酸化合物,如腺苷三磷酸(ATP)是机体内能量的主要载体,磷作为焦磷酸硫胺素(TPP)、黄素腺嘌呤二核苷酸(FAD)等多种酶系的辅酶或辅基组成,参与糖脂代谢等。磷在细胞内能量的转换、代谢中起着重要的作用。

（4）参与调节酸碱平衡　磷酸盐缓冲体系（pH 接近中性）是体内重要的缓冲系统之一。

2. 磷营养不良　因为膳食原因而导致的磷缺乏一般不会发生。特殊情况下，如早产儿仅喂以母乳，因乳中磷含量较低，不能满足早产儿骨骼中钙磷沉积的需要而可能发生磷缺乏，出现佝偻样骨骼异常。长期服用氢氧化铝或利尿剂、患有甲亢、长期静脉营养、创伤和败血症等患者，易发生低磷血症（hypophosphatemia），表现为厌食、乏力、鸭步、感觉异常、精神错乱、昏迷，甚至死亡（浓度 < 0.32 mmol/L）。摄入过多的磷，易引起高磷血症（hyperphosphatemia），造成非骨组织的转移性钙化或干扰钙的吸收和代谢，对心脑血管疾病的发生、发展产生不良影响，加重肾损伤和死亡风险。

3. 膳食磷来源及参考摄入量　磷广泛存在于各种植物性食物和动物性食物中。瘦肉、蛋、奶、肝、肾中磷的含量均很高，以磷酸氢盐形式存在；海带、紫菜、芝麻酱、花生、豆类、坚果中也富含磷，以植酸磷形式存在，吸收利用率较低。

中国营养学会 DRIs 中，我国成年人、孕妇和乳母膳食磷的推荐摄入量为 720 mg/d。18 岁以上的人群及孕妇、乳母的可耐受最高摄入量为 3 500 mg/d。

（三）铁

铁（iron，Fe）是人体含量最多也是最容易缺乏的微量元素，人体铁的含量随年龄、性别、营养与健康状况等不同而存在差异。正常人体内铁的含量为 30~40 mg/kg，其中约 2/3 存在于血红蛋白、肌红蛋白和各种酶中，称为功能性铁。其余部分主要以蛋白质和含铁血黄素形式存在于肝、脾、网状内皮细胞和骨髓中，称为储存铁。在人体各器官中，肝、脾含铁量最高，肾、心、骨骼肌与脑次之。

1. 铁的营养学意义

（1）参与体内气体的转运和交换　铁是血红蛋白、肌红蛋白、细胞色素 a 及一些呼吸酶的主要成分，参与体内氧气和二氧化碳的转运、交换和组织呼吸过程。

（2）参与红细胞的形成和成熟　铁在骨髓造血组织中进入幼红细胞内，与卟啉结合形成血红素，后者再与珠蛋白结合形成血红蛋白。当铁缺乏时，新生红细胞中血红蛋白量不足，可使红细胞寿命缩短，血管外溶血增加。

（3）铁与机体免疫　铁在免疫调节中具有双重作用：适量铁可提高机体免疫力，增加中性粒细胞和吞噬细胞的功能。但在感染状态下，过量铁会促进病原微生物的生长，加剧感染进程。

（4）其他功能　铁可催化 β- 胡萝卜素转化为维生素 A；铁在嘌呤和胶原的合成、抗体的产生、脂类的转运中有着重要作用；铁还参与肝对药物的解毒过程。

2. 铁营养不良　营养性缺铁性贫血（nutritional iron deficiency anemia，NIDA）是由于铁摄入不足、吸收不良及需要量增加等造成机体铁缺乏，如萎缩性胃炎、胃酸缺乏或服用过多抗酸药物均可影响体内铁的吸收；育龄妇女月经失血、腹泻或钩虫感染则导致机体铁丢失或消耗增加；生长发育期的儿童和妊娠期、哺乳期妇女则是对铁的需求增加。如果不能及时补充铁，会影响血红蛋白的合成而引起缺铁性贫血。铁缺乏患者常感疲乏无力、心慌气短、头晕等,检查提示肝、脾轻度增大,机体免疫功能和抗感染能力下降等,症状的轻重与贫血的严重程度相关。

铁缺乏可通过平衡膳食、适量补充铁制剂等方式予以纠正。

正常情况下,即使膳食铁含量丰富也不至于引起临床意义上的铁过量。但长期过量服用铁剂或大量摄入含铁量异常高的特殊食品,会造成铁过量甚至中毒,主要表现为恶心、呕吐、血性腹泻、低血压、休克、昏迷、凝血不良、代谢性酸中毒及各种严重的器官损害,甚至死亡。严重中毒时应进行血液透析或腹膜透析,临床也可使用络合剂去除体内过多铁。

3. 膳食铁来源及参考摄入量 食物中的铁分为血红素铁(heme iron)和非血红素铁(non-heme iron)。血红素铁为二价铁,主要存在于动物性食物中(如鱼、肉、动物内脏),是与血红蛋白和肌红蛋白中的原卟啉结合的铁,其吸收率较高,为15%~35%,且吸收过程不受其他膳食因素的干扰。非血红素铁,又称离子铁、三价铁,主要存在于植物性食物和奶、蛋中,以 $Fe(OH)_3$ 与蛋白质、氨基酸和有机酸络合,在胃酸的作用下与有机部分分开,还原为亚铁离子后被吸收,吸收率为2%~20%,且波动较大。

我国居民60%的铁来源于谷类和蔬菜,常见含铁较高的食物有动物内脏、黑木耳、紫菜(干)、芝麻酱、鸭血、猪血、牛羊肉、苋菜等。

中国营养学会 DRIs 中铁的推荐摄入量:成年男性为 12 mg/d,女性为 18 mg/d;孕早、中、晚期及乳母分别为 18 mg/d、25 mg/d、29 mg/d 和 24 mg/d。可耐受最高摄入量为 42 mg/d。

(四) 锌

锌(zinc,Zn)在人体各组织和器官中广泛分布,但不均匀。成人体内锌含量为1.5~2.5 g,肝、肾、肌肉、视网膜和前列腺中含量较高。血液中75%~85%的锌分布在红细胞,3%~5%位于白细胞,其余则在血浆中。

1. 锌的营养学意义

(1) 酶的组成成分或激活剂 锌是人体许多重要酶的组成成分或激活剂,目前已知的含锌酶有 200~300 种。氧化还原酶、转移酶、水解酶、裂合酶、异构酶和合成酶等多种酶类中均含有锌,机体内近百种酶依赖锌的催化。

(2) 促进生长发育与组织再生 锌参与 DNA 复制、RNA 转录及蛋白质翻译过程,在促进胎儿的生长发育中起着重要的作用。

(3) 调节和免疫功能 锌具有调节基因表达的功能,可以与金属转运因子结合参与金属硫蛋白的表达。锌对蛋白质合成和代谢的调节还表现在对机体免疫功能的调节上,可调节免疫因子的产生和分泌。

(4) 促进食欲 锌通过参与构成一种含锌蛋白,即味觉素而对味觉与食欲发生作用,对口腔黏膜上皮细胞的结构、功能、代谢也具有重要的作用。

(5) 其他功能 锌促进性器官正常发育和维持性机能的正常。锌可维护皮肤、骨骼和牙齿的正常功能等。

2. 锌营养不良　长期食用低锌食物或特殊生理条件下会导致机体锌缺乏,如孕期、哺乳期、腹泻、患糖尿病等。人体缺锌表现为生长发育停滞、脑垂体功能异常、食欲缺乏、味觉和嗅觉减退、皮肤干燥粗糙、脱发、创伤愈合不良等。儿童长期缺锌可致侏儒症。先天性锌吸收不良引起的锌缺乏(肠源性肢端皮炎)并不常见。锌缺乏可通过口服锌制剂或胃肠外营养支持治疗,还可通过皮肤吸收治疗皮肤损伤。

一般而言生活中不易发生锌中毒,但职业性锌中毒、口服或静脉注射大剂量的锌或误服例外。成人一次性摄入锌超过 2 g 即会发生锌中毒。过量摄取锌影响铜、铁和维生素的吸收,损坏免疫系统和免疫功能。锌中毒可引起腹痛、腹泻、呕吐、发热、嗜睡等,可采用洗胃、导泻、内服牛奶等措施减少机体锌含量,同时纠正水和电解质紊乱。

3. 膳食锌来源及参考摄入量　食物中广泛存在锌,但种类间存在较大差异,其吸收利用率也各不相同。锌含量较高的依次为肉类、蛋类、豆类、水产类。贝类食物、红色肉类、动物内脏等都是锌的极好来源。干果、谷类胚芽和麦麸中也富含锌。一般植物性食物中锌含量较低,但干奶酪、燕麦、花生酱、玉米等含锌量较高,果蔬中锌量含量极低。食品加工可导致锌的丢失。

中国营养学会 DRIs 中锌的推荐摄入量:12 岁≤年龄<15 岁、15 岁≤年龄<18 岁、年龄≥18 岁的男性分别为 8.5 mg/d、11.5 mg/d、12 mg/d,女性分别为 7.5 mg/d、8 mg/d、8.5 mg/d;孕妇和乳母分别为 10.5 mg/d、13 mg/d。可耐受最高摄入量为 40 mg/d。

(五) 硒

硒(selenium,Se)在人体内含量很低,总量为 12~14 mg,广泛分布于几乎所有组织和器官中,其中肝、胰、肾、心、脾、牙釉质等部位含量较高,脂肪组织中含量最低。硒在肝、肾中的浓度最高,在肌肉中总量最多,约占人体硒总量的一半。

1. 硒的营养学意义

(1) 抗氧化功能　多种疾病如癌症、克山病、动脉粥样硬化、白内障等,以及衰老均与活性氧自由基的过氧化作用有关。硒通过构成谷胱甘肽过氧化物酶和硒蛋白化合物,发挥其抗氧化、清除自由基、保护生物膜免受活性氧损伤、维持膜结构的完整性及细胞功能等作用,参与疾病预防及延缓衰老。

(2) 重金属解毒功能　硒是重金属的天然解毒剂,可与汞、甲基汞、砷、镉、铅等形成金属硒蛋白复合物而将其排出体外。

(3) 保护心血管和心肌健康　硒可维护心脏和血管健康,表现在补硒可缓解克山病引起的心脏扩大、心功能失代偿、心力衰竭等。硒可促进大骨节病患者骨骺端改变的修复。

(4) 其他功能　硒的抗氧化和免疫调节功能使之在抗肿瘤、增强免疫力及抗艾滋病等方面发挥作用。机体的正常生育也离不开硒,缺硒可导致不育不孕。

2. 硒营养不良　硒在地壳中的分布不均匀,因此出现硒含量过高或过低的食物。硒的吸收率较高,在硒水平正常地区未出现过由硒缺乏引起的克山病和大骨节

知识拓展:
硒

病。克山病表现为严重广泛的心肌病变、心肌收缩无力、心输出量减少、心律不齐、慢性心功能不全,可出现心力衰竭。因为克山病发病因素并未完全清楚,所以应在开展综合措施的前提下,补硒予以预防,如服用亚硒酸钠等硒制剂,摄入硒盐或富硒食品等。大骨节病是一种地方性、多发性、变形性骨关节病,好发生于青少年,严重影响骨发育和日后的劳动生活能力。补硒可有效控制和改善其症状,防止其恶化。硒摄入不足,还会影响甲状腺激素的代谢、机体免疫和生殖等功能。

我国高硒地区,如湖北恩施市和陕西紫阳县等地出现过地方性硒中毒,患者在3~4天内头发全部脱落,指甲变形,严重者死亡。

3. 膳食硒来源及参考摄入量 食物中硒的含量因产地不同而迥异。此外,一般动物性食物肝、肾、肉类及海产品和大豆中硒含量较高,为 0.4~1.5 mg/kg(鲜重),是硒的良好来源。蔬菜和水果中硒含量甚微,少于 0.1 mg/kg(鲜重)。

中国营养学会 DRIs 中硒的推荐摄入量:18 岁以上者为 60 μg/d,孕妇和乳母分别为 65 μg/d 和 78 μg/d;可耐受最高摄入量为 400 μg/d。

(六) 碘

人体内碘(iodine,I)的含量为 20~50 mg,其中 70%~80% 集中于甲状腺内,其余分布在肝、肾、肺、脑、睾丸、骨骼肌和淋巴结等。甲状腺中的碘以三碘甲状腺原氨酸(T_3)和四碘甲状腺原氨酸(T_4)形式存在,血浆中则主要是蛋白质结合碘。

1. 碘的营养学意义 碘在体内主要参与甲状腺素的合成,其生理功能也主要是通过甲状腺激素的作用得以体现,至今尚未发现碘的独立功能。

(1)参与新陈代谢 在心、肝、肾和骨骼肌中,碘促进蛋白质、脂类、糖类的氧化和氧化磷酸化过程,促进分解代谢、能量代谢,增加耗氧量,加强产能作用;参与体温的调节和维持,保持正常的新陈代谢和生命活动。

(2)促进儿童生长发育 甲状腺素可促进 DNA 及蛋白质的合成、维生素的吸收和利用,活化多种酶,还与生长激素具有协同作用,碘可维持细胞的分化与生长。发育期儿童的身高、体重、肌肉和骨骼的增长及性的发育都必须依赖甲状腺素的参与,碘缺乏常致儿童生长发育受阻。

(3)促进神经系统发育 脑发育阶段,神经元的增殖、迁移与分化,神经突起的分化与发育以及神经元联系的建立,髓鞘的形成等均需要甲状腺素的参与。缺碘对大脑神经的发育损伤是不可逆的。

(4)垂体激素作用 碘、甲状腺素和垂体的关系是极为密切的。当血浆中甲状腺素含量高时,垂体分泌受到抑制,使甲状腺素分泌减少;反之,则促使其分泌增多。这种负反馈性的调节作用,对甲状腺功能的稳定很重要,其调节失衡在碘缺乏病的发生发展中也起着重要作用。而甲状腺激素是维持机体基础性活动的激素,对几乎所有系统都有不同程度的影响,如心血管、神经、消化系统和肌肉等。

2. 碘营养不良 机体碘缺乏的主要原因是土壤、水等自然环境中碘的缺乏。碘缺乏病的分布呈明显的地方性。该病还可能因为高钙、高氟、缺硒以及长期服用锂制

视频:矿物质——锌、碘

剂等造成。碘缺乏导致的疾病有地方性甲状腺肿和克汀病等。

碘缺乏所致的损伤是不可逆的，因此预防是关键，可通过推广碘盐和摄入高碘食物，妊娠期补充口服碘化钾片或肌内注射碘油等方式予以预防。对于克汀病患者可尽早补充甲状腺素片。

长期碘摄入过高或一次性摄入量过大均会导致碘过多病（iodine excess disorders, IED），包括高碘性甲状腺肿、甲状腺功能亢进症、甲状腺功能减退症、桥本甲状腺炎、甲状腺癌、碘过敏和碘中毒等。可通过限制高碘食物摄入量及改用低碘水治疗高碘性甲状腺肿；利用甲状腺素来治疗高碘性甲状腺肿合并甲状腺功能减退的患者。

3. 膳食碘来源及参考摄入量 膳食碘的含量取决于各地区的生物地质化学状况。一般而言，海洋生物中碘含量很高，如海带、紫菜、鲜海鱼、贝类等，干海带中碘含量可达 240 mg/kg。陆地食物中，动物性食物碘含量普遍高于植物性食物，如蛋、奶、肉类含碘量高于水果和蔬菜。

中国营养学会 DRIs 中碘的推荐摄入量为成人 120 μg/d，可耐受最高摄入量为 600 μg/d。孕妇和乳母的推荐摄入量分别为 330 μg/d、340 μg/d，可耐受最高摄入量为 500 μg/d。

二、维生素

维生素又名维他命，是人体必需的一类微量营养素，是维持人体正常生理功能所必需的一类微量有机物质。维生素在人体内含量甚微，但在机体的代谢、生长发育等过程中起着重要的调节作用。人和动物在缺乏维生素时不能正常生长，并有可能发生维生素特异性缺乏病。人体需要的维生素有 20 多种，根据其溶解性，维生素可被分为脂溶性维生素和水溶性维生素。维生素 A、维生素 D、维生素 E、维生素 K 属于脂溶性维生素；水溶性维生素包括 B 族维生素（维生素 B_1、维生素 B_2、烟酸、维生素 B_6、维生素 B_{12}、叶酸、泛酸和生物素等）和维生素 C 两大类。

水溶性维生素易溶于水，摄入过多时常以原形从尿中排出，在体内蓄积较少，需要每天从膳食中摄取，膳食摄入不足时机体容易因缺乏致相关疾病。脂溶性维生素溶于脂肪和有机溶剂，不溶于水，在体内储存于肝和脂肪中，易蓄积，当膳食摄入短暂不足时机体不易缺乏，过多时较易发生中毒。

（一）维生素 A

维生素 A（vitamin A）是含有 β-紫罗酮环多烯基结构并具有视黄醇生物活性的一大类化合物的总称，又称为视黄醇（retinol）或抗干眼病维生素。维生素 A 在高温和碱性环境中比较稳定，一般烹调不易破坏，但易被氧化，高温和紫外线照射可加速其分解，故富含维生素 A 的食物应低温避光保存。

1. 维生素 A 的营养学意义

（1）维持正常的视觉功能 维生素 A 与视网膜上的感光物质视紫红质的合成与

再生有关,有维持弱光下视力的作用。若维生素 A 充足时,视紫红质的再生迅速而完全,人体的暗适应恢复时间短;反之,则暗适应恢复慢,严重时可产生夜盲症。

(2) 维护皮肤黏膜层的完整　维生素 A 可稳定上皮细胞的细胞膜,维持其形态完整和功能健全。维生素 A 缺乏可引起细胞角化增生,影响全身各组织器官的生理功能,最早受累的是眼睛、皮肤、味蕾、呼吸道等,表现为角化症、感染、眼干燥症,甚至失明等,故维生素 A 又称抗干眼病因子。

(3) 促进生长与生殖　维生素 A 参与体内 DNA 和 RNA 的合成,有助于细胞的增殖生长和组织的更新。维生素 A 参与软骨内成骨,当其缺乏时,长骨和牙齿的形成受阻,出现明显的生长停滞;维生素 A 缺乏还可造成男性睾丸萎缩,精子数量减少、活力下降。因此,维生素 A 对于维持生殖功能的正常具有重要的意义。

(4) 维持和增强免疫功能　维生素 A 对基因进行调控,促使免疫细胞产生抗体及淋巴细胞产生淋巴因子,进而提高细胞免疫功能。

(5) 其他功能　研究发现,维生素 A 有延缓或阻止癌前病变的功能,并能减弱化学致癌剂的致癌作用。同时,对于防止脂质过氧化、预防心血管疾病和肿瘤、延缓衰老等都具有积极的意义。

视频:维生素 A 漫谈

2. 维生素 A 营养不良　维生素 A 的缺乏源于摄入不足、吸收利用障碍、机体需要量增加、代谢障碍以及可能的其他营养素或药物的干扰。维生素 A 缺乏可导致机体出现:眼干燥症(xerophthalmia)、夜盲症(nyctalopia),严重时角膜软化穿孔而失明;皮肤毛囊角化、丘疹,皮肤干燥呈蟾皮症;机体免疫功能低下,易发生反复呼吸道感染和腹泻;儿童生长发育停滞;女性不孕不育;胎儿畸形或死亡等。维生素 A 缺乏的治疗主要为对症治疗,以改善症状或防止其进一步恶化。对于易感人群应及时预防,可摄入维生素 A 丰富的食物,或给予维生素 A 强化食品或制剂。

普通膳食一般不会引起维生素 A 过量或中毒。维生素 A 急性中毒者表现为食欲减退、烦躁或嗜睡、前囟膨隆、头围增大、颅内压增高。慢性中毒者可致脱发、骨痛、身材矮小、两眼内斜视、复视和眼球震颤、皮肤瘙痒、皮疹、毛发干燥、肝脾增大疼痛,甚至死亡。孕妇维生素 A 过量或中毒可致胎儿畸形。中毒一旦确诊,应立即停服维生素 A,一般症状会于 1~2 周内消失。类胡萝卜素有较低毒性,过多摄入可导致胡萝卜素血症,出现暂时性皮肤黄染,少食后即可消失。

3. 膳食维生素 A 来源及参考摄入量　维生素 A 在动物性食物中如肝和其他内脏类、肉类、蛋类、乳类中含量丰富。植物来源的胡萝卜素在深色蔬果中含量较高,如西兰花、胡萝卜、菠菜、苋菜、杧果、橘子和枇杷等。儿童及成人膳食维生素 A 应 1/3~1/2 以上来自动物性食物,但孕妇膳食维生素 A 来源应以植物性食物为主。

中国营养学会 DRIs 中维生素 A 的推荐摄入量:成人男性为 770 μg RAE〔RAE 为视黄醇活性当量(retinol activity equivalent)〕,女性为 660 μg RAE,孕妇中晚期和乳母的推荐摄入量分别为 730 μg RAE、1 260 μg RAE。可耐受最高摄入量为 3 000 μg RAE。

(二) 维生素 D

维生素 D(vitamin D)是具有胆钙化固醇生物活性的所有类固醇的总称,因其具有抗佝偻病的作用,故又被称为抗佝偻病维生素。维生素 D 以维生素 D_3 和维生素 D_2 最为常见。维生素 D_3 为胆钙化醇,由皮肤中的维生素 D 原(7- 脱氢胆固醇)经紫外线照射转变而来。因此,健康成人只要经常接触阳光,在普通膳食条件下产生的维生素 D_3 即可满足机体需要。维生素 D_2 由植物体内的维生素 D 原(麦角固醇)经紫外线照射转变而来,其活性仅为维生素 D_3 的 1/3。

维生素 D 溶于脂肪和有机溶剂,在热、碱环境下较稳定,故一般烹调方法下损失较小。光和酸会促使维生素 D 异构化从而使其失去活性,油脂酸败也可导致维生素 D 被破坏。

1. 维生素 D 的营养学意义

(1) 促进肠道对钙、磷的吸收 维生素 D 作用的最初靶位点是小肠上皮细胞刷状缘膜表面,可促进钙从肠腔进入细胞内,有助于钙通过肠黏膜,能激发肠道对磷的转运和吸收,调节体内钙、磷代谢。

(2) 促进骨组织的钙化 维生素 D 与甲状旁腺激素协同,使破骨细胞前体转变为成熟的破骨细胞,促进骨质吸收,使原来骨中的钙盐溶解,钙、磷转运至血液,以提高血钙和血磷的浓度。

(3) 促进肾小管对钙、磷的重吸收 通过促进钙、磷的重吸收,可减少钙、磷的流失,保持血浆中钙、磷的浓度。

(4) 其他功能 维生素 D 还可调节细胞的分化,影响肌肉收缩与合成等。$1,25(OH)_2D_3$(维生素 D 的一种活性形式)可调节 T 细胞发育和 B 细胞分化,有助于维持机体正常的免疫功能,其缺乏可能与类风湿性关节炎、1 型糖尿病、哮喘和多发性硬化症等有关。

2. 维生素 D 营养不良

引起维生素 D 缺乏的原因可能有阳光照射不足,维生素 D 及钙、磷的摄入不足,维生素 D 及钙、磷的吸收障碍以及肝、肾疾病或药物影响等其他原因。婴幼儿时期维生素 D 缺乏可导致佝偻病;成人阶段的维生素 D 缺乏则导致骨软化症和骨质疏松症,常见症状有骨痛、肌无力和骨压痛,患者步态呈现"鸭步",重度者脊柱压迫性弯曲、身材变矮、骨盆变形,出现自发性、多发性或假性骨折等。治疗应采用阳光照射和选用维生素 D 丰富的食品,并使用维生素 D 制剂。

长期大量摄入维生素 D 制剂可引起中毒。临床表现为食欲缺乏、烦躁、精神不振,多有低热、恶心、呕吐、烦渴、尿频。长期慢性中毒可致骨骼及非钙化组织如肾、血管和皮肤出现钙化,严重者可致死。治疗应首先停用维生素 D 制剂及钙剂,同时避免晒太阳,采用低钙饮食,重症者加服利尿剂以加速钙的排出,口服肾上腺皮质激素以减弱维生素 D 的作用。

3. 膳食维生素 D 来源及参考摄入量

一般天然食物中的维生素 D 含量较少,动物性食物中,肝和蛋黄中维生素 D 含量较多,尤其以鱼肝油中含量最为丰富。

中国营养学会 DRIs 中维生素 D 的推荐摄入量：成人为 10 μg/d，可耐受最高摄入量为 50 μg/d。

（三）维生素 B₁

维生素 B₁（vitamin B₁）又称为硫胺素（thiamine），因具有抗脚气病的功能，所以还被称为抗脚气病因子。维生素 B₁ 易溶于水，微溶于乙醇，固体形态不易被破坏，在水溶液酸性时较稳定，在碱性环境中易被氧化失活，亦不耐热。

1. 维生素 B₁ 的营养学意义

（1）构成辅酶，维持体内正常代谢　在硫胺素焦磷酸激酶的作用下，维生素 B₁ 与三磷酸腺苷（ATP）结合形成硫胺素焦磷酸（TPP），TPP 为维生素 B₁ 的活性形式，参与构成 α- 酮酸脱氢酶和转酮醇酶的辅酶。

（2）促进胃肠蠕动　乙酰胆碱具有促进胃肠蠕动的功能，维生素 B₁ 可抑制乙酰胆碱酯酶活性，避免乙酰胆碱水解。当维生素 B₁ 缺乏时，胃肠蠕动缓慢，腺体分泌减少，食欲减退。

（3）对神经组织的作用　神经组织中 TPP 含量较高，研究发现 TPP 可能与膜钠离子通道有关。当 TPP 缺乏时，机体无法维持渗透梯度。维生素 B₁ 缺乏时，糖类代谢障碍，而神经系统尤其是大脑主要依赖葡萄糖供能，因此可致神经系统功能障碍。

2. 维生素 B₁ 营养不良
摄入不足、吸收利用障碍、需要量增加、抗硫胺素因子存在及慢性乙醇中毒可使维生素 B₁ 缺乏。维生素 B₁ 缺乏的早期症状有疲乏、淡漠、食欲缺乏、恶心、忧郁、急躁、手脚麻木和心电图异常，严重者则患脚气病（beriberi）。治疗首先要确定致病原因或诱因，在对症治疗的同时补充维生素 B₁ 制剂。预防措施包括改良谷类加工方法，调整饮食结构和服用维生素 B₁ 强化食品。

维生素 B₁ 属于水溶性维生素，可很快从肾排出，因此罕见维生素 B₁ 过量或中毒。偶有病例报道大剂量服用维生素 B₁ 可致头痛、抽搐、衰弱、麻痹、心律失常和过敏反应等。

3. 膳食维生素 B₁ 来源及参考摄入量
维生素 B₁ 广泛存在于各种食物中，其含量受食物种类及加工方式的显著影响。维生素 B₁ 最为丰富的来源为葵花籽仁、花生、大豆粉和瘦猪肉，其次为粗粮、小麦粉等谷类食物，鱼类、蔬菜和水果中含量较少。

中国营养学会 DRIs 中维生素 B₁ 的推荐摄入量：成年男性和女性分别为 1.4 mg/d 和 1.2 mg/d；孕妇中期、晚期和乳母分别为 1.4 mg/d、1.5 mg/d 和 1.5 mg/d。可耐受最高摄入量为 50 mg/d。

（四）维生素 B₂

维生素 B₂（vitamin B₂）又称为核黄素（riboflavin），易溶于水和碱性溶液中。在强酸性溶液中稳定，耐热，但在碱性溶液中加热易被破坏。食物中的核黄素主要为结合型，分别为黄素单核苷酸（flavin mononucleotide，FMN）和黄素腺嘌呤二核苷酸（flavin adenine dinucleotide，FAD）与黄素蛋白的结合物，分别占核黄素的 10%~30% 和

70%~90%，绝大多数食物中游离维生素 B_2 占 2% 以下。肝、肾和心脏中结合型的维生素 B_2 浓度最高。结合型的维生素 B_2 在胃酸作用下，与蛋白质分离而成为游离的维生素 B_2 后在小肠被吸收。

1. 维生素 B_2 的营养学意义

（1）构成辅酶参与物质代谢　FMN 和 FAD 是体内多种氧化酶的辅酶，在生物氧化过程中起着递氢体的作用，参与氨基酸、脂肪酸和糖类的代谢。

（2）参与细胞的正常生长　研究发现，皮肤黏膜损伤后的再生需要维生素 B_2，如果维生素 B_2 缺乏，则损伤不易愈合。

（3）其他功能　维生素 B_2 参与色氨酸转变为烟酸及维生素 B_6 转变为磷酸吡哆醛的过程；参与体内的抗氧化防御系统，提高机体对环境应激的适应能力；还与肾上腺皮质激素的产生、骨髓中红细胞的生成以及铁的吸收、储存和动员有关。

2. 维生素 B_2 营养不良　维生素 B_2 的缺乏常见于摄入不足、吸收障碍、需要量增加或消耗过多以及药物影响。临床症状表现为：舌炎和地图舌，唇炎和口角炎，唇黏膜水肿、裂隙、溃疡和色素沉着，脂溢性皮炎，阴囊炎，视力模糊、畏光、流泪、视力疲劳、角膜充血等。

维生素 B_2 缺乏的治疗采用食物补充和维生素 B_2 制剂补充相结合，并纠正偏食习惯。可通过多摄入富含维生素 B_2 的食物补充，对孕产妇及学龄前儿童等特殊人群实行营养干预，如给予维生素 B_2 强化食品，改进食品加工和烹调方式，防止维生素 B_2 的损失等。

维生素 B_2 的溶解度不是很高，肠道吸收不太完全，因此发生过量和中毒的现象较少。

3. 膳食维生素 B_2 来源及参考摄入量　维生素 B_2 广泛存在于奶类、蛋类、肉类、内脏等动物性食物和谷类、蔬菜、水果等植物性食物中。绿叶蔬菜中含量较其他蔬菜中高。粮谷类的维生素 B_2 主要分布于谷皮和胚芽中，碾磨加工易丢失。

中国营养学会 DRIs 中维生素 B_2 的推荐摄入量：成年男性和女性分别为 1.4 mg/d 和 1.2 mg/d；孕妇中期、晚期和乳母分别为 1.3 mg/d、1.4 mg/d 和 1.7 mg/d。可耐受最高摄入量为 10 mg/d。

（五）维生素 C

维生素 C（vitamin C）又称为抗坏血酸（ascorbic acid），是所有显示抗坏血酸生物活性化合物的通称，水溶性大，微溶于乙醇，几乎不溶于有机溶剂，具有很强的还原性。维生素 C 对氧非常敏感，是一种化学性质不稳定的维生素。在酸性环境中相对稳定，遇热、光、碱、氧化酶和金属离子极易氧化破坏。

1. 维生素 C 的营养学意义

（1）参与羟化反应　维生素 C 可参与体内许多重要物质的羟化反应，包括胶原的合成、神经递质的合成、类固醇的羟化以及有机药物或毒物的羟化解毒。

（2）还原作用　维生素 C 在体内既有氧化型，又有还原型，因此在体内氧化还原过程中发挥重要的作用。它可通过将胱氨酸还原为半胱氨酸而促进抗体形成,将三价铁还原为易吸收的二价铁,将无活性的叶酸还原为四氢叶酸并促其吸收,以及维持巯基酶的活性。

(3) 其他功能　维生素 C 可通过将体内氧化型谷胱甘肽还原为还原型谷胱甘肽而与重金属离子结合后将其排出体外,避免机体中毒;维生素 C 可阻断亚硝基化合物合成,预防癌症;维生素 C 与维生素 E 和烟酰胺腺嘌呤二核苷酸(NADH₂)一起清除自由基等。

2. **维生素 C 营养不良**　长期维生素 C 缺乏导致的疾病称为坏血病。临床典型症状为牙龈肿胀出血、皮肤瘀点以及全身广泛出血。目前维生素 C 缺乏症已较少见,但在婴幼儿和老年人中仍时有发生。维生素 C 缺乏多见于食物中含量不足或食物摄入量不足,机体新陈代谢加快或感染等慢性消耗性疾病时对其需要量增加,慢性消化系统疾病导致的吸收障碍,某些药物如阿司匹林等会影响维生素 C 的代谢,酗酒和偏食者也易产生维生素 C 缺乏症。维生素 C 缺乏症的治疗应以口服或注射维生素 C 制剂为主。应多摄入维生素 C 丰富的食物预防坏血病,并注意选取适当的烹调方式以避免破坏。

当人体维生素 C 摄入量超过 2 g 时,可引起渗透性腹泻,易造成脱水;超过 4 g 时,可使尿中尿酸排出增多 1 倍,且尿酸盐结石形成增多。过量的维生素 C 可阻止精子穿透引起不孕。妊娠期服用过量可影响胚胎发育。

3. **膳食维生素 C 来源及参考摄入量**　维生素 C 的主要食物来源是新鲜的蔬菜和水果,如辣椒、苦瓜、豆角、菠菜等蔬菜,酸枣、鲜枣、草莓、柑橘、柠檬等水果,动物内脏、肉、鱼、禽、蛋、奶、薯类等含有少量的维生素 C,谷类和豆类中含量很少。

中国营养学会 DRIs 中维生素 C 的推荐摄入量:成人为 100 mg/d,孕妇中期、晚期和乳母分别为 115 mg/d、115 mg/d 和 150 mg/d。可耐受最高摄入量为 2 000 mg/d。

知识拓展:
抗性淀粉

第四节　膳食纤维

案例导入

陈女士,55 岁。常年腹泻,脸色苍白,有乏力、疲乏等症状。体检显示其贫血、免疫功能异常。据陈女士自述,因听说多摄入膳食纤维有益健康,故每天早、中、晚均摄入大量绿色蔬菜和多种水果。

请思考:

1. 膳食纤维摄入量越多越好吗? 为什么?
2. 膳食纤维有哪些健康作用?
3. 膳食纤维的主要食物来源有哪些?

膳食纤维（dietary fiber，DF）是指聚合度≥3，不能被人体小肠消化吸收，但对人体有健康意义的可食用碳水化合物聚合物，包括纤维素、半纤维素、果胶、树胶、抗性淀粉和木质素等，分为可溶性膳食纤维和不溶性膳食纤维。可溶性膳食纤维如部分半纤维素、果胶和树胶等，可延缓小肠对葡萄糖和脂类的吸收；不溶性膳食纤维如纤维素和木质素，可增加食物体积，刺激肠道蠕动，缩短粪便通过时间。膳食纤维可经细菌作用分解为低级脂肪酸、水、二氧化碳、氢气和甲烷等。

膳食纤维具有很强的吸水作用和黏滞性，能与有机化合物如胆酸和胆固醇等结合，还可与阳离子发生交换作用，并能在肠道内被细菌酵解。

一、膳食纤维的营养学意义

1. 有助于食物消化吸收　膳食纤维可延长食物在口腔的咀嚼时间，促进肠道消化酶的分泌，有利于食物的消化吸收。

2. 促进结肠功能，预防结肠癌　膳食纤维在肠道内吸水而增加粪便体积，加快其排泄，减少有害物质滞留肠道的时间。膳食纤维还可抑制肠道厌氧菌产生致癌代谢物，从而有效预防结肠癌。

3. 降糖降脂，预防胆结石，防止过度肥胖　① 膳食纤维能降低小肠对糖的吸收而防止餐后血糖大幅升高，还可通过改变与消化、发酵有关的激素释放，延迟淀粉水解及分解产物向小肠微绒毛的扩散；与黏膜相互作用形成吸收屏障，有助于血糖调控。可溶性膳食纤维还具有延缓食物与胃液及消化酶的混合、减缓胃排空、减慢升血糖速度的作用。② 膳食纤维，尤其是果胶、树胶和豆胶等可溶性膳食纤维，可阻止肠上皮细胞对胆固醇的吸收，抑制胆汁酸的重吸收，并干扰其肠肝循环，结合胆酸和胆固醇，降低血中胆酸和胆固醇的含量；还可通过结肠发酵减少内源性胆固醇的产生，降低低密度脂蛋白水平，故有降血脂和预防结石的功能。③ 膳食纤维具有很强的吸水力，可通过增加胃内容物量而抑制食欲，增加饱腹感，减少食物和能量的摄入，有助于控制体重，防止过度肥胖。

4. 其他功能　木质素具有提高机体免疫力、间接抑制癌细胞的作用；膳食纤维还可以防止习惯性便秘，有预防食管裂孔疝和痔疮等作用。可溶性膳食纤维对钙、镁、铁的吸收有促进作用；不溶性膳食纤维，特别是大量不溶性膳食纤维，可减少矿物质的吸收，并促进其排出。

二、膳食纤维营养不良

短期摄入过低或无膳食纤维摄入，可引起便秘；长期膳食纤维摄入过低将增加心血管疾病、肠道疾病、2 型糖尿病等的发病风险。除了手术和疾病情况，日常生活中长期膳食纤维摄入过低的人群并不常见，但是摄入量较低或边缘性缺乏的现象却普遍存在。长期缺少蔬菜和全谷物，而摄入过多高蛋白、高脂肪食物的膳食模式，可能引

起代谢紊乱，诱发多种慢性病。

膳食纤维摄入过量的现象极少发生，即便在以植物性食物为主的膳食情况下也很少发生。过量摄入膳食纤维引发的症状或疾患也并不常见，长期过量摄入膳食纤维可能导致胃肠道不适，个别人会出现胃肠胀气、肠鸣增多等胃肠轻微不适症状，甚至出现腹痛或腹泻等。

三、膳食纤维来源及参考摄入量

食物中的膳食纤维主要来源于植物性食物，如水果、蔬菜、豆类、坚果和粮谷类。果蔬由于水分含量较高，故膳食纤维相对量较少，因此膳食纤维主要来源于粮谷类。麸皮和糠内含有大量膳食纤维，故精加工谷类食物膳食纤维较少。

除天然食物中自然状态的膳食纤维外，人体也可通过食用从天然食物中提取的粉末状或单晶体的膳食纤维产品来摄入膳食纤维。

中国居民成人每天膳食纤维的适宜摄入量为 25~30 g/d，孕妇中晚期和乳母均为 29~34 g/d。

第五节　水

案例导入

3 岁的琳琳胖乎乎的挺惹人喜爱，在幼儿园入学前的体检中，琳琳被查出脂肪肝，体重超标但身高却不达标。据琳琳的父母介绍，女儿从 1 岁多起就喜欢上可乐等碳酸饮料，平常口渴根本不喝水，只想喝碳酸饮料。想着饮料也是水，为了让孩子多喝水，家长就没有阻止。

根据食物营养成分表，100 ml 的可乐中含有 10.8 g 的糖分，1 瓶 330 ml 的可乐含有 32.4 g 的糖分，喝可乐过多会导致肥胖；100 ml 可乐里面含有 13 g 磷，过多的磷会影响钙的吸收，孩子常喝可乐等碳酸饮料会导致钙质流失，容易发生软骨病和骨质疏松症。

请思考：

1. 饮料能代替水吗？

2. 水有哪些生理功能？

3. 如何正确补充水分？

水（water）是一切生命所必需的物质，它对生命活动的重要性仅次于空气，是机体需要量最大、最重要的营养素。水还具有重要的生理调节功能，水的化学性质稳

视频：水
（万物之源）

定,是一种良好的溶剂;水的表面张力很大,对生物输送营养物质具有重要的意义;水的比热较高,对维持热的平衡起到调节作用。人体断食至体脂和蛋白质耗损50%时才会死亡,而脱水20%即可危及生命。

一、水的营养学意义

1. 构成机体重要的组成成分　水是人体保持细胞形状和构成体液必需的物质。水是人体中含量最多的成分,新生儿含水量可高达体重的64%~84%,随着年龄增长总体水分逐渐减少,成年人水分含量为体重的40%~60%。体内的水广泛分布于细胞内外,细胞内液约占总体水的2/3,细胞外液约占1/3,细胞外的水主要存在于血液之中。正常情况下,体液在血浆、组织间液及细胞内液间,维持着动态平衡状态,即渗透压平衡。

2. 参与人体内物质代谢　水可以参与体内的物质代谢,促进各种生化反应和维持各种生理活动。水具有较大的流动性,可将氧气、营养物质等运送到组织细胞,又可将组织细胞代谢产生的废物通过呼吸、蒸发、粪便和尿液等途径排出体外,从而使人体内新陈代谢和生理生化反应得以顺利进行。

3. 调节人体体温　水的比热大,其热容量也大。机体内大量的水可吸收代谢过程中产生的能量而避免体温大幅升高。水具有较大的蒸发热,37℃体温下,蒸发1 g水可带走2.4 kJ的能量,因此高温下体热可随皮肤的蒸发散热得以释放,从而维持体温的恒定。

4. 润滑作用　存在于关节腔、胸腔、腹腔和胃肠道等部位的水分对于关节、器官、肌肉和组织能起到缓冲、润滑和保护作用。如泪液可以防止眼球干燥,唾液和胃液有助于食物的吞咽和消化;关节滑液有助于减少摩擦、损伤并使运动灵活。

二、人体水平衡及其调节

正常人体每天水的来源和排出处于动态平衡之中。水的摄入和排出量均维持在2 500 ml左右。

1. 水的来源　体内水的来源分为饮用水、食物水和内生水3种途径。

2. 水的排出　人体每天通过尿液、皮肤蒸发、呼吸和粪便排出水分,主要以尿液方式排出。一般成年人每天通过尿液排出水分约1 500 ml,皮肤蒸发水分约500 ml,通过肺部呼吸排出水分约350 ml,通过粪便排出水分约150 ml,每天总排出水量约2 500 ml。

3. 水平衡的调节　当机体水来源量与水排出量相当时,机体水分处于平衡状态。体内水平衡受口渴中枢、渗透压感受器、神经垂体分泌的抗利尿激素及泌尿系统的调节。在特殊条件下,如高温、高原环境以及胃肠道炎症引起呕吐、腹泻时,可造成机体大量失水,血浆渗透压增高,可引起口渴中枢神经兴奋,激发机体饮水行为;同时抗利尿激素通过改变肾对水的通透性而增加水分的重吸收来减少水的排出。相反，当机体内水分过多时，则排尿量增加。电解质与体内水的平衡也有着重要的关系。如细胞内钠含量增多时，水进入细胞引起水肿；反之，当出汗过多钠丢失严重时，水量减少而引起机体缺水。

三、水营养不良

机体水摄入量不足，水丢失过多或者摄入盐过多时，细胞外液钠浓度改变，严重时可引起水和电解质代谢紊乱。水摄入不足或水丢失过多导致的脱水状态会降低认知能力、身体活动能力，增加泌尿系统感染、结石以及便秘等的发生风险。

过量饮水会导致水中毒，引起体液浓度降低，血浆钠浓度降低；血浆蛋白质总量、血红蛋白含量、红细胞压积减少；细胞内、外液的容量增加，导致低钠血症等。水中毒时，可因脑细胞肿胀、脑组织水肿、颅内压增高而引起头痛、恶心、呕吐、记忆力减退，重者可发生渐进性精神迟钝、恍惚、昏迷、惊厥等，严重者可引起死亡。

水中毒在正常人极少发生，多见于肾病、肝病、充血性心力衰竭等疾病状况时。短期内摄入大量水分而钠盐摄入不够时可导致低钠血症，严重时会危及生命。

四、水需要量

人体水分的需要量因个体年龄、体重、身体活动、膳食、气候和活动量等不同而各异，故水的需要量变化很大。近年来，一些国家以人群的水摄入量数据为基础，在综合考虑肾浓缩功能及能量消耗与水的代谢关系后，提出了本国居民总摄水量或饮用水摄入量的推荐值。总摄水量是指将来源于食物中的水（食物水）和来源于普通水及各种饮料的水（饮水）合计构成的人体水摄入总量。水需要量波动范围较大，受个体和环境等多种因素影响，目前证据尚不足以支持制定水的可耐受最高摄入量。

根据《中国居民膳食指南（2022）》，中国居民日均推荐饮水量为 1 500~1 700 ml（7~8 杯）。中国居民水适宜摄入量见表 2-10。

表 2-10　中国居民水适宜摄入量（L/d）[a]

年龄（岁）或阶段	饮水量	总摄入量[b]	年龄（岁）或阶段	饮水量	总摄入量[b]
0~	—	0.7（来自母乳）[c]	7~		1.8
0.5~	—	0.9	12~	1.3（男）1.1（女）	2.3（男）2.0（女）
1~	—	1.3	15~	1.4（男）1.2（女）	2.5（男）2.2（女）
4~	—	1.6	18~	1.7（男）1.5（女）	3.0（男）2.7（女）

年龄(岁)或阶段	饮水量	总摄入量 b	年龄(岁)或阶段	饮水量	总摄入量 b
孕妇(早)	+0.0	+0.0	孕妇(晚)	+0.2	+0.3
孕妇(中)	+0.2	+0.3	乳母	+0.6	+1.1

注:a 温和气候条件下低强度身体活动水平时的摄入量,在不同温湿度和 / 或不同强度身体活动水平时,应进行相应调整;b 总摄入量包括食物中的水和饮水中的水;c 纯母乳喂养的婴儿无须额外补充水分。+ 表示在相应年龄阶段的成年女性需要量基础上增加的需要量。

情景实践

1. 某 3 岁幼儿,经医院诊断中度营养不良,作为营养师,请你从膳食方面提出合理化建议。

2. 小张为中等体力劳动男性青年,一天的食物消耗见表 2-11。作为营养师,请你评价小张摄入的能量及三大营养素比例是否合理,蛋白质来源是否合理。

表 2-11　小张一天的食物消耗

食物名称	重量 /g	食部 /%	蛋白质 /g	脂肪 /g	糖类 /g
面粉	300	100	15.7	2.5	70.9
鸡蛋	120	87	12.2	10.5	0
粳米	400	100	6.4	1.2	78.1
豆腐	200	100	9.2	8.1	3.0
猪肉	100	100	19.6	7.9	0
韭菜	150	90	2.4	0.4	4.5
茄子	100	98	0.8	0.2	5.3
青菜	50	94	1.4	0.3	2.4
海带	100	100	1.4	7.5	15.3
草鱼	200	58	17.7	2.6	0.5

3. 某位家长带 2 岁小孩前来咨询。主诉:孩子多汗、易惊、出牙晚。观察:幼儿囟门大、枕秃、胸部肋骨与软骨交界处外凸呈串珠样;肋下缘外翻,胸部前凸呈"鸡胸";脊柱后凸呈驼背样。请你提出相关的营养干预方案:

(1) 确定该幼儿可能的营养问题。

(2) 建议该幼儿进一步检查的项目及正常值(至少提出两项)。

(3) 建议该幼儿补充相关营养素丰富的动物性食物和植物性食物各 3 种,以及避免食用的食物 2 种。

(4) 建议采取的其他改善措施。

1. 氮平衡的三种形式,氨基酸模式及蛋白质互补作用,蛋白质营养价值的评价。
2. 必需脂肪酸及其生理功能;脂类营养价值的评价。
3. 糖类的分类、营养学意义、膳食来源及参考摄入量。
4. 能量系数和能量的消耗及产能营养素的能量分配。
5. 微量营养素的分类及其缺乏症和膳食来源。
6. 影响钙、铁吸收的因素及钙、铁参考摄入量。
7. 水的平衡。

测验二

一、选择题
请扫描二维码完成在线测试。

二、简答题

1. 糖类的营养学意义有哪些? 糖类为什么是能量最主要和最经济的来源?
2. 简述氮平衡的表达式及形式,每种形式的特点和人群。
3. 试述机体水平衡和能量平衡。
4. 常见维生素和矿物质的缺乏症有哪些?
5. 膳食纤维对于人体的影响表现在哪些方面?

在线测试

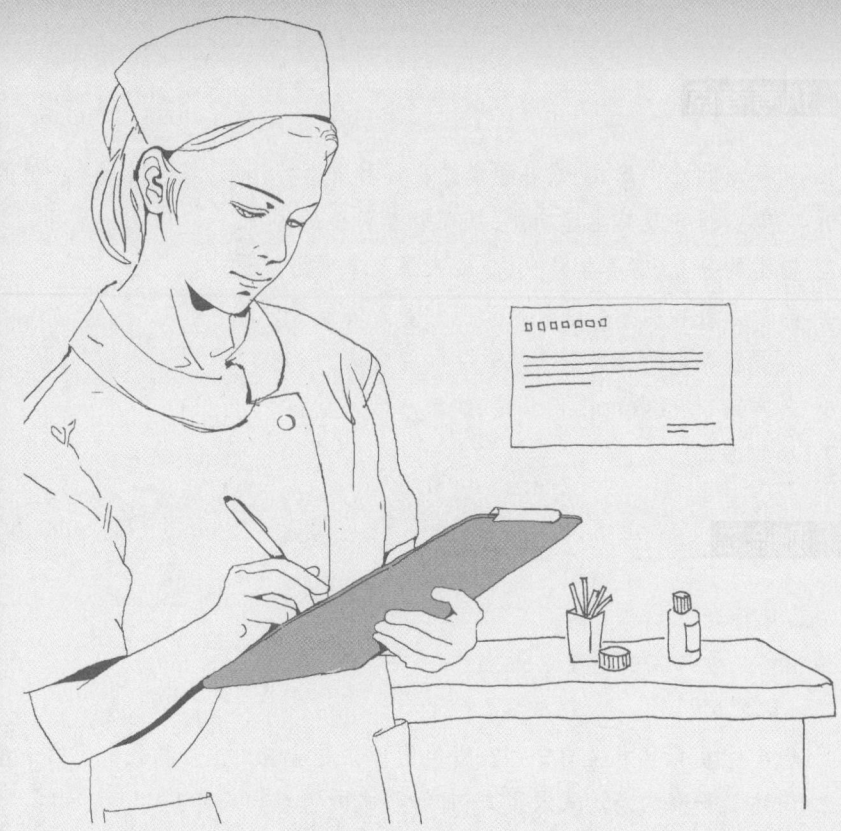

第三章 各类食物的营养价值

学习目标

知识目标

1. 记忆食物营养价值的概念以及各类食物及其制品的营养特点。

2. 理解大豆类食物中的抗营养因子,烹调、加工、储存对各类食物营养价值的影响。

3. 归纳谷类的结构特点。

能力目标

能够根据各类食物的营养特点合理选用和搭配食物,并科学合理地对食物进行烹调、加工和储存。

素质目标

通过本章学习,培养科学思辨的思维模式与健康素养。

食物是人类赖以生存的物质基础,是各种营养素和生物活性物质的重要来源。食物种类繁多,按照其来源和性质可分为植物性食物及其制品、动物性食物及其制品。食物的营养价值(nutritional value,NV)是指某种食物中所含的能量和各种营养素能够满足人体需要的程度。食物营养价值的高低取决于食物中所含营养素的种类是否齐全,数量是否充足,相互间比例是否适宜,是否易于被人体消化、吸收和利用。了解食物的营养价值对合理安排膳食具有重要意义。食物营养价值的评价主要从其所含能量、营养素的种类及含量、营养素质量(如食物利用率、营养质量指数)、营养素在烹调加工中的变化、食物血糖生成指数、植物化学物等方面综合考虑。

各种营养素的组成和含量因食物种类的不同而不同,即使是同种类的食物,亦因品系、部位、产地、成熟度等不同而有差异。总之,除母乳对于6月龄内的婴儿属于全营养食物外,没有哪一种食物可以满足人体对全部营养素的需要。因此,根据不同食物的营养价值特点,合理选用和搭配食物及其制品才是保持营养均衡的关键。

案例导入

克里斯蒂安·艾格曼,1858年出生,荷兰人。于阿姆斯特丹大学毕业后,艾格曼到印度尼西亚当了一名军医,后因患疟疾退役。退役后,他为了搞清自己患疟疾的病因而去德国留学,投奔柯赫博士门下攻读细菌学。当时东南亚各国正流行脚气病,荷兰政府认为是由细菌引起的,因此派去了一个脚气菌调查团,艾格曼作为助手参加了这项工作。在调查团认为已找出患者血液中的细菌而撤走以后,艾格曼留在当地继续从事这项研究。有一天,他在医院的院子里发现一只奇怪的鸡。这只鸡的鸡头弯曲、爪子颤抖,与患脚气病的人一样,原来这只鸡是靠吃脚气病患者吃剩的食物长大的,于是他决定从这只鸡着手寻找脚气病的患病原因。

由于研究条件受限,不允许他用精白米喂养这只患病的鸡,他只好用便宜的糙米喂。数天后,他意外地发现这只鸡的脚气病好了。"鸡吃精米得脚气病,吃糙米则可治疗脚气病",他想,"稻米加工成精米时是否一些成分丢掉了呢?"于是,他又把监狱里的犯人分为两组,一组只吃精白米,另一组吃糙米,结果吃精白米的那一组犯人患脚气病的比例远远高于另一组。根据这一发现,他否定了脚气病由细菌引起的理论,并进一步证明,糙米对鸡的多发性神经炎有疗效。他因此获得1929年的诺贝尔生理学或医学奖。

请思考:

1. 谷粒由哪几部分组成?每一层分别含有哪些营养物质?

2. 谷物的哪些营养素丰富?哪些营养素不足?

3. 烹调加工对谷物的营养价值有何影响?

第一节 谷类及薯类

一、谷类

谷类主要包括大米、小米、小麦、玉米、高粱、大麦、荞麦、薏仁、黑米等(图 3-1),其中我国居民膳食以大米和小麦为主,故称之为主食,其他的称为杂粮。不同国家和地区居民的膳食中,谷物的摄入种类和数量有所不同。

在我国居民的膳食结构中,谷类是能量和糖类的主要来源,提供 50%~65% 的能量和 70%~80% 的糖类,因此在日常饮食中占比较大。此外,谷类还是一些矿物质和 B 族维生素的重要来源。

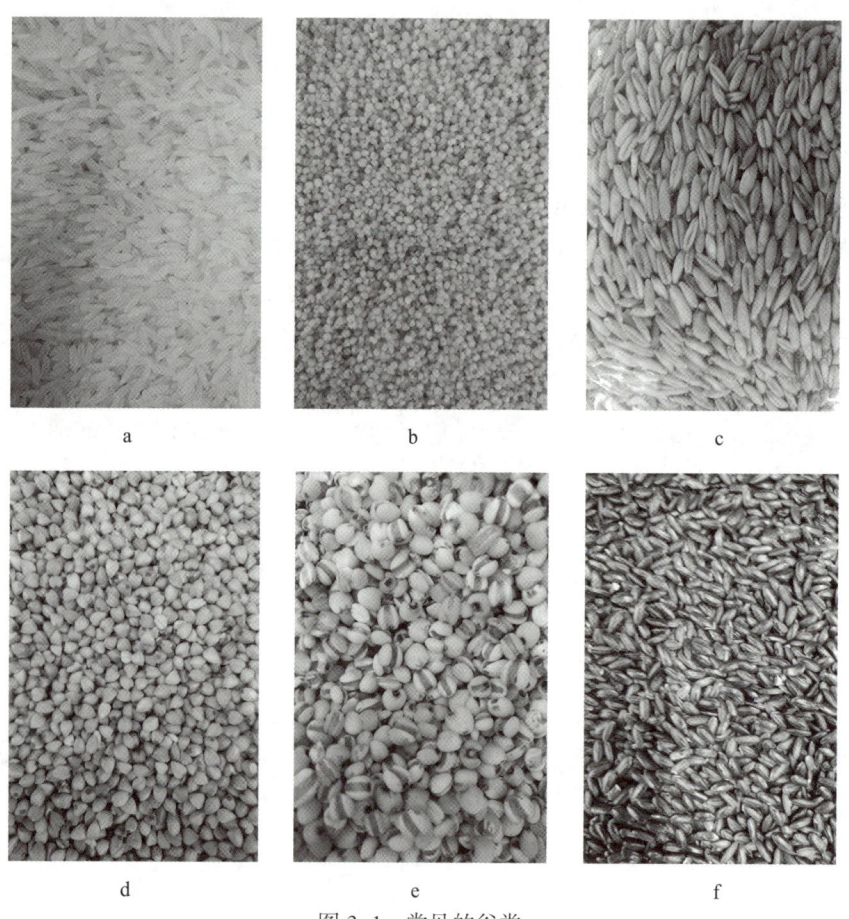

图 3-1　常见的谷类
a. 大米;b. 小米;c. 小麦;d. 荞麦;e. 薏仁;f. 黑米

(一) 谷物的结构

各种谷类种子外观形态、大小、颜色各异,但基本结构相似,主要由谷皮、糊粉层、胚乳和胚4部分组成(图3-2),各组成部分的营养分布差异较大。

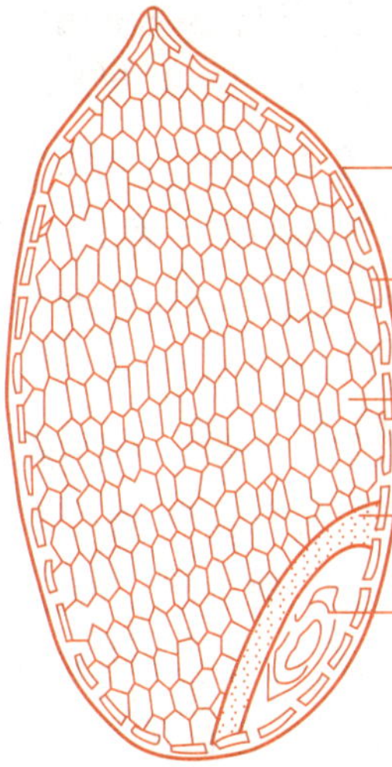

1. 谷皮 为谷粒的外皮,对胚乳和胚起保护作用,约占谷粒重量的6%,主要由纤维素、半纤维素等组成,常因影响谷物的口感而在加工时去除。谷皮中也含有较多的矿物质和脂肪,但不含淀粉。

2. 糊粉层 位于谷皮与胚乳之间,占谷粒重量的6%~7%,富含蛋白质、脂肪、矿物质和B族维生素。但在碾磨加工时,糊粉层易与谷皮同时脱落而混入糠麸中。

3. 胚乳 是种子的贮藏组织,是谷物的主要部分,占谷粒总重的83%~87%,含大量淀粉、一定量的蛋白质以及少量脂肪、维生素和矿物质。

4. 胚 位于谷粒的一端,由胚芽、胚根、胚轴和盾片4部分组成,是种子中生理活性最强、营养价值最高的部分,占谷粒重量的2%~3%,富含脂肪、蛋白质、无机盐、B族维生素、维生素E和谷维素。胚的质地软而韧,不易粉碎,加工时易与胚乳分离而损失,导致谷物营养价值降低。若将胚磨入面粉中可提高面粉的营养价值,但其中的不饱和脂肪容易氧化变质,不易贮藏。

图3-2　谷物的纵切面示意图

谷皮
糊粉层
胚乳
胚轴
胚芽

(二) 谷类的营养价值

谷类的营养成分含量受多种因素影响,包括谷物种类、品种、产地、气候、施肥和加工方式等,因此存在较大差异。

1. 蛋白质 谷类的蛋白质含量为8%~12%,主要由清蛋白、球蛋白、醇溶蛋白和谷蛋白组成。一般谷类蛋白质中必需氨基酸的组成不够均衡,其中赖氨酸为第一限制氨基酸,有些谷类苏氨酸(玉米为色氨酸)、色氨酸、苯丙氨酸、含硫氨基酸(如蛋氨酸)的含量也较低。为提高谷类食物的营养价值,通常采用以下两种方法:一是在大米、面粉中强化赖氨酸;二是利用蛋白质互补原理,将谷类与豆类、动物性食物等富含赖氨酸的食物搭配食用。

2. 脂肪 谷类的脂肪含量约为2%,但燕麦的脂肪含量可达7%(主要集中在糊粉层和胚芽中),小麦胚芽达10.1%,玉米胚芽中脂肪含量更高,一般在17%以上。谷类脂肪多为不饱和脂肪酸,其中以油酸和亚油酸含量最高,此外还含有少量植物固醇和卵磷脂。

3. 糖类 谷类的糖类占谷类重量的70%~80%,其中淀粉的主要成分(40%~70%),其他为戊聚糖、糊精、果糖和葡萄糖等。淀粉是人体最经济的膳食能量来源。

4. **矿物质**　占谷类重量的 1.5%~3.0%，以磷和钙为主，此外还有钾、镁、钠、氯、硫等。矿物质多以植酸盐的形式存在，较难消化、吸收和利用，其营养价值不高。

5. **维生素**　谷类食物中 B 族维生素含量丰富，是维生素 B_1、维生素 B_2、维生素 B_3 和维生素 B_5 等的重要来源。黄色玉米和小米中含有较多胡萝卜素。小麦和玉米胚芽中含丰富的维生素 E，是提取维生素 E 的良好原料。玉米含烟酸较多，但主要为结合型，不易被人体吸收利用，因此以玉米为主食的地区居民易发生烟酸缺乏病（癞皮病）。

6. **植物化学物**　谷维素主要存在于谷物的胚芽中，含量为 0.3%~0.5%。现代医学和营养学研究表明，谷维素具有改善神经失调症状、降血脂、抗氧化、改善睡眠等多种生理功能。类黄酮和花色苷属于多酚类化合物，类黄酮化合物在谷物中多以黄酮苷的形式存在；含量最丰富的黄酮类化合物是芦丁，它在槐米中含量最高，其次为荞麦；花色苷广泛存在于黑米、黑玉米等黑色谷物中，具有抗氧化、抗癌、抗突变、保护肝等作用。

（三）烹调、加工和储存对谷物营养价值的影响

1. **合理加工**　谷物所含的无机盐、维生素、蛋白质和脂肪大部分都在谷粒的胚芽、谷皮和糊粉层中。谷物加工时，如果加工精度过高，会使胚芽、谷皮和糊粉层脱落，造成营养素的损失；如果加工精度过低，虽然出粉率或出米率提高，也保留了较多的营养素，但产品中会含有大量谷皮，导致纤维素和植酸含量过高，影响蛋白质的吸收，而且口感粗糙。因此，谷物加工精度既要保持良好的感观性状和消化吸收率，又要最大限度地保留营养素。

2. **合理烹调**　烹调过程可导致一些营养素损失。大米在淘洗过程中，维生素 B_1 可损失 30%~60%，维生素 B_2 和烟酸可损失 20%~25%，矿物质损失 70%，淘洗次数越多、浸泡时间越长、水温越高，损失越多。米、面在蒸煮过程中 B 族维生素也有不同程度的损失，若烹调方法不当，如加碱蒸煮、油炸等，损失就更严重。因此，谷物应减少淘洗，加碱蒸煮要适量，尽量避免烘烤、油炸等高温的烹调方式。

3. **合理储存**　当谷物储存环境的湿度增大、温度提高时，谷粒内酶的活性增大，呼吸作用加强，导致谷粒发热，霉菌生长，蛋白质、脂肪分解产物积聚，酸度升高，最后霉烂变质，营养价值降低甚至丧失食用价值。另外，由于谷物水分含量和储存条件不同，各类维生素的变化有较大差异。故谷物应在避光、通风、阴凉和干燥的环境中储存。

4. **合理搭配**　全谷物含有谷物全部的天然营养成分，还富含膳食纤维、B 族维生素、维生素 E 和植物化学物等，增加其摄入量与降低 2 型糖尿病、心血管疾病和癌症的发病风险有关，可将其与精加工谷物搭配，如白米中放小米、燕麦、糙米一起煮（适宜比例为全谷物 1/4~1/3）。红豆、绿豆、芸豆、花豆等杂豆，可与主食搭配食用，发挥膳食纤维、维生素 B、钾、镁等均衡营养作用，蛋白质互补，提高蛋白质的利用率。

二、薯类

薯类属于根茎类作物,主要包括甘薯、马铃薯、木薯等(图3-3)。

薯类富含优质淀粉,含量达8%~29%,其中木薯淀粉极易消化,尤其适合婴幼儿和体弱人群食用。此外,薯类淀粉也是烹调中上浆挂糊、勾芡的主要原料,但其脂肪和蛋白质含量低。

薯类含有丰富的膳食纤维,包括纤维素、半纤维素、果胶等,有利于促进肠道蠕动、改善消化功能、控制血糖、预防便秘和肠道肿瘤。

薯类含一定量维生素和矿物质。维生素以胡萝卜素和维生素C为主,矿物质

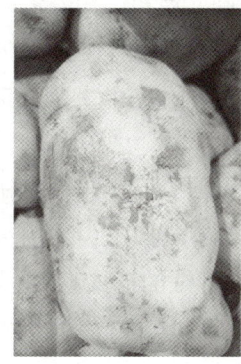

图 3-3　常见的薯类
a. 马铃薯;b. 红薯

以钙、铁为主,薯类中上述维生素和矿物质的含量总体可达谷物的5~10倍。

薯类也含有各种植物化学物。如马铃薯中酚类化合物含量较高,包括绿原酸、酪氨酸、咖啡酸、没食子酸和原儿茶酸等,其中绿原酸含量可达马铃薯鲜重的0.45%。这些物质具有降血糖、降血压、预防动脉粥样硬化、抗氧化、抗肿瘤等众多生理作用。

第二节　动物性食物

动物性食物来源于动物的可食用部位,是人类膳食的重要组成,主要包括畜禽肉类、水产类、蛋类、乳类及乳制品。动物性食物可以提供优质蛋白、脂肪、矿物质和部分维生素。

一、畜、禽、水产类

(一)畜肉类的营养价值

畜肉类是指牲畜的肌肉、内脏及其制品。我国居民主要食用猪、牛、羊肉,也有部分居民食用马、驴、狗、兔等肉类。

1. 蛋白质　主要存在于肌肉组织中,因牲畜年龄、品种、肥瘦程度以及部位不同,含量差异较大。例如,猪肉(肥瘦)蛋白质含量为13.2 g/100 g,猪肉(肥)为2.4 g/100 g,牛肉(肥瘦)为18.1 g/100 g,牛肉(后腿)为19.8 g/100 g。肌肉蛋白质的氨基酸种类、数量、比例均接近人体需要,易于消化、吸收和利用,属于优质蛋白,营养价值较高,可与谷类食物搭配食用,以弥补谷类食物赖氨酸、苏氨酸、色氨酸等氨基酸

的不足。此外,畜肉中含有一定量的含氮浸出物,如肌酐、肌酸、肌肽等,是肉汤鲜美的主要原因。

2. **脂肪** 因牲畜年龄、品种、肥瘦程度以及部位不同,含量差异较大。例如,猪肉(肥瘦)脂肪含量为 37.0 g/100 g,猪肉(肥)为 90.4 g/100 g,牛肉(肥瘦)为 13.4 g/100 g,牛肉(后腿)为 2.0 g/100 g。畜肉中的脂肪主要是饱和脂肪酸,摄入过多易引起心血管疾病,故畜肉在膳食中所占的比例不宜过多。胆固醇在内脏和脑中含量较高,猪脑中胆固醇含量为 2 571 mg/100 g,猪肾为 392 mg/100 g,猪肝为 180 mg/100 g。

3. **糖类** 主要是以糖原形式存在于肝和肌肉中,含量极少,占 1%~3%。

4. **矿物质** 含量为 0.8%~1.2%,内脏中含量最高,其次是瘦肉,肥肉中含量较少。畜肉含铁较多,以血红素铁的形式存在,易被人体消化、吸收和利用,是膳食铁的良好来源;牛肾和猪肾中硒含量较高;畜肉的钙含量虽然比较低,但较易被人体吸收利用。此外,畜肉还含有磷、铜、硫、钠、钾等矿物质。

5. **维生素** 畜肉类食物含有多种维生素,其中以维生素 A 和 B 族维生素为主。内脏中的含量高于肌肉,尤其是肝中含量最高。因此,宜经常食用肝,但一次不应食用过多,以防维生素 A 在体内蓄积引起中毒。此外,肝中还含一定量的维生素 D。

(二)禽肉类的营养价值

禽肉类是指禽类的肌肉、内脏及其制品。我国居民食用禽类主要是鸡、鸭、鹅,其次还有鹌鹑、鸽子、火鸡等。禽肉类食物营养价值与畜肉类相似,但脂肪含量比畜肉类少,含不饱和脂肪酸如亚油酸较多,因此老年人及心血管疾病患者宜选用禽肉。此外,禽肉类食物的肉质细嫩,并且含氮浸出物含量比畜肉类更多,因此肉汤更鲜美。

(三)水产类的营养价值

水产类是指来源于水中的食物。根据品种的不同,可分为鱼类、虾类、蟹类、贝类、其他等;根据生活的水域不同,可分为海水水产品和淡水水产品。海水鱼又分为深海鱼和浅海鱼。

1. 鱼类

(1) **蛋白质** 含量在 15%~22%,平均为 18%。鱼类蛋白质的氨基酸组成与人体接近,利用率很高,是优质蛋白的重要来源。鱼肉肌纤维细短,间质蛋白较少,含水分较多,故肉质细嫩,易消化。存在于结缔组织和软骨中的胶原蛋白和黏蛋白,煮沸后成为溶胶,是鱼汤冷却后形成凝胶的主要原因。鱼类中含氮浸出物也较多,是使鱼汤鲜美的呈味物质。

(2) **脂类** 脂肪含量较少,因种类、肥瘦程度、年龄及捕获季节等不同而存在较大差异,如鳕鱼的脂肪含量为 0.6~2 g/100 g,堤鱼为 12.8 g/100 g。鱼类脂肪分布不均匀,在皮下和脏器周围含量较多,肌肉组织中含量很少。鱼类脂肪以不饱和脂肪酸为主,约占脂肪总量的 80%,常温下一般呈液态,消化吸收率可达 95%。鱼油是膳食中

ω–3 系列多不饱和脂肪酸的主要来源,主要是二十二碳六烯酸(DHA)和二十碳五烯酸(EPA),具有抗癌、降血脂、防治动脉粥样硬化等作用。鱼脑和鱼卵中含有丰富的脑磷脂和卵磷脂。

(3) 糖类 含量较低,约为 1.5%,主要以糖原形式存在,也有部分以黏多糖的形式存在,黏多糖有利于骨骼和皮肤的健康。

(4) 矿物质 鱼类富含磷、钙、钠、钾、镁、氯、锌、铁、硒等矿物质,含量为 1%~2%,其中钙的含量高于畜禽肉,是钙的良好膳食来源。海水鱼含碘较丰富,碘含量为 50~100 μg/100 g。

(5) 维生素 鱼类中维生素 A、维生素 D、维生素 E、维生素 B_1、维生素 B_2、维生素 PP 含量均较多,几乎不含维生素 C。深海鱼的鱼油和肝富含维生素 A 和维生素 D,是膳食维生素 A 和维生素 D 的重要来源。一些生鱼肉中含有硫胺素酶(能降解维生素 B_1)和催化硫胺素降解的蛋白质,生鱼肉存放时间过久或直接生食,可使体内维生素 B_1 含量降低。

2. 其他水产类 主要包括虾类、蟹类、贝类等,也分为海水类和淡水类。其他水产类的蛋白质含量为 15%~17%,酪氨酸和色氨酸的含量比畜禽肉和鱼肉高,是优质蛋白的来源。贝类含牛磺酸,能促进神经系统健康,脂肪含量较低,为 1%~2%,以不饱和脂肪酸为主。糖类含量在 3.5% 左右,但海蜇、牡蛎和螺蛳等糖类含量较高,可达 6%~7%。矿物质含量差异较大,主要含钙、钾、铁、锌、硒、锰等,河虾钙含量高达 325 mg/100 g,生蚝锌含量高达 71.2 mg/100 g,河蚌锰含量高达 59.61 mg/100 g,海蟹、牡蛎和海参等的硒含量超过 50 μg/100 g。其他水产类食品维生素含量与鱼类相当,富含维生素 A、维生素 D、烟酸、维生素 B_2 等。另外,贝类富含维生素 E。一些种类的水产含有硫胺素酶或催化硫胺素降解的蛋白质,生食或存放时间过久会导致维生素 B_1 降解,需加热破坏。

(四) 烹调、加工和储存对畜、禽、水产类营养价值的影响

1. 合理烹调和加工 畜禽肉蛋白质含有较多赖氨酸,宜与谷类搭配食用,以发挥蛋白质的互补作用。因畜肉的饱和脂肪酸和胆固醇含量较高,食用过多易引起肥胖及与肥胖相关的心血管疾病,因此在膳食中的比例不宜过多。但禽肉的脂肪含不饱和脂肪酸较多,故老年人及心血管疾病患者宜选用禽肉。内脏含有较多的维生素、铁、锌、硒,尤其是肝富含维生素 B_2 和维生素 A,宜适当食用。有些鱼含有极强的毒素,如河豚的卵、卵巢、肝和血液中含有河豚毒素,若加工处理方法不当,可引起急性中毒而致死亡。肉类经干制、腌制、烟熏、罐藏等加工过程可导致 B 族维生素破坏、氨基酸分解、脂肪氧化,使得其营养价值降低。同时,可能产生亚硝胺类、多环芳烃等危害食品安全的物质,长期食用会给人体健康带来风险,建议减少食用量。

2. 合理储存 畜禽和水产类含有丰富的营养物质,在常温下储存会因为微生物的快速生长繁殖而发生腐败变质。肉的腐败过程使蛋白质分解成蛋白胨、多肽、氨基酸,然后进一步再降解成氨、硫化氢、酚、吲哚、粪臭素、胺及二氧化碳等,这些腐败产

物具有浓厚的臭味,对人体健康有很大的危害。因此,肉类需及时加工处理,否则应低温储存。

二、蛋类

蛋类食物包括鸡蛋、鸭蛋、鹅蛋、火鸡蛋、鸽子蛋、鹌鹑蛋等(图 3-4),其中我国居民食用最多的是鸡蛋。各种蛋类结构基本相似,由蛋壳、蛋壳膜、蛋清、系带、蛋黄膜、蛋黄、气室几部分组成。以蛋类为原料加工而成的各种产品称为蛋制品,如咸蛋、皮蛋(松花蛋)、糟蛋、冰蛋、蛋粉等。

a   b   c

图 3-4 常见的蛋类
a. 鸡蛋;b. 鸭蛋;c. 鹌鹑蛋

(一) 蛋类的营养价值

蛋类的营养组成受到产蛋动物的种类、品种、饲养条件和产卵季节等因素的影响,其营养特点如下:

1. **蛋白质** 含量一般都在 10% 以上。全鸡蛋蛋白质的含量在 12% 以上,鸭蛋、鹅蛋的蛋白质含量与其类似。鸡蛋蛋白质的氨基酸组成与人体需要最接近,生物价最高,因此常作为参考蛋白。蛋清中蛋白质的含量较少,蛋黄中较多;但蛋清中蛋白质的种类丰富,含有 40 种以上的蛋白质,主要包括卵清蛋白、卵伴清蛋白、卵球蛋白、卵黏蛋白、卵类黏蛋白等。蛋黄中的蛋白质主要是卵黄磷蛋白和卵黄球蛋白。由于蛋黄中蛋白质的凝固点高于蛋清,故烹调时蛋黄比蛋清难凝固。

2. **脂类** 主要集中在蛋黄中,蛋黄中的脂肪几乎全部以乳化形式存在,分散为细小颗粒,故消化吸收率较高。蛋黄中脂肪含量占 28%~33%,其中甘油三酯含量占 62%~65%,磷脂占 30%~33%,固醇占 4%~5%,此外还有微量脑苷脂类。蛋黄脂肪中含量最多的是油酸,约占 50%,亚油酸约占 10%。蛋黄中的磷脂主要为卵磷脂和脑磷脂,其中卵磷脂具有降低血胆固醇、促进脂溶性维生素吸收等作用。胆固醇含量极高,其中乌骨鸡蛋黄含量最高,达 2 057 mg/100 g,约是猪肾的 5 倍、牛肝的 7 倍,所以大量食用蛋类易引起高脂血症,这是动脉粥样硬化、冠心病等疾病的危险因素。但蛋黄中同时还含有大量的卵磷脂,有防治心血管疾病的作用。《中国居民膳食指南(2022)》建议健康成年人每天可吃 1 个鸡蛋。对大多数健康人群,该摄入量既对血清胆固醇水平影响不大,又可充分发挥鸡蛋中其他营养成分的作用。

3. **糖类** 含量极低,约为 1%。蛋黄中的糖类主要是葡萄糖,蛋清中主要是半乳糖和甘露糖。大部分糖类与蛋白质以结合态的形式存在。

4. **矿物质** 蛋类中矿物质含量受饲料、品种、产蛋季节等多方面因素的影响,尤其受饲料的影响较大。如洋鸡蛋(商业养殖蛋)的微量元素含量比草鸡蛋稍高,可能与饲料所提供的矿物质更为充足有关。各类矿物质主要存在于蛋黄中,蛋清中含量较低。蛋黄含磷最丰富,约为 240 mg/100 g;其次是钙,含量约为 112 mg/100 g。此外,还含有丰富的钠、铁、锌、镁、硒等矿物质。蛋类中铁元素含量虽高,但与磷蛋白以结合态的形式存在,较难吸收利用,生物利用率仅为 3% 左右。

5. **维生素** 蛋类含有人类所需的多种维生素,包括全部 8 种 B 族维生素(尤其是维生素 B_2、维生素 B_{12} 和生物素)和维生素 A、维生素 D、维生素 E、维生素 K 等,这些维生素绝大部分存在于蛋黄中。此外,蛋类中维生素的含量受品种、产蛋季节和饲料等多方面因素的影响,如鸭蛋和鹅蛋的维生素含量总体而言高于鸡蛋。

(二) 烹调、加工和储存对蛋类营养价值的影响

1. **烹调对蛋类营养价值的影响** 生蛋清中含有抑制蛋白酶活性的物质,如卵类黏蛋白、卵巨球蛋白和卵抑制剂,这些物质能抑制蛋白质的消化吸收。加热可使其完全失活,以提高蛋白质的消化率,因此蛋类食物宜加热至蛋清完全凝固后再食用。蛋类若过度加热,其蛋白质中所含的半胱氨酸会部分分解产生硫化氢,硫化氢与蛋黄中的铁结合,形成黑色的硫化铁,故煮熟的蛋黄表面有时可能会有青黑色物质。常用的烹调加工方法,如煮蛋、油煎、油炒、蒸蛋等,会导致维生素 B_2 少量损失。

2. **加工和储存对蛋类营养价值的影响** 不同蛋类经加工成不同的产品后,其营养组成变化有所不同。如鲜鸭蛋腌制成咸鸭蛋后,蛋白质和脂肪含量变化不大;糖类的含量由 3.1 g/100 g 上升至 6.3 g/100 g;总维生素 A 的含量降低,其他维生素变化不大;矿物质含量也有一定变化,特别是钠含量由原来的 106 mg/100 g 上升至 2 706.1 mg/100 g。

蛋壳表面含有大量气孔,当蛋壳表面的保护膜受损、蛋壳破损或者蛋清中的溶菌酶消耗殆尽后,大量微生物可通过气孔侵入蛋内,其代谢活动会促使蛋类营养组分降解,使其营养价值降低甚至丧失营养价值,故蛋类应清洗消毒后于低温下储存,这样有利于保持其鲜度和营养价值。

三、乳类及乳制品

乳类包括牛乳、羊乳、马乳等,人们食用最多的是牛乳。以乳类为原料经浓缩、发酵、分离等工艺制成的产品称为乳制品,如乳粉、酸乳、奶油、炼乳等。乳类及乳制品

营养素含量丰富，容易被消化、吸收和利用，具有很高的营养价值，不仅能满足初生婴幼儿迅速生长发育的需要，也是各年龄组健康人群和老弱及患病人群的理想食物。

（一）乳类的营养价值

1. 蛋白质　牛乳中的蛋白质含量为 2.8%~3.3%，主要由酪蛋白（79.6%）、乳清蛋白（11.5%）和乳球蛋白（3.3%）组成。酪蛋白属于结合蛋白，其与钙、磷等结合形成酪蛋白颗粒并以胶体悬浮液的状态存在于牛乳中，该结合蛋白对酸敏感。乳清蛋白对热敏感，加热时发生凝固并沉淀，对酪蛋白有保护作用。乳球蛋白与机体免疫有关。乳类蛋白质消化吸收率为 87%~89%，生物价为 85，属优质蛋白。

人乳中的蛋白质含量约为 1.3%，蛋白质种类与牛乳蛋白相似，但酪蛋白与乳清蛋白的构成比例与牛乳恰好相反，乳清蛋白在胃中所形成的凝乳块较小而细软，更容易消化。在生产婴幼儿配方乳粉时，一般利用乳清蛋白改变其构成比，使之与人乳蛋白的构成相近。羊乳的蛋白质含量约为 1.5%，酪蛋白的含量较牛乳略低，婴儿对羊乳的消化率可达 94% 以上。牦牛乳和水牛乳的蛋白质含量明显高于普通牛奶，在 4% 以上。

2. 脂类　乳类中脂肪含量一般为 3.0%~5.0%，以微粒形式分散在乳浆中，容易消化吸收，吸收率达 97%。乳类中脂肪酸组成复杂，油酸占 30%，亚油酸占 5.3%，亚麻酸占 2.1%，还有一定量的短链脂肪酸，短链脂肪酸是乳香的重要来源。此外，乳类中还含有少量的卵磷脂和胆固醇。

3. 糖类　乳类中所含糖类主要为乳糖，其含量为 3.4%~7.4%，人乳中含量最高，其次是羊乳，牛乳最少。乳糖不仅具有调节胃酸、促进胃肠蠕动和消化液分泌、促进钙吸收的作用，还能促进肠道益生菌增殖，抑制腐败菌的生长，对肠道健康具有重要意义。人体消化道中乳糖酶可使乳糖分解为葡萄糖和半乳糖，部分人因肠道中缺乏乳糖酶，在食用牛乳后常发生恶心、呕吐、腹胀、腹泻等症状，称之为乳糖不耐受，可减少摄入量或食用发酵乳制品。

4. 矿物质　乳类中矿物质含量丰富，主要包括钙、磷、钾、钠、镁、氯、硫、铜、铁等。牛乳中平均含钙量约为 104 mg/100 g，且吸收率高，是钙的良好膳食来源。牛乳含铁量较低，用牛乳喂养婴儿时应注意铁的补充。

5. 维生素　牛乳中含有人体所需的各种维生素，包括维生素 A、维生素 D、维生素 E、维生素 K、各种 B 族维生素和微量的维生素 C，其含量与乳牛的饲养方式和季节有关。放牧期牛乳中维生素 A、维生素 D、维生素 C 和胡萝卜素的含量明显多于冬春季棚内饲养期。牛乳是 B 族维生素的良好来源，特别是维生素 B_2。

6. 其他成分

（1）酶类　牛乳中含有多种酶，如氧化还原酶、转移酶和水解酶。其中，水解酶可以帮助消化营养物质，对幼小动物的消化吸收具有意义；溶菌酶有抗菌能力，新鲜未经污染的牛乳可以在 4℃ 下保存 36 小时之久，对牛乳的保存有重要意义。过氧化物酶也具有一定的抗菌作用。

视频：乳糖
不耐受

54

营养与膳食

(2) 有机酸　牛乳中的有机酸主要是柠檬酸,还有微量乳酸、丙酮酸、马尿酸和核酸。牛乳中核酸含量较低,痛风患者可以食用。牛乳中大部分核苷酸以乳清酸的形式存在,它具有降低血液胆固醇浓度和抑制肝合成胆固醇的作用。

(3) 其他生物活性物质　乳类中含有大量的生物活性物质,其中较为重要的有免疫球蛋白、乳铁蛋白、激素、生物活性肽和生长因子等,具有重要的生理功能。如生物活性肽具有镇静安神、降血压、免疫调节等作用,乳铁蛋白具有调节铁代谢、促进生长和抗氧化等作用。

(二) 乳制品的营养价值

因加工工艺不同,乳制品的营养素含量有很大差异。

1. 乳粉　是以牛乳、羊乳等为原料,经脱水、干燥而制成的。根据食用要求可制成全脂乳粉、脱脂乳粉、调制乳粉等。

(1) 全脂乳粉　是将鲜乳灭菌后在真空条件下除去 70%~80% 水分,经喷雾干燥法进一步脱水制成。一般全脂乳粉的营养素含量约为鲜乳的 8 倍。

(2) 脱脂乳粉　是将鲜乳脱去脂肪,再经上述方法制成的乳粉,脂肪含量仅为1.3%。脱脂过程会导致脂溶性维生素大量损失,其他营养成分变化不大。脱脂乳粉一般供腹泻婴幼儿及需要少油膳食的患者食用。

(3) 调制乳粉　又称配方乳粉或母乳化乳粉,是以牛乳为基础,按照人乳的组成模式和特点,调整乳中酪蛋白与乳清蛋白的比例,同时以适当比例强化各种维生素和微量元素、补充乳糖等,使其更适合婴幼儿的生理特点和需要。

2. 酸乳　是在灭菌鲜乳中接种乳酸菌,并使其在适宜条件下生长繁殖制成的乳制品。经乳酸菌发酵后乳糖变成乳酸,乳糖减少使乳糖不耐受患者易于接受。蛋白质凝固和脂肪不同程度的水解形成了独特的风味。游离的氨基酸和肽增加,因此更易消化吸收。维生素 A、维生素 B_1、维生素 B_2 等的含量与鲜乳中含量相似,但叶酸含量却增加了一倍,胆碱也明显增加。发酵菌种(乳酸杆菌、双歧杆菌)为肠道益生菌,可抑制肠道腐败菌的生长繁殖,调整肠道菌群,对维护肠道健康有重要作用。

3. 干酪　也称奶酪,是在原料乳中加入适当量的乳酸菌发酵剂或凝乳酶,使蛋白质发生凝固,并加盐、压榨排除乳清之后的产品。干酪中的蛋白质大部分为酪蛋白,经凝乳酶或酸作用而形成凝块。但也有一部分乳清蛋白和球蛋白被机械地包含于凝块之中。经过发酵作用,奶酪当中还含有肽类、氨基酸和非蛋白氮成分。

(三) 烹调、加工和储存对乳类营养价值的影响

鲜乳的水分含量高,营养素种类齐全,十分利于微生物生长繁殖,因此必须经严格消毒灭菌后方可食用。消毒方法有煮沸法、巴氏消毒法、超高温瞬时灭菌法等。煮沸法简单且可达消毒目的,但营养成分的损失较大,多为家庭使用。另外两类方法是工业上常用的乳类消毒灭菌方法,可以最大限度地减少营养素损失。乳类经加工成各种乳制品后,营养成分会发生一定变化,如干酪的制作会导致原料乳中的维生素 C

几乎全部损失,酸乳的制作会使叶酸的含量增加。乳类应避光保存,以保护其中的维生素 B_2。

第三节　豆类及坚果类

一、豆类及其制品

(一) 豆类

本节所介绍的豆类为干豆类。豆类的品种很多,一般分为大豆和杂豆。大豆包括黄豆、黑豆、青豆;杂豆包括绿豆、红小豆、蚕豆、豌豆、芸豆等(图 3-5)。

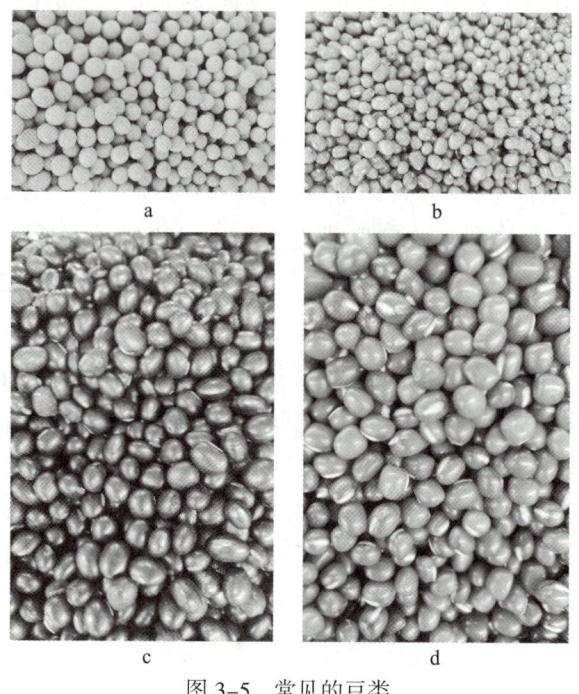

图 3-5　常见的豆类
a. 黄豆;b. 绿豆;c. 黑豆;d. 红小豆

1. 豆类的营养价值

(1) 蛋白质　豆类的蛋白质含量为 20%~36%;大豆的蛋白质含量最高,一般为 35%~40%;杂豆的蛋白质含量为 10%~30%,低于大豆,但氨基酸组成与大豆相似,尤其富含谷类蛋白质缺乏的赖氨酸。二者与谷类食物搭配食用,可较好地发挥蛋白质互补作用。

(2) 脂类　大豆脂肪含量为 15%~20%,以不饱和脂肪酸为主,占脂肪含量的85%,其中亚油酸达 50% 以上。此外,大豆油还含有 1.64% 的磷脂和抗氧化能力较强的维生素 E。所以大豆油为优质食用油,是高血压、动脉粥样硬化等疾病患者的理想食物。杂豆的脂肪含量较低,在 1% 左右。

(3) 糖类 大豆中糖类含量为 15%~20%,其中约有一半是可供人体利用的可溶性糖,如阿拉伯糖、半乳聚糖和蔗糖;而另一半为不能被人体消化吸收和利用的糖,如棉籽糖和水苏糖,只在肠道细菌作用下发酵产酸产气,引起肠胀气,因此又被称为"胀气因子"。杂豆中糖类含量较高(55%~65%),其中淀粉含量为 50%~60%。此外,还含有少量的单糖和低聚糖,故食之有甜味。

(4) 维生素 大豆和杂豆中均富含胡萝卜素、B 族维生素、维生素 E 等。种皮颜色较深的大豆,胡萝卜素含量较高。如黑豆、青豆、芸豆(花豆)等,其中青豆中胡萝卜素的含量可达 790 μg/100 g。干大豆中几乎不含维生素 C,但经发芽做成豆芽后,其含量明显提高,如黄豆芽的维生素 C 含量约为 8 mg/100 g。

(5) 矿物质 豆类的矿物质含量为 2%~4%,包括钾、钠、钙、镁、铁、锌、硒等。大豆中的矿物质含量稍高于杂豆,约为 4%,其中钙、磷、钾含量较丰富,每 100 g 大豆含钾 1 503 mg;杂豆的矿物质含量为 2%~3%,富含钙、磷、钾、铁、镁等。

(6) 生物活性物质 豆类中含有多种生物活性物质。大豆含大豆低聚糖、大豆多肽、大豆低聚肽、植物固醇、大豆皂苷、大豆异黄酮等,被证实在人体中发挥重要的生理功能,如大豆皂苷和大豆异黄酮具有抗氧化、降胆固醇、抗溶血、抗真菌、抗细菌和抑制肿瘤等作用,大豆低聚糖在肠道内被双歧杆菌吸收利用后可被发酵降解为短链脂肪酸和抗菌物质,能抑制外源性致病菌和肠道内固有腐败细菌的增殖,起到改善肠道微环境、保护肠道等作用。杂豆中富含酚酸、类黄酮、花青素、植物甾醇等植物化学物,植物甾醇能有效降低慢性疾病的发病率,酚酸、类黄酮、花青素等多酚类物质具有提高人体免疫力、降低人体代谢综合征发病率和预防癌症等作用。目前生物活性物质被广泛地用于功能性食品的开发。

2. 豆类的抗营养因子

(1) 蛋白酶抑制剂 是存在于大豆、花生、油菜籽、棉籽等植物中,能抑制胰蛋白酶、胃蛋白酶、糜蛋白酶等 13 种蛋白酶的物质的统称。其中,存在最普遍的是抗胰蛋白酶因子,对人体胰蛋白酶的活性有部分抑制作用,影响蛋白质的消化吸收。采用常压蒸汽加热 30 分钟,或 1 kg 压力蒸汽加热 10~25 分钟即可被破坏。

(2) 豆腥味 大豆的豆腥味及其他异味主要是大豆中的脂肪氧化酶产生的。采用 95℃ 以上加热 10~15 分钟的方法,或用乙醇处理后减压蒸发,或采用纯化大豆脂肪氧化酶、生物发酵、微波照射等方法可去除部分豆腥味。

(3) 胀气因子 由于人体内缺乏水苏糖和棉籽糖的水解酶,故水苏糖和棉籽糖在人体胃和小肠内不能被消化,但能被大肠中的微生物发酵产生气体,故将两者称为胀气因子。胀气因子主要存留在烘炒过的豆类中,通过加工制成豆制品时胀气因子可被去除。

(4) 植酸 豆类中的植酸可与锌、钙、镁、铁等元素螯合,影响它们被机体吸收利用。在 pH 4.5~5.5 时,大豆中的植酸可溶解 35%~75%,但对蛋白质影响不大。大豆发芽时植酸也可被溶解。

(5) 植物红细胞凝集素 是能凝集人和动物红细胞的一种蛋白质,可影响动物的生长发育,食用后数小时可引起头晕、头痛、恶心、呕吐、腹痛、腹泻等症状,加热即被破坏。

(二)豆制品

豆制品是以大豆或杂豆为原料加工而成的食品。豆制品包括非发酵性豆制品、发酵性豆制品和大豆蛋白制品。非发酵性豆制品如豆浆、豆腐、豆腐脑、豆腐干、豆皮、腐竹等,富含淀粉的杂豆类可加工成粉条、粉皮、凉粉等;发酵性豆制品如豆腐乳、豆豉、臭豆腐、豆瓣酱等;大豆蛋白制品是以大豆为原料制成的蛋白质制品,主要有4种,即大豆分离蛋白、大豆浓缩蛋白、大豆组织蛋白和油料粕粉。

豆腐的蛋白质含量为 5%~6%,脂肪为 0.8%~1.3%,糖类为 2.8%~3.4%。豆腐干、豆腐皮、豆腐丝和千叶豆腐等因加工中除去大量水而使营养成分浓缩,蛋白质含量可达 20%~45%。豆浆营养成分的含量因加入水量的不同而不同。粉丝、粉条、凉皮以富含淀粉的杂豆类加工而成,蛋白质被大量除去,故营养成分以糖类为主,如粉条的淀粉含量在 90% 以上。发酵豆制品经微生物作用后,游离氨基酸、维生素 B_2、维生素 B_6 和维生素 B_{12} 等营养物质的含量增加。大豆蛋白质制品的蛋白质含量因制备工艺不同而异,如大豆分离蛋白的蛋白质含量在 90% 以上,而大豆浓缩蛋白因含一定量纤维素等成分,蛋白质含量在 65% 以上。

(三)烹调、加工和储存对豆类及其制品营养价值的影响

豆类富含赖氨酸,与谷类混合食用,可以较好地发挥蛋白质的互补作用,从而提高蛋白质的利用率。因此,豆类适合与谷类食物搭配食用。

豆类经烹调、加工后可除去大量的粗纤维、植酸,胰蛋白酶抑制剂、植物红细胞凝集素等抗营养因子被破坏,蛋白质的消化率会明显提高。但不同的烹调加工方式对大豆蛋白质消化率的影响有所不同,整粒熟大豆的蛋白质消化率仅为 65.3%,加工成豆浆可达 84.9%,豆腐可提高到 92%~96%。

豆类富含膳食纤维,特别是豆皮,研究表明,食用富含膳食纤维的豆类具有降低血清胆固醇和防治冠心病、糖尿病、肠癌的作用。因此,将豆皮干燥后经超微粉碎添加到食品(如烘焙食品)中,不仅可以改善食品的质地,还兼具保健功能。

二、坚果类

坚果又称壳果,其食用部分多为坚硬果核内的种仁子叶或胚乳。根据其营养特点可分为油脂类坚果和淀粉类坚果两大类,油脂类坚果如花生、瓜子、核桃、开心果、杏仁、松子、腰果等;淀粉类坚果如板栗、莲子、银杏(白果)、芡实等。

坚果的蛋白质含量在 12%~36%,其中南瓜子(炒)中蛋白质含量最高,每 100 g 可食部含蛋白质 36 g;莲子(糖水罐头)中蛋白质含量最低,每 100 g 可食部含蛋白质 2.8 g。坚果是植物性蛋白的重要来源,但生物利用率较低,需与其他食物搭配食用以提高其生物利用率。

油脂类坚果（干）种仁部分的脂肪含量在39.6%~70.6%，其中松子仁脂肪含量最高，每100 g可食部的脂肪含量为70.6 g；淀粉类坚果的脂肪含量一般低于2%。大部分坚果中脂肪酸以单不饱和脂肪酸为主，核桃和松子中多不饱和脂肪酸含量较高，葵花子、西瓜子和南瓜子中亚油酸含量较高，核桃是α-亚麻酸的良好来源。淀粉类坚果（干）的糖类含量为36.4%~79.6%，其中芡实米含量最高，每100 g可食部含糖类79.6 g；油脂类坚果（干）的糖类含量一般在4.9%~39.5%。

坚果是钾、钙、锌等矿物质，以及维生素E、B族维生素的良好膳食来源，其中花生烟酸含量较高，杏仁维生素B_2含量较高。每周吃适量的坚果有利于心脏健康。

第四节　蔬菜水果类

一、蔬菜类

蔬菜品种繁多，可分为根茎类、鲜豆类、茄果和瓜菜类、葱蒜类、嫩（茎、叶、花）菜类、水生蔬菜类、薯芋类、野生蔬菜类、菌藻类等（图3-6）。蔬菜多富含维生素、矿物质和膳食纤维等营养物质，对刺激胃肠蠕动和消化液分泌、促进食欲、调节体内酸碱平衡有很大作用。不同种类蔬菜的营养素含量存在较大差异。

图3-6　常见的蔬菜

a. 根茎类；b. 鲜豆类；c. 茄果类；d. 瓜菜类；e. 葱蒜类；f. 嫩叶菜类；g. 菌藻类

(一) 蔬菜的营养价值

1. 维生素　新鲜蔬菜中含有丰富的维生素C、胡萝卜素、维生素B_2和叶酸,是人体维生素的重要来源。维生素C在各类蔬菜中均含有,但含量有一定差异,一般在深绿色蔬菜中含量比浅色蔬菜中高,叶菜类中含量比瓜茄类中高。例如,苋菜(紫苋、红苋)中维生素C含量(30 mg/100 g)比大白菜(小白口)(19 mg/100 g)和南瓜中(8 mg/100 g)高。胡萝卜素多存在于深绿色、红黄色蔬菜中,如菠菜、空心菜、芹菜叶、西兰花、胡萝卜、辣椒、红心红薯等。

2. 矿物质　蔬菜中含有大量的钾、较多的钙和镁,此外还含有磷、铁、钠、铜、镁等元素,是我国居民生活中矿物质的重要来源。一般绿色叶菜类蔬菜,如油菜、雪里蕻、菠菜等含有较多的钙、铁。然而有些蔬菜含钙、铁量虽然多,但由于同时存在较多的草酸,故会阻碍蔬菜本身及一起食用的其他食物中钙和铁的吸收利用。可在食用前用沸水余一下蔬菜,使部分草酸溶于水而被除去,以利于钙和铁的吸收利用。

3. 糖类　蔬菜中含有的糖类种类主要有单糖、双糖、淀粉和膳食纤维。蔬菜中含单糖、双糖较多的有胡萝卜、番茄、南瓜等。一般根茎类蔬菜含淀粉较多,如马铃薯、山药、藕等。许多蔬菜含有纤维素、半纤维素及果胶等,是中国居民膳食纤维的主要来源。

4. 蛋白质和脂肪　在大多数蔬菜中含量很低,在1%左右。

5. 植物化学物　蔬菜中的植物化学物主要有多糖、类胡萝卜素、植物固醇、皂苷、芥子苷、多酚、单萜类、植物雌激素、有机硫化物、嘌呤等,这些物质被证实具有提供风味、促进消化吸收、抗氧化、降血脂、降血压、提高免疫力、抗肿瘤、防治动脉粥样硬化等众多生理功能。

6. 抗营养因子和有害物质　蔬菜中的抗营养因子包括植物红细胞凝集素、皂苷、蛋白酶抑制剂、植酸、草酸等,会影响人体对营养物质的吸收。此外,一些蔬菜中天然含有有害物质,如甘蓝、萝卜和芥菜等含有的硫苷化合物可导致甲状腺肿;茄子和马铃薯的表皮含有茄碱,可引起喉咙瘙痒、灼热感;某些蕈类含有会引起中毒的毒素;不新鲜或腐烂的蔬菜中存在潜在致癌物硝酸盐和亚硝酸盐。

(二) 烹调、加工和储存对蔬菜营养价值的影响

一般蔬菜叶部的维生素含量比根茎部位高、嫩叶比枯叶高、深色菜叶比浅色高,因此建议选择新鲜、色深的叶菜。蔬菜所含的维生素和矿物质易溶于水,因此在加工时应注意:先洗后切,尤其要避免切碎的菜在水中长时间浸泡,这样才能有助于减少营养素的流失;洗好的蔬菜放置时间不宜过长,烹调时要尽量采用急火快炒的方式或者加入少量淀粉,以有效保护维生素C。干制、热烫、腌制、速冻、罐藏等加工有利于蔬菜的保存,但会损失大量的水溶性维生素和矿物质,发生胡萝卜素氧化。另外,腌制还可能产生亚硝酸盐且引入过多钠盐。

蔬菜、水果在采收后仍在进行呼吸作用。旺盛的有氧呼吸会加速氧化的过程,使糖类、有机酸等有机物分解,导致营养价值降低。此外,一些蔬菜如马铃薯、大蒜等

在贮藏中会发生出芽或抽薹变化,这种变化会大量消耗蔬菜中的养分,降低其营养价值。因此,蔬菜和水果应采用冷藏等方式来合理贮藏,以达到保鲜、减少营养素损失的目的。

二、水果类

水果品种繁多,可分为仁果类、核果类、浆果类、瓜果类、柑橘类、亚热带和热带水果类等,其营养价值与蔬菜类似,也是我国居民膳食维生素、矿物质以及膳食纤维的重要来源。

(一)水果的营养价值

1. 维生素 新鲜水果中含丰富的维生素 C 及胡萝卜素。一般有酸味的水果比没有酸味的水果含维生素 C 多。例如,中华猕猴桃维生素 C 含量(62 mg/100 g)比香蕉(8 mg/100 g)高。一般红黄色水果中胡萝卜素含量较高,如杧果、柿子、柑橘及杏等。

2. 矿物质 水果中含有大量的磷、钾、钙和镁,此外还含有铁、钠、铜、锌等多种人体所需的矿物质。

3. 糖类 水果所含的糖类主要是果糖、葡萄糖和蔗糖,此外还含有丰富的纤维素、半纤维素和果胶等。不同种类的水果,其含糖的种类和数量差异较大,但一般水果的含糖量均大于蔬菜。

4. 其他成分 水果中还含有有机酸、色素和芳香类物质等,这些成分使它们具有良好的色、香、味,从而增加食欲、促进消化。此外,一些水果还含有具有特殊功能的生物活性物质,如类黄酮物质、白藜芦醇等,具有清除自由基、抗肿瘤、抗衰老及预防心脑血管疾病等作用。

(二)烹调、加工和储存对水果类营养价值的影响

水果可加工成干制品、罐头、果汁、果粉等制品,但在加工过程中维生素损失较多,尤其是维生素 C。此外,水果制品会添加糖类以增加甜味,对血糖和体重控制不佳的人群不利。新鲜水果水分含量高,易于腐烂,宜低温储存。

第五节 其他类食物

其他类食物主要包括烹调油、酒类、添加糖和食盐。

一、烹调油

烹调油可分为植物油和动物油。常见的植物油有大豆油、花生油、葵花籽油、菜

籽油、芝麻油、玉米油、橄榄油等；常见的动物油有猪油、牛油、羊油、奶油（黄油）等。动物油所含脂肪酸比例与植物油不同；不同植物油中脂肪酸的构成不同，各具营养特点。如橄榄油、茶油、菜籽油的单不饱和脂肪酸含量较高，玉米油、葵花籽油则富含亚油酸，胡麻油（亚麻籽油）中富含 α- 亚麻酸。因此应经常更换烹调油的种类，食用多种植物油。

（一）烹调油的组成特点与营养价值

1. 烹调油的组成特点　油脂是由 1 分子甘油和 3 个不同脂肪酸通过酯键相结合而成的酯。植物油含不饱和脂肪酸多，熔点低，常温下呈液态，通常叫油，消化吸收率高，但棕榈油和椰子油（饱和脂肪酸含量高，常温下呈固态）除外。动物油相对含饱和脂肪酸和单不饱和脂肪酸比较多，而多不饱和脂肪酸含量较少，熔点较高，常温下一般呈固态，又叫作脂，消化吸收率不如植物油高，但鱼油（多不饱和脂肪酸含量高，常温下呈液态）除外。

2. 烹调油的营养价值　油脂脂肪酸组成不同，其营养价值有所不同。一般来说，橄榄油、茶油、菜籽油等单不饱和脂肪酸含量占总脂肪酸的 70%~80%；核桃油、亚麻籽油、葵花籽油、玉米油等多不饱和脂肪酸含量占总脂肪酸的 60%~80%；芝麻油、花生油等单不饱和脂肪酸含量与多不饱和脂肪酸相当。动物油饱和脂肪酸含量占总脂肪酸的 40%~65%。

（二）烹调、加工和储存对烹调油营养价值的影响

油脂长时间暴露在空气中，受外界氧气、紫外线、温度、水分以及微生物等多种因素的作用，可发生分解、氧化，产生一些低分子脂肪酸、醛、酮、醇类物质和过氧化脂质，这一过程称为油脂酸败。油脂酸败会使油脂营养价值降低，并且会产生对人体有害的物质，食用后出现恶心、呕吐、腹泻等症状。严重酸败的油脂是禁止食用的。所以，食用油脂不宜长期存放，一般储存温度在 0℃ 时，可保存 2 个月左右；在 −2℃ 时，可保存 10 个月左右。油脂在烹调时应尽量避免温度过高，一般控制在 200℃ 以下，同时尽量减少反复使用的次数。过高的油温会引起分解、聚合等反应，产生无环和环状二聚体，某些二聚体是有毒物质。

某些油料种子本身含有少量对人体有害的物质，如棉籽中的有毒物质棉酚、菜籽油里的芥子苷和芥酸，长期食用棉籽油可引起慢性中毒，表现为皮肤灼热、潮红、无汗、头晕、心悸、气急，还可影响生殖功能。芥子苷可在植物组织葡萄糖硫苷酶作用下分解为硫氰酸酯、异硫氰酸酯和腈。芥酸可使动物心肌脂肪积聚，出现心肌单核细胞浸润而导致心肌细胞纤维化，还可影响动物生长发育和生殖功能。因此，油脂应经过精炼工艺后再食用。

知识拓展：
人造黄油

二、酒类

酒类是指供人们饮用且乙醇(酒精)含量大于 0.5% 的饮料。根据生产工艺不同,分为发酵酒、蒸馏酒和配制酒。发酵酒包括啤酒、葡萄酒、果酒、黄酒等;蒸馏酒包括白酒、白兰地、威士忌、伏特加、金酒、杜松子酒、朗姆酒等;配制酒是以发酵酒、蒸馏酒或食用酒精为酒基,加入可食用的辅料或食品添加剂进行调配、混合或再加工制成的,如鸡尾酒、桂花酒等。

1. **孕妇、乳母不应饮酒** 孕期饮酒,即使很少的饮酒量,也会影响到胎儿脑发育,甚至导致胎儿畸形。酒精可通过乳汁进入婴儿体内,影响婴儿的认知功能。

2. **儿童少年不应饮酒** 儿童少年正处于生长发育阶段,饮酒对机体损害大,可影响注意力、记忆力、学习能力、思维速度等。

3. **特定职业或特殊状况人群应控制饮酒** 如驾车、操纵机器或从事其他需要注意力集中、技巧的工种的人群,严禁酒后工作;对酒精过敏者、患某些疾病者、血尿酸过高者等不应饮酒。

4. **成年人饮酒应限量** 成年人如饮酒,建议一日内酒精量不超过 15g。特别强调的是任何形式的酒精都对人体无益处。

三、添加糖

添加糖是指食品生产和制备过程中被添加到食品中的糖及糖浆,包括白糖、果糖、红糖、冰糖、麦芽糖、玉米糖浆等,其中白糖又分为白砂糖、绵白糖。添加糖主要用于生产加工饮料、果汁、甜点、糖果等。

(一) 添加糖的营养价值

1. **糖类** 主要以蔗糖的形式存在,白砂糖的蔗糖含量最高,达 99% 以上;绵白糖含有 96% 左右的蔗糖和少量的还原糖;红糖含有 84%~87% 的蔗糖以及少量的果糖和葡萄糖。以上添加糖的糖类含量均大于 95%,麦芽糖的糖类含量偏低,约为 82.0%。

2. **矿物质** 添加糖含有钾、镁、钙、钠、磷、铁、硒、锌、铜、锰等矿物质。不同种类的添加糖,其矿物质含量有较大差异。红糖中的矿物质含量较其他糖丰富。如红糖中的钾含量可达 240 mg/100 g,钙含量达 157 mg/100 g,镁含量达 54 mg/100 g,铁含量 2.2 mg/100 g;而绵白糖中钙含量约为 6 mg/100 g,钾含量约为 2 mg/100 g,铁含量仅为 0.2 mg/100 g。

3. **维生素** 白糖中仅含烟酸 0.2 mg/100 g,但红糖中含有一定量的维生素 B_1 和烟酸。红糖中维生素 B_1 的含量约为 0.01 mg/100 g,烟酸含量约为 0.3 mg/100 g。麦芽糖的维生素 B_1 的含量是添加糖中最高的,约为 0.10 mg/100 g。

4. **蛋白质和脂肪** 添加糖中的脂肪含量几乎为零,蛋白质含量因种类不同而

知识拓展:
红酒中的
植物化学物

知识拓展:
减盐、减油、
减糖有妙招

知识拓展:
保健食品

第三章　各类食物的营养价值

异,但均小于 1 g/100 g。

(二)烹调、加工和储存对添加糖营养价值的影响

添加糖摄入过多会增加患龋齿、超重和糖尿病的风险,推荐每天摄入量不超过50 g,最好控制在 25 g 以下。烹调加工中可利用添加糖在高温下发生的焦糖化反应和美拉德反应产生金黄的色泽和特殊风味的物质。添加糖中含有的蔗糖、葡萄糖和果糖具有较强的吸湿性,当环境空气湿度过大时,容易导致吸湿结块,故添加糖应储存在阴凉、干燥的环境中,且需要使用防潮包装。

四、食盐

食盐是食物烹饪或食品加工的主要调味料。过多的食盐摄入与高血压、脑卒中、胃癌和全因死亡有关。因此,要降低食盐摄入量,培养清淡饮食习惯。推荐每天食盐摄入量不超过 5 g。5 g 食盐含钠 2 000 mg、氯 3 000 mg,可满足人体对钠和氯的需要。为预防碘摄入过低引起碘缺乏病,我国食盐中加入了适量碘。碘盐中碘的含量取决于加碘量,根据《食用盐碘含量》(GB26878—2011)的规定,在食盐中加入碘强化剂后,平均碘含量为 20~30 mg/kg,因此 5 g 碘盐可提供碘 100~150 μg。值得注意的是,碘的来源还包括海产品等,因此减盐不需要担心碘摄入问题。

测验三

一、选择题
请扫描二维码完成在线测试。
二、简答题
1. 烹调加工对谷物的营养价值有何影响?
2. 如何处理大豆中的抗营养因子?

在线测试

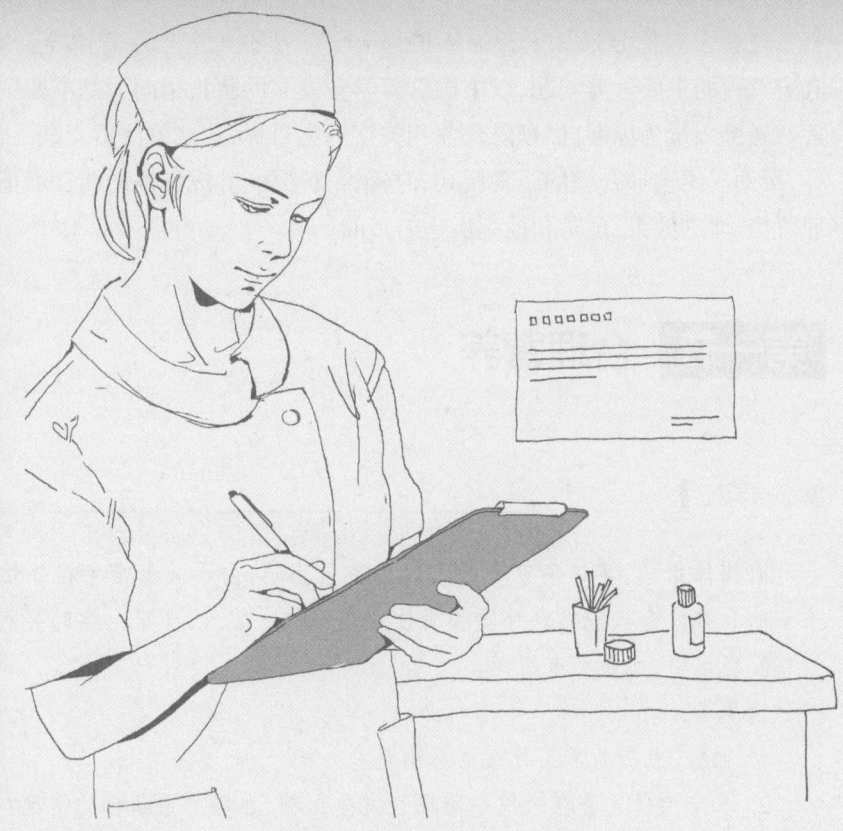

第四章　膳食营养指导

学习目标

知识目标

1. 区分中国居民膳食营养素参考摄入量 7 项指标的指导意义。

2. 说出膳食模式的定义并列举 4 种世界主要膳食模式。

3. 了解中国居民当前的营养与健康现状,知晓东方健康膳食模式特点。

4. 熟记《中国居民膳食指南(2022)》一般人群平衡膳食八准则及其核心推荐。

5. 说出中国居民平衡膳食宝塔各层推荐的食物种类和数量。

能力目标

1. 能够根据膳食指南的内容对自己的膳食进行评价和改进。

2. 能够利用合理营养和平衡膳食对社区居民进行营养咨询和指导工作。

素质目标

培养职业热情,从自我做起,从日常生活做起,养成良好的饮食习惯和生活方式,积极参与社区营养健康活动,成为"健康中国,营养先行"的实践者和推广者。

思维导图

膳食营养指导是社区和临床护理人员的基本职责。营养指导者应当根据营养监测发现的主要营养问题,以中国营养学会发布的膳食指南为基本原则,以膳食营养素参考摄入量为标准,以预防营养相关疾病为目标,重点关注营养缺乏与营养过剩人群,帮助居民选择合理的膳食模式、改善饮食结构、养成良好的饮食习惯,从而达到合理营养、促进健康、预防和控制疾病的目的。

第一节 合理营养

案例导入

有媒体报道,某单亲家庭的未成年孩子小宁,由于父亲常年在外忙于工作,所以小宁的日常饮食只能靠点外卖和喝饮料来解决。某天,小宁上学时突然晕倒,送医院检查发现血糖、血脂严重超标。

请思考:

1. 血糖、血脂通常用什么指标衡量?

2. 小宁为什么会在未成年阶段就发生血糖、血脂严重超标的情况?

3. 作为医务工作者该如何对小宁及其父亲进行科学的膳食营养指导?

一、合理营养与平衡膳食

1. 合理营养(rational nutrition) 是一个综合性的概念,它既要通过膳食调配提供满足人体生理需要的能量和各种营养素,又要考虑合理的膳食制度和烹调方法,以利于各种营养物质的消化、吸收与利用,同时合理营养也特别强调膳食构成的合理比例,避免某些营养素过多以及在烹调过程中营养素的损失或有害物质的形成。

2. 平衡膳食(balanced diet) 膳食即人们每天食用的、由多种食物组成的饭菜。平衡膳食是指一段时间的膳食组成中的食物种类和比例可以最大限度地满足不同年龄、不同能量水平的健康人群的营养和健康需求。平衡膳食是达到合理营养的物质基础,也是达到合理营养的手段。

平衡膳食的目的是合理营养,合理营养是通过平衡膳食来实现的。

二、平衡膳食的基本原则

1. 食物多样 指食物品种齐全、种类多样,是平衡膳食的基础。只有一日三餐食物多样,才有可能达到平衡膳食。平衡膳食应该由五大类基本食物组成:第一类为谷薯类,包括谷类、薯类和杂豆类;第二类为蔬菜水果类;第三类为动物性食物,包括畜、禽、鱼、蛋、奶类;第四类为大豆和坚果类;第五类为烹调油和盐。如果用数值量化食物多样,指平均每天摄入不同品种的食物达到 12 种以上,每周 25 种以上,具体种类分布见表 4-1,烹调油和调味品不计算在内。

表 4-1　平衡膳食模式下食物种类数分布

食物类别	平均每天摄入的种类数	每周至少摄入的种类数
谷类、薯类、杂豆类	3 种以上	5 种以上
蔬菜水果类	4 种以上	10 种以上
畜、禽、鱼、蛋类	3 种以上	5 种以上
奶、大豆、坚果类	2 种以上	5 种以上
合计	12 种以上	25 种以上

如果按照一日三餐食物品种数来分配,早餐至少摄入 4~5 个品种;午餐摄入 4~6 个品种;晚餐摄入 4~5 个品种;加上零食 1~2 个品种。

2. 合理搭配　是指通过食物种类和重量的合理化,提高和优化膳食营养价值,是平衡膳食的保障。中国居民平衡膳食宝塔,是将五大类食物的种类和重量合理搭配的具体表现,按照膳食宝塔的塔式结构,可以很好地满足营养需求,并且预防相关慢性疾病(详见本章第三节)。

三、如何做到食物多样化

1. 小份选择　"小份"是实现食物多样化的关键措施。同等能量的一份餐,选用"小份"菜肴可以增加食物种类。尤其是儿童用餐时,"小份"选择可以让儿童吃到更多品种的食物,营养素来源更加丰富。此外,全家人一起吃饭,共享多种菜肴和食材,也有助于实现食物多样化。

2. 同类食物互换　每类食物都包含丰富的品种,一段时间内,同类食物进行互换是保持食物多样的好办法。例如,主食可以在米饭、面条、小米粥、全麦馒头、杂粮饭之间互换;马铃薯和红薯、芋头互换;猪肉和鸡、鸭、牛、羊肉等互换;牛奶与酸奶、奶酪、羊奶等互换。通过食物品种互换,既有利于达到食物多样,又可以每天享受不同色、香、味的美食。

3. 巧搭配　巧搭配不仅可以增加食物品种数量,还可以提高食物的营养价值和口感。可以从以下三方面进行搭配。第一,粗细搭配。在食用精加工的大米、面粉时,注意增加全谷物和杂豆类食物,如烹调主食时,大米可与糙米、杂粮、杂豆搭配煮食;第二,荤素搭配。即动物性食物和植物性食物搭配,在改善菜肴色、香、味的同时,更能提供丰富均衡的营养成分;第三,色彩搭配。丰富多彩的食物能给人视觉上的享受,刺激食欲,同时也可满足食物种类多样化,如什锦蔬菜。

4. 合理烹调 食物经过烹调,可以起到杀菌、破坏毒素,增强色、香、味,促进食欲,帮助消化,提高人体对食物营养素利用率的作用。不合理的烹调方法会使食物中的营养素遭到破坏,所以合理烹调十分重要。如米类适度淘洗,采用蒸煮而不是捞米饭的方式;在烹制肉类食物时上浆挂糊;烹饪蔬菜时先洗后切、急火快炒等。

第二节　中国居民膳食营养素参考摄入量

一、概述

膳食营养素参考摄入量(dietary reference intakes,DRIs)是衡量人们日常摄取食物中营养素是否适宜的尺度,它是帮助个体和人群评价膳食和计划膳食的工具。中国营养学专家遵照循证营养学和风险评估的科学原则,参考国内外有关营养素和其他膳食成分在功能、评价、需要量、安全性以及慢性病预防等领域最新研究成果,特别是增加了以中国居民为对象的研究,修订出版了《中国居民膳食营养素参考摄入量(2023 版)》。

二、营养素需要量的三种水平

适宜的营养状态是指机体处于并能维持良好的健康状态。由于对"维持良好的健康状态"可以有不同的标准,所以对某种营养素的需要量也需要不同的水平。通常所说的营养素需要量有三种水平,从高到低分别是:储备需要量、基本需要量、预防明显临床缺乏病的需要量。

1. 储备需要量 是指满足机体的基本生理功能、生长发育和身体活动所需外,维持组织中储存一定水平的某种营养素的需要量。这种储备可用来满足机体在必要时的基本需要,并避免造成临床上可观察到的功能损害。虽然一般认为保持营养素在体内适当的储存,可满足机体在某些特殊情况下的需要,但究竟个体应储备多少量为宜还是尚未解决的问题。

2. 基本需要量 是指维持身体正常生理功能、生长发育和身体活动等所需要的营养素最低量,满足这种需要,机体能够正常生长和繁育,临床上不会出现缺乏病的显著症状。但该种营养素在组织内储备很少或没有,故短期内膳食供给不足即可造成缺乏。

3. 预防明显临床缺乏病的需要量 除上述两种水平的需要量外,出于实用目的,对某些营养素还可以使用预防明显临床缺乏病的需要量,此需要量是比基本需要量水平更低的需要量。

三、中国居民膳食营养素参考摄入量

(一) 概念

DRIs 是为了保证人体合理摄入营养素,避免摄入不足和摄入过量及降低慢性病风险,推荐的健康人群每天平均膳食营养素摄入量的一组参考值,是在膳食营养素推荐供给量(recommended dietary allowance,RDA)的基础上发展起来的。

(二) 指标

DRIs 包含以下 7 项指标:

1. **平均需要量**(estimated average requirement,EAR) 是指某一特定性别、年龄及生理状况群体中个体对某营养素需要量的平均值。按照 EAR 水平摄入营养素,根据某些指标判断可以满足某一特定性别、年龄及生理状况群体中 50% 个体需要量的水平,但不能满足另外 50% 个体对该营养素的需要。EAR 是制定推荐摄入量(RNI)的基础,由于某些营养素的研究尚缺乏足够的人体需要量资料,因此并非所有营养素都能制定出 EAR。

2. **推荐摄入量**(recommended nutrient intake,RNI) 是指可以满足某一特定性别、年龄及生理状况群体中绝大多数个体(97%~98%)需要量的某种营养素摄入水平,相当于 20 世纪营养学上的“每天膳食中营养素供给量”。

长期摄入 RNI 水平的营养素可以满足机体对该营养素的需要,维持组织中有适当的储备以保障机体健康。RNI 的主要用途是作为个体每天摄入该营养素的目标值,它的制定是以 EAR 为基础的,如果已知 EAR 的标准差(s),则 RNI 定为 EAR 加 2 个标准差,即 RNI=EAR+2s;如果不知 EAR 的标准差,则 RNI=1.2×EAR,这里是假定标准差为 10%。

在《中国居民膳食营养素参考摄入量(2023 版)》中明确提出,EAR 和 RNI 的营养素有蛋白质、维生素 A、维生素 D、维生素 B$_1$、维生素 B$_2$、维生素 B$_6$、维生素 B$_{12}$、维生素 C、烟酸、叶酸、钙、磷、镁、铁、锌、碘、硒、铜、钼等。糖类(碳水化合物)只有 EAR,没有 RNI。

3. **适宜摄入量**(adequate intake,AI) 是通过观察或实验获得的健康群体某种营养素的摄入量。当某种营养素的个体需要量研究资料不足而不能计算出 EAR,从而无法推算 RNI 时,可通过设定 AI 来提出这种营养素的摄入量目标。例如,纯母乳喂养的足月产健康婴儿,从出生到 4~6 月龄,他们的营养素全部来自母乳,故摄入母乳中的营养素数量就是婴儿所需各种营养素的 AI。目前提出 AI 的营养素有水、膳食纤维、亚油酸、亚麻酸、EPA+DHA、维生素 E、维生素 K、泛酸、生物素、钾、钠、氯、氟、锰、铬。

4. **可耐受最高摄入量**(tolerable upper intake level,UL) 是指平均每天摄入营养素或其他膳食成分的最高限量,是健康人群中几乎所有个体都不会产生毒副作用的最高摄入水平。目前有些营养素还没有足够的资料来制定 UL,现在已经确定 UL 的营养素及膳食成分有维生素 A、维生素 D、维生素 E、维生素 B_6、维生素 C、叶酸、烟酸、胆碱、钙、磷、铁、锌、碘、硒、铜、氟、锰、钼、叶黄素、大豆异黄酮、番茄红素、原花青素、植物甾醇等。膳食营养素摄入不足或过量与健康的关系见图 4-1。

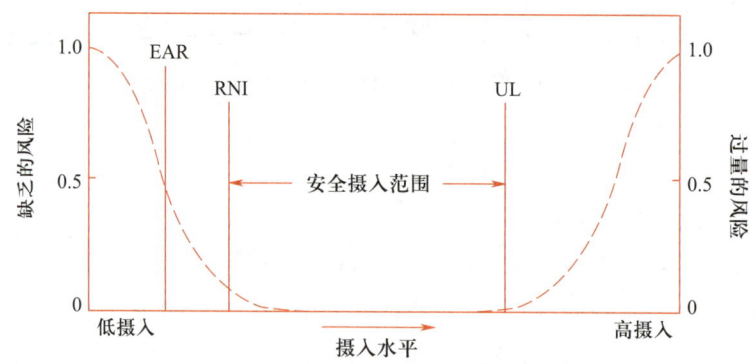

图 4-1　膳食营养素摄入不足或过量与健康的关系

5. 宏量营养素可接受范围（acceptable macronutrient distribution range, AMDR）　指脂肪、蛋白质和糖类理想的摄入量范围,该范围可以满足这些必需营养素的需要,并且有利于降低慢性病的发生风险,常用占能量摄入量的百分比(%E)表示。AMDR 的关键特征是适宜摄入量范围值具有下限和上限,即被认为对健康有预期影响的最低或最高阈值。如果一个人的摄入量低于或高于此范围,则可能会增加慢性病的发生风险。

6. 降低膳食相关非传染性疾病风险的建议摄入量（proposed intakes for preventing non-communicable chronic diseases, PI-NCD,简称建议摄入量,PI）　慢性非传染性疾病（non-communicable chronic disease, NCD）也称慢性病,共同危险因素是长期膳食模式不合理、身体活动不足以及其他不良生活方式等,因此也称为膳食相关非传染性疾病（diet-related non-communicable disease）。降低膳食相关非传染性疾病风险的 PI,是以 NCD(如肥胖、糖尿病、心血管疾病、呼吸系统疾病、恶性肿瘤等疾病)一级预防为目标,提出的必需营养素每天摄入量(水平)。当 NCD 易感人群某一营养素的摄入量达到 PI,可降低其发生风险。目前提出 PI 的有维生素 C、钾、钠。

7. 特定建议值（specific proposed level, SPL）　传统营养素以外的某些膳食成分,具有降低膳食相关非传染性疾病的作用,其中多数属于植物化合物,SPL 是以降低成年人膳食相关非传染性疾病风险为目标,提出的其他膳食成分每天摄入量。当该成分的摄入量达到 SPL,可能有利于降低疾病的发生风险或死亡率。目前提出 SPL 的有大豆异黄酮、叶黄素、番茄红素、植物甾醇、氨基葡萄糖、花色苷、原花青素、绿原酸、异硫氰酸酯、辅酶 Q_{10}、甜菜碱、低聚果糖、菊粉、β- 葡聚糖。

（三）能量需要量

能量需要量（estimated energy requirement, EER）是指能长期保持良好的健康状态,维持良好的体型、机体构成以及理想活动水平的个体或群体,达到能量平衡时所需要的膳食能量摄入量。

群体的能量推荐摄入量直接等同于该群体的能量 EAR,而不是像蛋白质等其他营养素那样等于 EAR+2s。所以,能量推荐摄入量不用 RNI 表示,而直接使用 EER 来描述。EER 的制定须考虑性别、年龄、体重、身高、体力活动水平及生理状况等的不同,因此可分为成人 EER、儿童 EER、孕妇 EER 等。

(四) 应用

DRIs 的应用范围主要聚焦在公共营养领域,如人体营养状况评价、营养指导、膳食设计和营养改善,在国家营养与健康政策制定、临床营养和食品营养标准制定以及营养食品研发等领域也被广泛应用。目前 DRIs 的作用包括预防营养缺乏病、防止营养素摄入过量及降低慢性病风险。

DRIs 的适用对象为健康的个体或以健康个体为主体组成的群体,也包括那些虽患有慢性病,如肥胖、高血压、高血糖、血脂异常等,但仍能正常生活,没有必要实施特定的膳食限制或膳食方案的人。当患者需要实施特定膳食指导、膳食疗法时,应该优先使用与该疾病有关的营养指导等文件,同时也可将 DRIs 作为基础标准参照使用。

DRIs 在专业领域常用于两个方面,包括膳食评价和膳食设计(计划)。在膳食评价工作中,DRIs 作为一个尺度,衡量个体(群体)实际摄入能量和营养素的量是否适宜;在设计和计划膳食工作中,DRIs 作为营养状况适宜的目标,为个体(群体)如何合理地摄取食物以达到这个目标提供建议(图 4-2)。

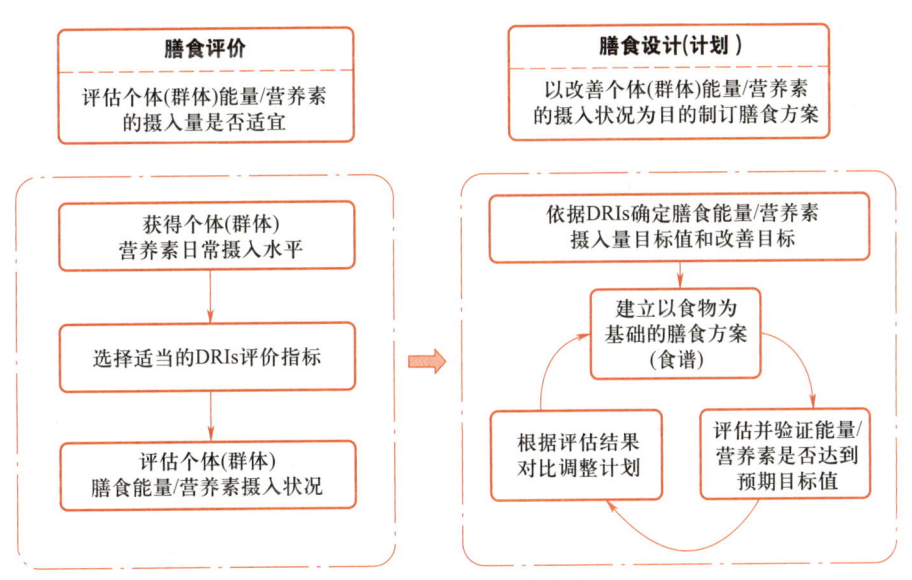

图 4-2 DRIs 应用框架图

(资料来源:中国营养学会《中国居民膳食营养素参考摄入量(2023 版)》)

DRIs 在个体和群体膳食评价及计划中的应用见表 4-2。

表 4-2　DRIs 在个体和群体膳食评价及计划中的应用

用途	针对个体	针对群体
膳食评价	EAR：用以估计日常摄入量不足的概率 RNI、AI：如果日常摄入量达到或超过此水平，则摄入不足的概率很低 UL：日常摄入量超过此水平可能面临健康风险 AMDR：如果宏量营养素的日常摄入量低于或高于此范围，则发生膳食相关疾病的风险增加 PI-NCD：如果营养素的摄入量达到 PI-NCD，则发生膳食相关疾病的风险降低	EAR：用以估计一个群体中摄入不足个体所占的比例 AI：平均摄入量达到或超过此水平表明该人群摄入不足的概率很低 UL：用以评价人群中由于摄入过量而存在健康风险的个体所占的比例 AMDR：以人群中低于或高于此范围的比例，评价存在膳食相关疾病发生风险人群的比例 PI-NCD：用以评价人群可能存在膳食相关疾病发生风险的比例
膳食计划	RNI、AI：如果日常摄入量达到或超过此水平，则摄入不足的概率很低 UL：日常摄入量低于此水平，以避免摄入过量可能造成的危害 AMDR：摄入量达到上限和下限范围之内，预防宏量营养素的缺乏，或减少因其过量引起膳食相关疾病的发生风险 PI-NCD：当成年人营养素的摄入量达到 PI-NCD，可降低膳食相关疾病的发生风险	EAR：作为摄入不足的切点，计划群体膳食，使摄入不足者占的比例很低 AI：用以计划平均摄入量水平，平均摄入量达到或超过此水平则摄入不足的比例很低 UL：用作控制指标，使人群中摄入过量风险的比例很低 AMDR：用以计划摄入量，增加进入 AMDR 范围的人员比例，可降低人群膳食相关疾病的发生风险 PI-NCD：用以计划摄入量，增加成年人营养素的摄入量达到 PI-NCD 的比例，可降低人群膳食相关疾病的发生风险

第三节　中国居民膳食指南

案例导入

这是某寄宿制小学一天的非定量食谱：

早餐：稀饭、馒头、泡菜。

午餐：豆芽排骨汤、凉拌三丝、梅菜扣肉、大米饭。

晚餐：芹菜炒肉、肉饼、酸菜粉丝汤。

请思考：

1. 从一般人群膳食指南的内容来看，这份食谱的搭配是否合理？

2. 从菜肴的烹饪方式来看，这份食谱是否符合小学生的咀嚼习惯和利于营养的吸收？

3. 你建议该食谱怎么改进？

一、膳食模式的概念和分类

膳食模式又称膳食结构,是指长时间形成的饮食组成方式,包括膳食中各食物的品种、数量、比例及消费频次。膳食模式的形成受一个国家或地区的人口、农业生产、食物流通、食品加工、消费水平、饮食习惯、文化传统、科学知识等多种因素影响。一般根据其中的各类食物所能提供的能量及营养素的数量满足人体需要的程度来衡量该膳食模式是否合理。根据膳食中动物性、植物性食物所占比例以及膳食特点,目前世界上的膳食模式可以大致分为以下四种:

视频:膳食模式

1. **动植物食物平衡模式** 该模式以日本居民膳食结构为代表,膳食中动物性食物和植物性食物比例比较适当。该类型膳食的特点是:能量能够满足人体需要,又不至过剩。蛋白质、脂肪和糖类的供能比例合理。来自植物性食物的膳食纤维和来自动物性食物的营养如铁、钙等均比较充足,动物脂肪又不高,有利于避免营养缺乏和营养过剩性疾病,提升健康水平。合理的膳食模式使得日本居民的期望寿命在全世界处于较高水平。

日本居民谷类的年人均消费量为 94 kg,动物性食物年人均消费量为 63 kg。其中,海产品的比例达到 50%,动物性蛋白占总蛋白的 42.8%,每天能量摄入量保持在 8 368 kJ(2 000 kcal)左右,三大产能营养素的供能比例为糖类 57.7%、脂肪 26.3%、蛋白质 16%。此类膳食模式已经成为世界各国调整膳食模式的模范参考。

2. **动物性食物为主模式** 是多数欧美发达国家和地区的典型膳食模式,属于营养过剩型的膳食模式。主要特点是高能量、高脂肪、高蛋白质而膳食纤维较低。与植物性食物为主模式相比,营养过剩是此类膳食模式国家人群所面临的主要问题。心脏病、脑血管疾病和恶性肿瘤已经成为此类人群死亡的三大原因,尤其是心脏病死亡率明显高于发展中国家。

3. **植物性食物为主模式** 膳食构成以植物性食物为主,动物性食物为辅。常见于亚洲和部分非洲国家和地区。其特点是谷物食品消费量大,动物性食品消费量小。动物性蛋白一般占蛋白质总量的 10%~20%,植物性食物提供的能量占总能量近90%。该类型的膳食能量基本可满足人体的需要,但蛋白质、脂肪摄入量均低,主要来自动物性食物的营养素如铁、钙、维生素 A 等摄入不足。营养素缺乏病是这些国家人群的主要营养问题。但从另一方面看,以植物性食物为主的膳食结构,膳食纤维充足、动物性脂肪较低,有利于冠心病和高脂血症的预防。

4. **地中海模式** 该膳食模式的特点是居住在地中海地区的居民所特有的,意大利、希腊居民饮食是该种膳食模式的代表。主要特点如下:① 膳食富含植物性食物,包括水果、蔬菜、薯类、谷类、豆类、果仁等;② 食物的加工程度低,新鲜度较高,该地区以食用当季、当地产的食物为主;③ 橄榄油是主要的食用油,所占比例较高;④ 每天食用少量、适量奶酪和酸奶;⑤ 每周食用少量、适量的鱼、禽、蛋;⑥ 以新鲜的水果作为典型的每天餐后食品,甜食每周只食用几次;⑦ 每月食用几次红肉,如猪、牛和羊肉及其产品;⑧ 大部分成年人有饮用葡萄酒的习惯。

地中海居民心脑血管疾病发生率很低,其膳食模式已被欧美多国借鉴用于优化本国膳食结构。

二、中国居民的膳食模式

"五谷为养,五果为助,五畜为益,五菜为充",食物多样的饮食原则是中国传统饮食文化基础。中国居民生活传统上是以高糖类、高膳食纤维和低动物脂肪饮食模式为主,尤其是以植物性食物(谷类占主导地位)为主的膳食模式。

随着我国社会经济的发展,居民膳食模式不断发展变化,其中最显著的改变是随着收入增加,人们更趋向于消费动物性食物,尤其是畜肉类食品,同时植物性食物特别是谷类食物的消费量下降。谷类食物提供的能量占膳食总能量的比例从 1982 年的 71.2% 下降到 2015—2017 年的 51.5%,但谷类食物仍然是我国居民的主要食物。总体来看,大部分省市仍以植物性食物为主,动物性食物为辅,但不同地区的居民膳食模式也逐渐分化。近年来,我国以浙江、上海、江苏等为代表的江南地区膳食,被认为是健康中国膳食模式的代表,也是东方健康膳食模式的代表。该地区人群以食物多样、清淡少盐,蔬菜水果、鱼虾水产摄入量高,奶类豆类多,并有较多的活动时间和较高的运动水平为特点。这种模式有利于避免营养缺乏病和膳食相关慢性病的发生,延长预期寿命。

三、中国居民的膳食指南

膳食指南(dietary guidelines,DG)是根据营养科学原则和人体营养需要,结合当地食物生产供应情况及人群生活实践提出的食物选择和身体活动的指导意见。我国于 1989 年、1997 年、2007 年、2016 年、2022 年先后出版了 5 版居民膳食指南。

《中国居民膳食指南(2022)》包括一般人群膳食指南、特定人群膳食指南、平衡膳食模式和膳食指南编写说明 3 个部分。

(一)一般人群膳食指南

一般人群膳食指南共有指导准则 8 条,适合于 2 岁以上的健康人群,具体如下:

准则一　食物多样,谷类为主

核心推荐:

1. 坚持谷类为主的平衡膳食模式。

2. 每天的膳食应包括谷薯类、蔬菜水果、畜禽鱼蛋奶和豆类食物。

3. 平均每天摄入 12 种以上食物,每周 25 种以上,合理搭配。

4. 每天摄入谷类食物 200~300 g,其中包含全谷物和杂豆类 50~150 g;薯类 50~100 g。

准则二　吃动平衡,健康体重

核心推荐:

1. 各年龄段人群都应天天进行身体活动,保持健康体重。

2. 食不过量,保持能量平衡。

3. 坚持日常身体活动,每周至少进行 5 天中等强度身体活动,累计 150 分钟以上;主动身体活动最好每天 6 000 步。

4. 鼓励适当进行高强度有氧运动,加强抗阻运动,每周 2~3 天。

5. 减少久坐时间,每小时起来动一动。

准则三　多吃蔬果、奶类、全谷、大豆

核心推荐:

1. 蔬菜水果、全谷物和奶制品是平衡膳食的重要组成部分。

2. 餐餐有蔬菜,保证每天摄入不少于 300 g 的新鲜蔬菜,深色蔬菜应占 1/2。

3. 天天吃水果,保证每天摄入 200~350 g 的新鲜水果,果汁不能代替鲜果。

4. 吃各种各样的奶制品,摄入量相当于每天 300 ml 以上液态奶。

5. 经常吃全谷物、大豆制品,适量吃坚果。

准则四　适量吃鱼、禽、蛋、瘦肉

核心推荐:

1. 鱼、禽、蛋、瘦肉摄入要适量,平均每天 120~200 g。

2. 每周最好吃鱼 2 次或 300~500 g,蛋类 300~350 g,畜禽肉 300~500 g。

3. 少吃深加工肉制品。

4. 鸡蛋营养丰富,吃鸡蛋不弃蛋黄。

5. 优先选择鱼,少吃肥肉、烟熏和腌制肉制品。

准则五　少盐少油,控糖限酒

核心推荐:

1. 培养清淡饮食习惯,少吃高盐和油炸食品。成年人每天摄入食盐不超过 5 g,烹调油 25~30 g。

2. 控制添加糖的摄入量,每天不超过 50 g,最好控制在 25 g 以下。

3. 反式脂肪酸每天摄入量不超过 2 g。

4. 不喝或少喝含糖饮料。

5. 儿童青少年、孕妇、乳母以及慢性病患者不应饮酒。成年人如饮酒,一天饮用的酒精量不超过 15 g。

准则六　规律进餐,足量饮水

1. 合理安排一日三餐,定时定量,不漏餐,每天吃早餐。

2. 规律进餐、饮食适度,不暴饮暴食、不偏食挑食、不过度节食。

3. 足量饮水,少量多次。在温和气候条件下,低身体活动水平成年男性每天喝水 1 700 ml,成年女性每天喝水 1 500 ml。

4. 推荐喝白水或茶水,少喝或不喝含糖饮料,不用饮料代替白水。

知识拓展:
成年人每天身体活动量相当于 6 000 步的活动时间

75

视频:餐餐有蔬菜　天天有水果

知识拓展:
15 g 酒精相当于多少酒

准则七　会烹会选，会看标签

核心推荐：

1. 在生命的各个阶段都应做好健康膳食规划。

2. 认识食物，选择新鲜的、营养素密度高的食物。

3. 学会阅读食品标签，合理选择预包装食品。

4. 学习烹饪、传承传统饮食，享受食物天然美味。

5. 在外就餐，不忘适量与平衡。

准则八　公筷分餐，杜绝浪费

核心推荐：

1. 选择新鲜卫生的食物，不食用野生动物。

2. 食物制备生熟分开，熟食二次加热要热透。

3. 讲究卫生，从分餐公筷做起。

4. 珍惜食物，按需备餐，提倡分餐不浪费。

5. 做可持续食物系统发展的践行者。

(二) 特定人群膳食指南

特定人群包括孕期妇女、哺乳期妇女、婴幼儿、儿童、老年人及素食人群。根据特定人群生理和营养需求特点，制定了备孕和孕期妇女、哺乳期妇女、0~6月龄婴儿、7~24月龄婴幼儿、学龄前儿童、学龄儿童、一般老年人、高龄老年人以及素食人群九个特定人群膳食指南。除0~24月龄婴幼儿的喂养指南外，其他特定人群膳食指南均是以一般人群膳食指南为基础制定的(详见第五章)。

(三) 中国居民平衡膳食模式和图示

中国居民平衡膳食宝塔(图4-3)是《中国居民膳食指南》的核心内容和核心推荐，结合中国居民膳食的实际情况，把平衡膳食的原则转化为各类食物的数量和比例的图形化表示。

不同人群每天所需要的能量是不同的，食物数量是根据不同能量需要而设计的。该宝塔所示为能量需要在1 600~2 400 kcal，一段时间内成人每人每天各类食物摄入量的平均范围。膳食宝塔共分5层，包含每天应摄入的主要食物种类，各层位置和面积的不同反映了各类食物在膳食中的地位和应占的比重。

第一层是谷薯类食物，每人每天应摄入谷类200~300 g，其中包括全谷物和杂豆类50~150 g；另外薯类50~100 g。谷类、薯类、杂豆类是糖类的主要来源。未进行精加工的全谷物保留了天然谷物的全部成分，是理想膳食模式的重要组成，也是膳食纤维、B族维生素、矿物质等营养素的来源。大豆之外的其他豆称为杂豆，如芸豆、绿豆，与全谷物归为一类。薯类包括红薯、马铃薯，可替代部分主食。

第二层是蔬菜、水果类，蔬菜、水果是膳食纤维、微量营养素及植物化学物成分的良好来源，推荐成人每天蔬菜量至少达到300 g，水果200~350 g。

盐 <5 g
油 25~30 g

奶及奶制品 300~500 g
大豆及坚果类 25~35 g

动物性食物 120~200 g
——每周至少2次水产品
——每天一个鸡蛋

蔬菜类 300~500 g
水果类 200~350 g

谷类 200~300 g
——全谷物 50~150 g
和杂豆
薯类 50~100 g

水 1 500~1 700 ml

每天活动6 000步

图 4-3　中国居民膳食宝塔(2022)
［资料来源:中国营养学会《中国居民膳食指南(2022)》］

第三层是鱼、禽、肉、蛋等动物性食物,新鲜的动物性食物是优质蛋白、脂肪、脂溶性维生素的良好来源。建议摄入蛋类 1 个,约 50 g,优先选择水产类 40~75 g,畜禽肉 40~75 g,共计 120 g~200 g。

第四层是奶类、大豆和坚果,此类食物是蛋白质和钙的良好来源,营养素密度高。推荐每天应摄入至少相当于鲜奶 300 g 的奶类及其制品。大豆包括黄豆、黑豆、青豆,豆制品如豆腐、豆浆等,坚果包括花生、葵花籽、核桃等,部分营养价值与大豆相似,富含必需脂肪酸和必需氨基酸,推荐大豆和坚果共计 25~35 g。

第五层是烹调油和食盐,烹调油包括各种动植物油,脂肪摄入量为 36~80 g,由于其他食物也提供脂肪,烹调油按提供 10% 左右的膳食能量,为 25~30 g,也应经常更换食用,实现多样化,以满足人体对各种脂肪酸的需要。食盐是不可缺少的烹调调料,但与高血压密切相关,建议全天摄入不超过 5 g。

身体活动和饮水:身体活动是能量平衡和维持健康的重要手段,推荐成年人每天进行至少相当于快步走 6 000 步的身体活动。水是膳食的重要组成部分,是一切生命活动的必需物质,每天水的适宜摄入量男性为 1 700 ml,女性为 1 500 ml,高温或高身体活动水平的条件下,应适当增加饮水量。

知识拓展:
平衡膳食模式实践——其他可视化图形

第四章　膳食营养指导

另外,平衡膳食模式中提及的所有食物推荐量都是以原料的生重可食部分计算的,每类食物又覆盖了多种多样的不同食物,可在同类型食物中选择替换,尽量丰富。

执考考点

1. 合理营养的概念。
2. 膳食营养素参考摄入量(DRIs)的概念。
3. 中国居民膳食指南及平衡膳食宝塔。

测验四

一、选择题

请扫描二维码完成在线测试。

二、简答题

1. 请简述中国居民平衡膳食宝塔(2022)的分层及内容。

2. 张某,女,19岁,大学专科在读。最近为了减肥进食主食极少,饮食以蔬菜、水果为主,肉类基本不吃,豆类、奶类少许。近来发觉头晕目眩,经期血量减少。诊断为贫血及营养不良。请针对张某情况并结合《中国居民膳食指南(2022)》给出膳食营养指导的原则和建议。

3. 小明,7岁,上小学,放学路上爱买棒棒糖、炸火腿肠等零食吃,妈妈觉得吃零食不好,可是小明嚷着放学就饿了,家里饭还需一段时间才能做好,该怎么办呢?

在线测试

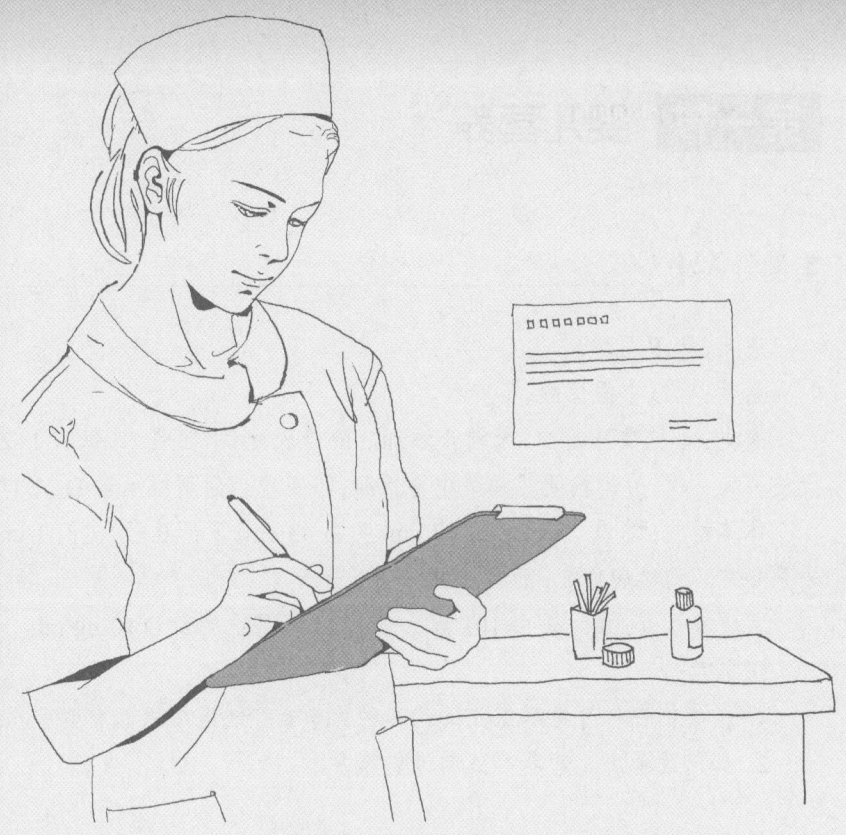

第五章 不同生理条件人群的营养

学习目标

知识目标

1. 记忆不同生理条件人群的合理膳食原则,以及母乳喂养的优点和婴儿添加辅食的原则。

2. 理解孕妇和乳母的营养需要。

3. 了解不同生理条件人群的主要营养问题和影响老年人营养状况的因素。

能力目标

1. 能根据不同生理条件人群的营养特点,对其进行正确的膳食指导。

2. 能根据不同生理条件人群的营养需求解决主要营养问题。

3. 会分析处理特定人群出现的其他营养问题。

素质目标

1. 尊老爱幼,关爱孕妇,关注老年人健康。

2. 有意识地创造大健康环境,培养为人民健康服务的奉献精神,争做"健康中国"的积极倡导者和践行者。

第一节　婴儿营养

案例导入

患儿,女,9 月龄。

主诉:睡眠中易惊醒,不安稳。

病史:母乳喂养量少,无辅食添加。除母乳外,平时喂水,每天 1~2 次,约 50 ml。大便一天一次,为糊状便。睡眠中易惊醒,不安稳。偶用维生素 D,未口服钙。

体格检查:体重 7 kg,身长 67 cm,头围 43 cm,牙齿 0 颗,囟门 1 cm×1 cm,心肺未见异常。佝偻病体征:肋缘外翻。

实验室检查:血红蛋白 101 g/L,血清 25 羟基维生素 D 10 ng/ml。

请思考:

1. 由案例资料可推测患儿缺乏哪种营养素?缺乏的原因有哪些?

2. 如何改善患儿营养?试制订喂养方案。

　　婴儿期是指出生至 1 周岁,包括新生儿期(断脐至生后 28 天)。婴儿期是人一生中生长发育的第一个高峰期,对营养的需求量极高。科学合理地喂养婴儿,不仅为其一生的体格和智力发育奠定基础,还能有效降低未来慢性病(如高血压、动脉粥样硬化等)的发生风险。

一、婴儿的生理特点

　　1. 生长发育　　正常婴儿的出生体重平均为 3.2 kg(2.5~4.0 kg),年龄越小,体重增长越快,1 岁时体重约为出生时的 3 倍;身长出生时平均为 50 cm,1 岁时增至 75 cm 左右;头围出生时平均为 34 cm,1 岁时增至 46 cm;胸围出生时比头围小 1~2 cm,约 32 cm,1 岁时胸围大致与头围相等,1 岁后胸围超过头围。

　　2. 消化系统发育　　婴儿期消化器官发育未成熟,功能未健全。口腔狭小,口腔黏膜非常柔嫩,不宜进食过热或过硬的食物。唾液腺发育不完善,唾液分泌量少,且唾液中的淀粉酶含量低,不利于淀粉的消化。婴儿的胃容量小,新生儿胃容量仅为 30~50 ml,6 个月时约为 200 ml,1 岁时为 300~500 ml,胃呈水平位,且幽门括约肌发育良好而贲门括约肌发育不完善,喂养方法不当易导致婴儿溢乳。婴儿的胃酸和各种消化酶较少,消化功能较弱,导致婴儿对母乳以外的食物不易耐受,常因喂养不当发生腹泻而导致营养素丢失。婴儿的咀嚼功能尚未发育完善,牙齿尚处于生长过程,也影响营养素的消化吸收。

3. 神经系统发育 婴儿出生时大脑重量约 400 g。0~6 月龄,脑细胞数量持续增加。6 月龄时脑重约增加至出生时的 2 倍,达 600~700 g,该时期是大脑和智力发育的关键时期。7~12 月龄,脑部发育以细胞体积增大、树突增多和延长为主,神经髓鞘形成并进一步发育。脑发育的物质基础是各种营养素,营养素缺乏将对脑发育过程,尤其对脑细胞的增殖、分化及功能网络的形成产生深远的影响。脑细胞的增殖、分化具有"一次性完成"的特点,妊娠后期及产后乳母的营养会影响婴儿的智力发育,应特别重视。

此外,婴儿期的心理、运动、语言、感知等也迅速发育,并逐步体现出个性特征与独立性。

二、婴儿的营养需要

(一) 能量

婴儿所需要的能量主要用于基础代谢、生长发育、食物的特殊动力作用、排泄及活动需要。其中,基础代谢需要的能量消耗占总能量消耗的 50%~60%,以后随年龄的增长而减少,食物的特殊动力作用占总能量消耗的 7%~8%,排泄占总能量消耗 10% 以内。中国营养学会推荐 0~6 月龄婴儿的能量需要量(EER)为 0.38 MJ/(kg·d),7~12 月龄婴儿的能量需要量为 0.31 MJ/(kg·d)。

(二) 蛋白质

婴儿生长发育迅速,需要充足的优质蛋白以满足机体的快速生长发育和组织更新。年龄越小,生长发育越快,对蛋白质的需求也越多。一般要求蛋白质提供能量达到总能量的 12%~15%,优质蛋白占总蛋白的 50%。婴儿蛋白质供给不足时,极易发生蛋白质缺乏症,表现为生长发育迟缓或停滞、抵抗力下降、消化吸收障碍、腹泻、消瘦、贫血、水肿等。此外,婴儿的肾功能及消化功能尚未发育完全,蛋白质摄入过多会增加肾负担,影响婴儿的身体健康。中国营养学会推荐 0~6 月龄婴儿蛋白质的适宜摄入量(AI)为 9 g/d,7~12 月龄婴儿蛋白质的适宜摄入量为 17 g/d。

(三) 脂类

婴儿需要的脂肪比成人多,脂肪不仅促进脂溶性维生素(维生素 A、维生素 D、维生素 E、维生素 K)的吸收和利用,而且也是婴儿所需能量和必需脂肪酸的重要来源。脂肪摄入不足容易导致婴儿必需脂肪酸、脂溶性维生素缺乏,出现皮肤干燥等现象,尤其是二十二碳六烯酸(DHA),对婴儿的视觉和神经系统发育有重要作用。牛奶中的 DHA 含量较低,不能满足婴儿生长发育的需要,因此对人工喂养的婴儿需要适量补充 DHA。中国营养学会推荐 0~6 月龄婴儿脂肪的摄入量占总能量 48%,7~12 月龄婴儿脂肪的摄入量占总能量 40%。

(四) 糖类

糖类是最主要的供能物质,有节约蛋白和抗生酮作用,也是大脑能量供应的主要物质。中国营养学会推荐 0~6 月龄婴儿糖类适宜摄入量为 60 g/d,7~12 月龄婴儿糖类适宜摄入量为 80 g/d。婴儿乳糖酶活性较成人高,能有效消化吸收乳糖,4 个月以内的婴儿由于缺乏淀粉酶,故淀粉类食物应在 4 个月以后添加。

(五) 矿物质

1. **钙**　新生儿体内的钙含量约占体重的 0.8%,婴儿在生长发育过程中体内需储存大量的钙,婴儿所需钙主要来源于乳类及乳制品。母乳含钙较牛乳低,但母乳中的钙较牛乳更易被吸收,因此钙营养状况良好的乳母分泌的乳汁基本能满足婴儿对钙的需求,婴儿一般不会出现明显的钙缺乏。中国营养学会推荐 0~6 月龄婴儿钙适宜摄入量为 200 mg/d,7~12 月龄婴儿钙适宜摄入量为 350 mg/d。

2. **铁**　铁在婴儿生长发育过程中非常重要,铁供应不足可导致缺铁性贫血。足月新生儿体内的铁储备可满足其出生后 6 个月的需要,由于母乳中含铁低且不易吸收,因此母乳喂养的婴儿在 6 月龄添加辅食时应注意添加含铁的辅食。中国营养学会推荐 0~6 月龄婴儿铁适宜摄入量为 0.3 mg/d,7~12 月龄婴儿铁推荐摄入量(RNI)为 10 mg/d。

3. **锌**　锌与婴儿的健康密切相关,锌缺乏时可出现生长发育迟缓、味觉异常或异食癖、伤口愈合迟缓、免疫功能低下等表现,甚至影响智力发育。母乳中的锌含量与牛乳中的相近。中国营养学会推荐 0~6 月龄婴儿锌适宜摄入量为 1.5 mg/d,7~12 月龄婴儿锌推荐摄入量为 3.2 mg/d。

4. **碘**　碘对婴幼儿生长发育影响很大,缺碘可致甲状腺功能低下,智力发育受影响。由于我国采取了碘盐措施,碘缺乏病已较少发生。中国营养学会推荐 0~6 月龄婴儿碘适宜摄入量为 85 μg/d,7~12 月龄婴儿碘适宜摄入量为 115 μg/d。

(六) 维生素

1. **维生素 A**　与婴儿生长发育、生殖和视觉功能及抗感染有关。缺乏可引起婴儿生长发育障碍、眼干燥症、上皮组织角化等。中国营养学会推荐 0~6 月龄的婴儿维生素 A 的适宜摄入量为 300 μg RAE/d,7~12 月龄维生素 D 的推荐摄入量为 350 μg RAE/d。

2. **维生素 D**　可提高肠道对钙、磷的吸收,促进旧骨骨盐溶化,新骨骨盐沉积。婴儿缺乏可引起佝偻病。乳类中维生素 D 含量较低,应在医生指导下给婴儿补充适量鱼肝油,同时应多晒太阳以补充维生素 D。中国营养学会推荐 0~6 月龄的婴儿维生素 D 的适宜摄入量为 10 μg/d,7~12 月龄维生素 D 的推荐摄入量为 10 μg/d。

3. **其他维生素**　B 族维生素,如维生素 B_1、维生素 B_2 和烟酸对婴儿的生长发育十分重要,其需要量随能量需要增加而增加。人工喂养儿应注意补充维生素 C 和维生素 E。母乳中维生素 K 含量低,为了预防维生素 K 缺乏导致的相关出血性疾病,应及时给新生儿和 1~6 月龄的婴儿补充维生素 K。

三、婴儿的主要营养问题

婴儿期合理喂养对婴儿的生长发育及一生的健康都具有非常重要的作用。喂养不当可导致婴儿营养不良或营养过剩,如蛋白质–能量营养不良,婴儿出现身材矮小、瘦弱、消化不良、腹泻、抵抗力低下等表现,佝偻病和缺铁性贫血也是婴儿的常见病、多发病;营养过剩导致的婴儿肥胖,也是我国不可忽视的婴儿健康问题。

四、婴儿喂养方式及膳食营养原则

婴儿哺乳期的喂养方式有母乳喂养、人工喂养和混合喂养三类,以及断乳过渡期喂养。不同的喂养方式以及不同的生长发育阶段都应遵循相应的膳食营养原则。

(一) 母乳喂养

对人类来说,母乳是自然界中唯一能满足婴儿全部营养需要的天然食物,是婴儿食物的最佳选择。

1. **母乳分泌** 分娩后 7 天内所分泌的乳汁呈淡黄色,质地黏稠,称为初乳,之后第 8 至 14 天的乳汁称为过渡乳,大约 2 周后为成熟乳。初乳的营养特点:① 初乳蛋白质含量约 10%,比成熟乳蛋白质含量高;② 初乳含丰富的抗体,尤以分泌型免疫球蛋白 A(SIgA)为多,还含有乳铁蛋白、白细胞、溶菌酶及抗菌因子;③ 初乳中的脂肪及乳糖含量均比成熟乳低,以适应新生儿对脂肪和乳糖消化能力较差的特点;④ 初乳中的锌、长链多不饱和脂肪酸也比成熟乳多。

2. **母乳喂养的优点**

(1) 母乳是婴儿最佳的天然食物和饮料 母乳保留了人类生命发展早期所需要的全部营养成分。① 蛋白质及牛磺酸:母乳中蛋白质含量低于牛乳,但利用率高;母乳中的蛋白质以乳清蛋白为主,乳清蛋白在胃酸作用下形成细小而柔软的絮状凝块,易被婴儿消化吸收;母乳蛋白质的必需氨基酸组成比例适合婴儿需要;母乳中牛磺酸含量较高,牛磺酸为婴儿大脑及视网膜发育所必需。② 脂肪:母乳中的脂肪颗粒小,且含有乳脂酶,比牛乳中的脂肪更易消化吸收;母乳含不饱和脂肪酸较多,如花生四烯酸(AA)、二十二碳六烯酸(DHA),对大脑及视网膜的发育起重要作用;母乳中的必需脂肪酸能有效预防婴儿湿疹。③ 糖类:母乳中乳糖含量约为 7%,高于牛乳。除供能外,乳糖在肠道中能被乳酸菌利用后产生乳酸,乳酸在肠道内可抑制大肠埃希菌的生长,同时也可促进钙的吸收。④ 矿物质:母乳中的矿物质含量低于牛乳,有利于保护婴儿尚未发育完善的肾功能;母乳钙含量低于牛乳,但母乳中的钙磷比例(2:1)恰当,吸收率高;母乳与牛乳中的铁含量接近,但母乳中铁的吸收率达 50%,牛乳仅10%;母乳中锌、铜含量远高于牛乳,有利于婴儿的生长发育。⑤ 维生素:母乳中维生素的含量受乳母营养状况的影响,维生素 A、维生素 E 及维生素 C 含量比牛乳高,

知识拓展:
世界母乳
喂养周

第五章 不同生理条件人群的营养

但维生素 K 含量低于牛乳。

(2) 母乳可增加婴儿早期抗感染能力　母乳尤其是初乳中含有丰富的免疫物质:SIgA,能帮助婴儿抵御消化道和呼吸道多种细菌及过滤性病毒的侵害;乳铁蛋白,通过与繁殖中需要游离铁离子的病原微生物竞争铁,抑制这些病原微生物的生长繁殖;巨噬细胞,能有效地杀灭致病性大肠埃希菌和金黄色葡萄球菌;溶菌酶,通过分解革兰氏阳性菌和肠杆菌的聚糖肽菌膜而起到抑菌作用;双歧杆菌因子,能促进双歧杆菌生长,降低肠道 pH,抑制腐败菌生长。

(3) 母乳喂养有利于母子交流和身心健康　哺乳过程中,通过母亲和婴儿拥抱、抚摸、目光交流、微笑和语言等促进母婴间的情感交流,有利于婴儿的心理和智力发育,也可使母亲心情愉悦。婴儿的吸吮可反射性引起催乳素分泌,利于乳母子宫的收缩和恢复;母乳喂养还可以产生远期效应,如降低儿童肥胖和糖尿病的发病风险,降低母亲肥胖、乳腺癌和骨质疏松症的发病风险。

(4) 母乳喂养经济、卫生、方便,又不易引起婴儿过敏　乳汁分泌是自然的生理过程,不存在因购买、存放等环节而产生的卫生安全问题;母亲随时可以根据婴儿的需要提供乳汁,不存在过度喂养的问题;同时,母乳喂养的婴儿也极少发生过敏现象。

3. **母乳喂养指南**　尽早开奶:自然分娩的母亲产后 30 分钟即可喂奶;提倡按需哺乳:不应严格规定哺乳间隔时间及次数;哺乳方法和姿势要正确:哺乳前应清洗双手和乳头,抱起婴儿,使其呈半卧状躺在母亲怀里,保持呼吸道通畅,待一侧乳房吸空后再换另一侧,两乳按先后顺序交替进行,哺乳后将婴儿抱起,头放在母亲肩上,轻轻拍背,使胃内空气排出,防止溢奶。

为了预防佝偻病,婴儿在出生 1 个月后,应补充安全剂量的维生素 D(或鱼肝油)。

(二) 人工喂养

乳母因各种原因不能对婴儿进行母乳喂养,全部用其他食品代替称为人工喂养。常用的母乳替代食品有牛乳、羊乳等动物乳及其制品,豆制代乳粉,婴儿配方奶粉等。人工喂养首选婴儿配方奶粉,对于因先天缺陷(如苯丙酮尿症、乳类蛋白过敏、乳糖不耐受等)不能接受母乳喂养的婴儿,应在医生指导下选择特殊婴儿配方奶粉。

人工喂养注意事项:喂奶的间隔加喂温开水,防止婴儿便秘;喂养时要使奶液充满奶嘴,以免吸入空气造成吐奶;喂奶工具要及时清洗并定期消毒;每次喂奶时间应控制在 20 分钟内;密切观察婴儿喂奶粉后的反应,及时发现奶粉过敏现象。

(三) 混合喂养

因母乳分泌量不足或母亲因各种原因不能按时喂养时,可采用牛乳、婴儿配方奶粉或代乳品替代部分母乳,称为混合喂养。混合喂养的原则是先喂母乳,不足时再喂牛乳或代乳品。每天至少哺乳 3 次,每次哺乳时让婴儿吸空乳汁,通过婴儿吸吮刺激乳汁分泌,防止母乳分泌量进一步减少。对于配方奶粉的选择,小于 6 个月的婴儿可选用蛋白质含量为 12%~18% 的配方奶粉,6 个月后选用蛋白质含量大于 18% 的配方奶粉。

(四）断乳过渡期喂养

1. 断乳的概念　母乳喂养期间,为满足婴儿迅速生长发育的营养需要,逐渐添加母乳以外的食物,减少母乳哺乳量和哺乳次数,直至完全停止哺乳而过渡到幼儿膳食的过程称为断乳,又称为断奶。断乳期婴儿所添加的食品统称为断乳食品。

2. 断乳期营养

(1) 补充维生素 D　应给婴儿补充维生素 D 或多晒太阳,预防佝偻病。

(2) 断乳食品添加的时间　不宜过早或过迟,一般从 6 月龄开始。添加过早易出现胃肠道疾病和过敏反应,同时由于添加辅食引起母乳哺乳量减少导致营养不良;添加过迟,则容易导致婴儿对新食物接受困难形成偏食、挑食的不良饮食习惯,影响婴儿终生的健康。

(3) 断乳期食品添加原则　由一种到多种,由少到多,由稀到稠,由细到粗。注意饮食卫生及婴儿食后的反应,适应后再添加新辅食。

(4) 婴儿辅食添加顺序　见表 5-1。

(5) 注意事项　因婴儿肾功能尚未发育完善,故 1 岁前应避免高糖、高盐或调味品多的食物。

表 5-1　婴儿辅食添加顺序

月龄/月	添加辅食品种	供给的营养素
4~6*	麦粉糊、米粉糊、粥等	能量（训练吞咽功能）
	蛋黄、无刺鱼泥、动物血、肝泥、奶类、大豆蛋白粉、豆腐花或嫩豆腐	蛋白质,铁、锌、钙等矿物质,B 族维生素
	叶菜汁(先)、果汁(后)、叶菜泥、水果泥	维生素 C、矿物质、纤维素
	鱼肝油(户外活动)	维生素 A、维生素 D
7~9	稠粥、软饭、饼干、面条、面包、馒头等	能量（训练咀嚼功能）
	无刺鱼、全蛋、肝泥、动物血、碎肉末、较大月龄段婴儿奶粉或全脂牛奶、大豆制品	蛋白质,铁、锌、钙等矿物质,B 族维生素
	蔬菜泥、水果泥	维生素 C、矿物质、纤维素
	鱼肝油(户外活动)	维生素 A、维生素 D
10~12	稠粥、软饭、饼干、面条、面包、馒头等	能量
	鱼肝油(户外活动)	维生素 A、维生素 D

　*通常情况不建议在 6 月龄前添加辅食。由于特殊情况需要在婴儿满 6 月龄前添加母乳之外其他食物的,应咨询医务人员后谨慎做出决定。

（五）喂养指南及营养原则

1. 6 月龄内婴儿母乳喂养指南及营养原则(图 5-1)

(1) 产后尽早开奶,坚持新生儿第一口食物是母乳。

(2) 坚持 6 月龄内纯母乳喂养。

(3) 回应式喂养,建立良好的生活规律。

(4) 适量补充维生素 D,不需补钙。

(5) 婴儿配方奶是不能纯母乳喂养时的无奈选择。

(6) 监测体格指标,保持健康生长。

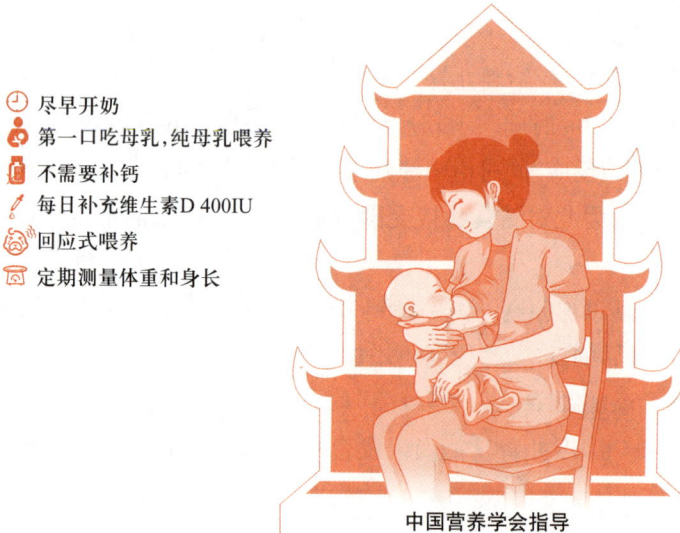

尽早开奶
第一口吃母乳,纯母乳喂养
不需要补钙
每日补充维生素D 400IU
回应式喂养
定期测量体重和身长

中国营养学会指导
中国营养学会妇幼营养分会编制

图 5-1　中国 0~6 月龄婴儿母乳喂养关键推荐(2022)

[资料来源:中国营养学会《中国居民膳食指导(2022)》]

2. 7~24 月龄婴幼儿喂养指南及营养原则(图 5-2)

(1) 继续母乳喂养,满 6 月龄起必须添加辅食。

(2) 从富含铁的泥糊状食物开始,逐步添加达到食物多样,重视动物性食物的添加。

继续母乳喂养
满6月龄开始添加辅食
从肉/肝泥,铁强化谷粉等糊状食物开始
母乳或奶类充足时不需补钙
仍需要补充维生素D,400 IU/d
回应式喂养,鼓励逐步自主进食
逐步过渡到多样化膳食
辅食不加或少加盐、糖和调味品
定期测量体重和身长
饮食卫生、进食安全

	7~12月龄	13~24月龄
盐	不建议额外添加	0~1.5 g
油	0~10 g	5~15 g
蛋类	15~50 g (至少1个鸡蛋黄)	25~50 g
畜禽肉鱼类	25~75 g	50~75 g
蔬菜类	25~100 g	50~150 g
水果类	25~100 g	50~150 g
继续母乳喂养,逐步过渡到谷类为主食	母乳700~500 ml	母乳600~400 ml
谷类	20~75 g	50~100 g

不满6月添加辅食,须咨询专业人员做出决定

中国营养学会指导
中国营养学会妇幼营养分会编制

图 5-2　中国 7~24 月龄婴幼儿平衡膳食宝塔(2022)

[资料来源:中国营养学会《中国居民膳食指南(2022)》]

(3) 提倡回应式喂养,鼓励但不强迫进食。

(4) 尽量少加糖、盐,油脂适当,保持食物原味。

(5) 注重饮食卫生和进食安全。

(6) 定期监测体格指标,追求健康生长。

第二节 幼儿及学龄前儿童营养

案例导入

据世界卫生组织 2024 年发布的数据,全球肥胖人口已超过 10 亿,儿童和青少年肥胖人数激增。《中国居民营养与慢性病状况报告(2020 年)》显示,我国有 6 亿人已经受到超重及肥胖带来的健康威胁,6~17 岁儿童青少年超重肥胖率达到 19.0%,成年居民超重或肥胖者已经超过一半(50.7%)。庞大的超重肥胖人群基数,为体重管理、健康卫生乃至社会带来巨大压力。

请思考:

1. 什么原因导致儿童肥胖?

2. 你对肥胖儿童的饮食有什么建议?

幼儿期指 1~3 周岁。该时期幼儿的生长发育虽不及婴儿迅猛,但仍处于快速生长发育的阶段。幼儿各器官系统发育尚不完全,对食物的消化、吸收能力有限,该时期也是饮食习惯形成的重要时期,因此幼儿期的营养和膳食需要特别注意。学龄前儿童指 3~6 周岁的儿童。与婴幼儿相比,学龄前儿童的生长速度减慢,各器官持续发育并逐渐成熟,营养的关键是供给充足的营养素,进一步形成良好的饮食习惯和健康的膳食模式。

一、幼儿及学龄前儿童的生理特点

(一) 生长发育

幼儿期生长旺盛,体重每年增加约 2 kg,3 岁时体重约为出生时的 4 倍。身长第二年增长 11~13 cm,第三年增长 8~9 cm,3 岁时身长约为出生时的 2 倍。出生时胸围比头围小 1~2 cm,1 岁时与头围基本相等,称为头胸围交叉,2 岁以后胸围超过头围。学龄前儿童身高体重稳步增长,但速度相对较慢,每年身高增加 5~7 cm,体重约增加 2 kg,活动能力进一步增强,活动范围进一步扩大。

（二）消化系统发育

幼儿时期牙齿仍处于生长过程中,咀嚼功能较差。幼儿的胃容量逐渐增至300~500 ml,各种消化酶活性较低,消化功能较弱。学龄前儿童的牙齿已逐渐出齐,但对固体食物的咀嚼和消化能力仍有限,不能过早进食家庭成人膳食,以免导致消化吸收紊乱,造成营养不良。

（三）神经系统发育

婴儿出生时大脑重量约400 g,2岁时脑重达900~1 000 g,为成人脑重的75%,至3岁时脑重超过出生时3倍,在出生最初两年,脑发育比较快。幼儿及学龄前儿童脑细胞体积的增大和神经纤维的髓鞘化仍在进行,神经冲动的传导速度明显加快。幼儿大脑皮质功能增强,语言、思维、表达能力和动作发育迅速。学龄前儿童具有好奇、注意力分散、喜欢模仿等特点,是培养良好生活习惯、良好道德品质的重要时期。

二、幼儿及学龄前儿童的营养需要

幼儿及学龄前儿童生长发育较快,代谢较旺盛,需要充足的营养素以满足其生长发育及各种生理活动的需要。

中国营养学会建议的幼儿及学龄前儿童能量需要量见表5-2。同一年龄段的幼儿及学龄前儿童的能量需要量均为男童高于女童,1~3岁幼儿能量适宜摄入量占总能量的35%。蛋白质推荐摄入量见表5-2。学龄前儿童蛋白质供给要求至少一半为优质蛋白,糖类供能比例为50%~65%,糖类为主要产能营养素,以淀粉类食物含量较高,应避免甜食摄入过多。

表5-2 幼儿及学龄前儿童能量需要量及蛋白质推荐摄入量

年龄/岁	能量需要量（EER）		蛋白质推荐摄入量（RNI）/（g·d⁻¹）
	男/(MJ·d⁻¹)	女/(MJ·d⁻¹)	
1~	3.77	3.35	25
2~	4.60	4.18	25
3~	5.23	4.81	30
4~	5.44	5.23	30
5~	5.86	5.44	30
6~	6.69	6.07	35

注:摘自中国营养学会《中国居民膳食营养素参考摄入量(2023版)》。

幼儿及学龄前微量营养素推荐摄入量见表 5-3。

表 5-3　幼儿及学龄前儿童微量营养素推荐摄入量

年龄/岁	钙(RNI)/(mg·d⁻¹)	铁(RNI)/(mg·d⁻¹)	碘(RNI)/(μg·d⁻¹)	维生素 A(RNI)/(μg RAE·d⁻¹)	维生素 D(RNI)/(μg·d⁻¹)	维生素 B₁(RNI)/(mg·d⁻¹)	维生素 B₂(RNI)/(mg·d⁻¹)	烟酸(RNI)/(mg NE·d⁻¹)
1~3	500	9	90	340/330（男／女）	10	0.6	0.7	6/5（男／女）
4~6	600	10		390/380（男／女）		0.9	0.9	7/6（男／女）

注：摘自中国营养学会《中国居民膳食营养素参考摄入量(2023 版)》。

三、幼儿及学龄前儿童的主要营养问题

随着生活水平的提高,幼儿及学龄前儿童严重的蛋白质－能量营养不良、各种维生素和矿物质的缺乏症已少见。但铁缺乏导致的缺铁性贫血、维生素 D 缺乏导致的佝偻病仍为我国卫生健康委员会规定重点防治的儿科疾病;锌营养缺乏症也较多见,多为边缘性缺乏。另外,过度喂养导致幼儿及学龄前儿童的肥胖也应引起重视。

四、幼儿及学龄前儿童的膳食营养原则

(一)以谷类为主的平衡膳食

幼儿膳食应以含糖类丰富的谷类食品为主;还包括鱼、肉、蛋、奶和豆类及其制品,以提供优质蛋白,每天至少饮用牛奶 350 ml;每周的食谱中至少安排一次动物肝、动物血和海产品,补充维生素 A、铁、锌、碘;保证蔬菜和水果的摄入。学龄前儿童的食物种类与成人相似,在食物选择时要注意食物多样、合理搭配。

(二)合理烹调、易于消化

幼儿主食以软饭、面条、包子、馒头和馄饨等交替食用,蔬菜和肉类应切碎煮烂,使之易于消化吸收;烹调方式以蒸、煮、炖为主,不宜添加味精等调味品;避免刺激性或过于油腻的食物。学龄前儿童仍需专门制作膳食,尽量减少食盐和调味品的食用;要注意增加食物的种类和数量,注意烹调食物的色美、味香,以增加食欲。

(三)膳食安排

幼儿除一日三餐外,可增加 1~2 次点心,即加餐的品种多选用牛奶、水果、坚果类食物,少用高糖食物;引导幼儿自己进食,培养幼儿不挑食、注意饮食卫生的好习惯,纠正暴饮暴食等不良习惯;合理选择零食,每天足量饮水,少喝含糖高的饮料。学

齢前儿童为"三餐两点制",三餐的能量和营养素分配为:早餐 35%、午餐 35%、晚餐 25%,加餐点心 5%,进一步形成良好的饮食习惯。

(四) 膳食指南

满 2 周岁至未满 6 周岁的儿童在一般人群膳食指南基础上增加以下 5 条关键推荐(图 5-3):

1. 食物多样,规律就餐,自主进食,培养健康饮食行为。具体包括合理安排学龄前儿童膳食;引导儿童规律就餐、专注进食;避免儿童挑食、偏食。

2. 每天饮奶,足量饮水,合理选择零食。具体包括:培养和巩固儿童饮奶习惯;培养儿童喝白开水的习惯;合理选择零食。

3. 食物应合理烹调,少调料,少油炸。

4. 参与食物选择与制作,增进对食物的认知与喜爱。

5. 经常户外活动,定期进行体格测量,保障健康生长。

**食谱举例:
2 至 3 岁幼儿一日食谱**

认识食物,爱惜食物
合理烹调
培养良好饮食习惯
每日饮奶
奶类、水果作加餐
足量饮水,少喝含糖饮料
经常户外运动
定期测量体重和身高

	2~3岁	4~5岁
盐	<2 g	<3 g
油	10~20 g	20~25 g
奶类	350~500 g	350~500 g
大豆适当加工	5~15 g	15~20 g
坚果适当加工	—	适量
蛋类	50 g	50 g
畜禽肉鱼类	50~75 g	50~75 g
蔬菜类	100~200 g	150~300 g
水果类	100~200 g	150~250 g
谷类	75~125 g	100~150 g
薯类	适量	适量
水	600~700 ml	700~800 ml

中国营养学会指导
中国营养学会妇幼营养分会编制

图 5-3　中国学龄前儿童平衡膳食宝塔(2022)
[资料来源:中国营养学会《中国居民膳食指南(2022)》]

第三节　学龄期儿童营养

案例导入

患儿,男,8 岁。

主诉:右上腹不适 1 月余。

病史：患儿为足月儿，巨大儿(4.3 kg)，剖宫产，出生情况好，平时喜吃面食和肉及快餐。1个月前患儿自述右上腹不适，大便干，小便正常，睡眠尚可。

体格检查：体重43 kg，身高135 cm。腹部触诊：未触及肝、脾，右上腹压痛(+)，余未见异常。

实验室检查：

血脂：总胆固醇(TC)5.8 mmol/L，甘油三酯(TG)2.3 mmol/L，低密度脂蛋白胆固醇(LDL-C)3.12 mmol/L；高密度脂蛋白胆固醇(HDL-C)1.02 mmol/L。

肝功能：谷丙转氨酶(ALT)85 U/L，谷草转氨酶(AST)102 U/L。

肝脏彩超示：肝边界清晰，形状较规则，肝大小形态正常，回声相对均匀，部分肝内管状结构不明显。

诊断：重度肥胖，肝功能异常，轻度脂肪肝，高脂血症。

请思考：

1. 结合诊断结果，分析患儿所患疾病与哪些营养方面的问题有关。

2. 试对患儿进行营养知识教育和膳食指导，以改善其营养状况。

学龄期儿童指6~12周岁的儿童，该时期儿童身体发育仍维持较快速度，尤其是小学高年级阶段又进入人生第二个生长发育高峰期，除生殖系统外，其他器官、系统，包括大脑形态发育已逐渐接近于成人。学龄期儿童的活动能力和活动量加大，对能量和营养素的相对需求虽低于婴儿，但仍高于成人。学龄期儿童消化能力不及成人，机体对糖类储存不多，对能量和营养素的缺乏也十分敏感。

一、学龄期儿童的生理特点

学龄期儿童的体重、身高稳步增长，体重每年增加2.0~2.5 kg，身高每年增加4.0~7.5 cm。该时期各器官、系统的发育快慢、先后不同，但统一协调，神经系统发育较早，生殖系统发育较晚，皮下脂肪发育年幼时较发达，肌肉组织到学龄期才加速发育。身体各部分的生长速度不同，生长发育时快时慢，呈波浪式进行，身体各部分发育的先后顺序不同：四肢先于躯干，下肢先于上肢，呈现自下而上、自肢体远端向中心躯干的规律性变化。

二、学龄期儿童的营养需要

学龄期儿童的生长发育速度仍较快，基础代谢率高，体力和脑力活动量大，对能量和营养素的需求较多。中国营养学会建议，学龄期儿童能量需要量为5.86~12.13 MJ/d；蛋白质的推荐摄入量为35~70 g/d；糖类的宏量营养素可接受范围(AMDR)为50%~65%；钙、铁、锌、维生素A的推荐摄入量分别为800~1 000 mg/d、12~16 mg/d、7.0~8.5 mg/d、390~780 µg RAE/d。

三、学龄期儿童的主要营养问题

学龄期儿童大部分时间是在学校度过,学习紧张,体力活动增加,如饮食不合理,很容易影响到其营养状况。主要面临的营养问题包括各种营养素缺乏症、营养不合理导致的超重、肥胖及生活行为的改变等,如钙、铁、锌、维生素 A、核黄素摄入不足易出现营养不良,能量摄入过多易超重、肥胖,进而引起成年期慢性非传染性疾病(如高血压、糖尿病、血脂异常及代谢综合征等)发病年龄低龄化现象。

四、学龄期儿童的膳食营养原则

(一) 平衡膳食

食物多样、品种齐全、合理搭配,保证营养齐全及优质蛋白的供给。多吃含铁丰富的食物,以保证铁的摄入,同时多吃含维生素 C 丰富的食物,以促进铁吸收;多吃含钙丰富的食物,以保证钙的摄入,同时多吃含维生素 D 丰富的食物及多进行户外活动以促进维生素 D 的合成,促进钙吸收。

(二) 三餐定时定量,保证早餐供给

儿童应做到一日三餐,定时定量,两餐间隔 4~6 小时,三餐包括适量的谷薯类、蔬菜、水果、禽畜鱼蛋、豆类、坚果,以及充足的奶制品。早餐提供的能量应占全天总能量的 25%~30%,午餐占 30%~40%,晚餐占 30%~35%。注意保证早餐的营养充足,尤其是糖类的供给,因为脑细胞需要的能量主要由血糖供给,早餐供给充足的糖类可以提高血糖,从而提高大脑的工作效率。早餐应包括谷薯类、禽畜肉蛋类、奶类或豆类及其制品和新鲜蔬菜、水果等食物。三餐不能用糕点、甜食或零食代替。做到清淡饮食,少吃含高盐、高糖和高脂肪的快餐。

(三) 培养良好的饮食习惯,注意饮食卫生

定时定量进食,少吃零食,少喝含糖饮料,不挑食、不偏食、不暴饮暴食。

(四) 重视户外活动

有规律的运动、充足的睡眠与减少静坐时间不仅可促进儿童生长发育,预防超重、肥胖的发生,而且能提高学习效率。儿童要增加户外活动时间,做到每天累计至少 60 分钟中等强度以上的身体活动,其中每周至少 3 次高强度的身体活动(包括抗阻力运动和骨质增强型运动);视屏时间每天不超过 2 小时,越少越好。

(五) 学龄期儿童膳食指南

1. 认识食物,学习烹饪,提高营养科学素养。

2. 三餐合理,规律进餐,培养健康饮食行为。

3. 合理选择零食,足量饮水,不喝含糖饮料,禁止饮酒。

4. 不偏食节食,不暴饮暴食,保持适宜的体重增长。

5. 保证每天至少活动 60 分钟,增加户外活动时间。

食谱举例:
10 至 12 岁
儿童一日
食谱

第四节 青少年营养

案例导入

小王,女,15 岁,初中生,身高 160 cm。5 个月前开始节食减肥,体重由 60 kg 减至 40 kg,现感觉四肢乏力,脸色苍白,稍进食胃部就胀痛难受,目前不能参加剧烈活动。

请思考:

1. 小王存在什么营养问题?

2. 如何改善小王的营养状况?

青少年期是指 12~18 周岁,包括青春发育期和少年期,是一生中身体增长、知识积累的黄金时期,充足的营养是保证正常生长发育、增强体魄以及支撑认知能力发展的物质基础。

一、青少年的生理特点

1. **体格发育的第二次突增期**　通常女生的突增期开始于 10~12 岁,男生略晚 2 年,开始于 12~15 岁。青春期持续时间男生比女生长,男生至 22 岁左右,女生至 17 岁左右;增长幅度男生也比女生大,男生整个青春期身高平均增加 28 cm,女生平均增长 25 cm。成年男性身高比女性平均高 10 cm 左右,成年人身高的 15%~20% 在青春期获得。

2. **身体成分占比发生变化**　青春期以前男生和女生的脂肪和肌肉占体重的比例接近,分别为 15% 和 19%。进入青春期后,女性脂肪所占比例增加到 22%,男性无明显变化。

3. **性发育逐渐成熟**　青春期由于性激素和肾上腺素分泌的不断增加,驱动生殖器官发育成熟,并促使第二性征逐渐形成。

4. **心理发育成熟**　青少年的抽象思维能力、记忆力、理解力和追求独立的意识增强,大脑功能达到成年人水平,心理发育逐渐成熟。

二、青少年的营养需要

青少年新陈代谢旺盛,体力、脑力活动量大,对各种营养素的需要量通常在青春发育后期达到峰值水平；随着身体发育逐渐成熟，营养需求开始呈缓慢下降趋势。青春期营养不良将直接影响其正常生长发育，可使青春期推迟1~2年。

青少年对能量、蛋白质的需要量与生长速度成正比。青少年对能量的需要高于成年人，且男性高于女性，推荐男性能量供给为9.62~11.09 MJ/d，女性为8.16~8.79 MJ/d。其中，蛋白质提供的能量占总能量的10%~20%，蛋白质的推荐摄入量男性为70~75 g/d，女性为60 g/d，优质蛋白应占50%；糖类摄入量应占总能量的50%~65%；脂肪摄入量应占总能量的20%~30%。

青少年骨骼生长发育迅速，对钙、铁和锌等矿物质的需要量显著增加。其中，青少年阶段钙的营养状况决定其成年后的峰值骨量，每天钙摄入量高的青少年其骨密度高于钙摄入量低者，且老年后患骨质疏松或骨折的危险性降低。青春期男生比女生增加更多的肌肉，肌蛋白和血红蛋白需要铁来合成。而青春期女生还会从月经中丢失大量铁，更需要通过膳食增加铁的摄入量。青少年体内锌的储存量增多，需要增加锌的摄入量。中国营养学会建议的青少年钙、铁、锌的推荐摄入量见表5-4。青少年对维生素的需要量一般高于成年人，尤其是与能量代谢有关的B族维生素以及有助于保护视力的维生素A、促进铁吸收的维生素C等，需要供应充足。

表5-4　青少年钙、铁、锌的推荐摄入量

年龄/岁	钙/(mg·d^{-1})	铁/(mg·d^{-1})		锌/(mg·d^{-1})	
		男	女	男	女
12~	1 000	16	18	8.5	7.5
15~18	1 000	16	18	11.5	8.0

三、青少年的主要营养问题

青少年时期由于生长发育迅速，对各种营养素的需要量显著增加，而我国的膳食结构和生活方式易导致部分营养素摄入不足，如钙、铁、锌、维生素A和维生素B$_2$等。尤其是部分青少年女性因过度追求苗条身材而盲目节食，造成蛋白质－能量营养不良，严重者可发展为消瘦型营养不良甚至神经性厌食症。与此同时，部分青少年又存在因摄入高能量饮食而导致的超重和肥胖，且发生率不断上升。青春期女生由于月经来潮，体内铁丢失较多，容易发生贫血。

四、青少年的膳食营养原则

《中国居民膳食指南(2022)》中关于学龄儿童的膳食指南也适用于青少年期，青少年的合理膳食原则包括以下3点：

1. **多吃谷类，供给充足的能量**　每天需300~400 g谷类食物，宜选用加工较为粗糙、保留大部分B族维生素或强化B族维生素的谷类，应合理搭配粗粮、细粮，适当选

择杂粮及豆类。

2. 保证足量的动物性食物及豆类、新鲜蔬果类的摄入 鱼、禽、肉、蛋类每天供给量 150~200 g,奶类不低于 300 ml,新鲜蔬菜和水果每天总供给量约 500 g,其中绿色蔬菜不低于 300 g。

3. 平衡膳食,鼓励参加体力活动,避免盲目节食 食物应多样化,以供给充足的能量和营养素。养成良好的饮食习惯,不暴饮暴食、偏食、挑食,少吃零食,不吸烟、喝酒;增加体力活动,保持能量摄入和消耗平衡,维持理想体重,减少肥胖发生,同时避免盲目节食。

第五节 孕妇与乳母营养

案例导入

> 李女士,26 岁,妊娠 22 周,早期妊娠反应明显,现饮食正常。平时较挑食,不喜欢吃猪肝、肉类等食物。近期常感头晕、体倦乏力,医院检查血红蛋白 75 g/L。
>
> 请思考:
> 1. 李女士可能患有何种疾病?
> 2. 如何指导李女士调整饮食习惯?
> 3. 妊娠期间如何做到合理营养?

妊娠期和哺乳期妇女对于营养的需求,不仅要满足自身的营养需要,还要提供胎儿生长发育和乳汁分泌所必需的各种营养素,达到预防可能出现的母体、胎儿和婴幼儿营养缺乏性疾病及某些并发症的目的。因此,保证妊娠期和哺乳期妇女的合理营养对母体健康和婴幼儿的正常身心发育有着重要的意义。

一、孕妇与乳母的生理特点

(一) 孕妇生理特点

为适应和满足胎儿在母体内的生长发育需求、维持母体健康,妊娠期妇女自身会发生一系列的生理变化。

1. 代谢 在大量雌激素、孕激素、人绒毛膜促性腺激素等激素作用下,孕妇基础代谢率(BMR)升高、合成代谢增加。其中,妊娠早期基础代谢率并无明显变化,到妊娠中期时逐渐升高,妊娠晚期时增高 15%~20%。伴随代谢变化,孕妇对糖类、蛋白质和脂肪的利用发生适应性调整,如妊娠晚期蛋白质分解代谢降低,其分解产物排出减少,这种生理性氮储留为母体及胎儿的生长发育、组织合成等提供保障。

视频:孕妇与乳母营养

第五章 不同生理条件人群的营养

2. **循环系统**　妊娠第 6~8 周时,孕妇的血容量开始增加,分娩时血容量比妊娠前增加 35%~40%。血容量的增加包括血浆容积和红细胞数量的增加,其中血浆容积增加 45%~50%,红细胞增加 15%~20%,由于血浆容积的增加量大于红细胞数量的增加,使血液相对稀释,导致生理性贫血。因血液稀释,妊娠期可出现血浆总蛋白下降,尤以白蛋白降低明显。另外,血容量的增加使心脏负荷加重。

3. **泌尿系统**　妊娠期妇女需要不断排出自身和胎儿代谢所产生的废物,导致肾负担加重。由于妊娠期肾血浆流量和肾小球滤过率的增加,尿中蛋白质的代谢产物排泄增加,但由于肾小管的重吸收能力未相应提升,导致部分孕妇尿中葡萄糖、氨基酸和水溶性维生素排出明显增加。

4. **消化系统**　孕妇受高水平雌激素的影响,可出现牙龈肥厚、牙龈炎和牙龈出血。激素变化导致胃肠道平滑肌松弛、消化液分泌减少、胃肠蠕动减慢等,易出现恶心、呕吐、胃肠胀气及便秘等妊娠反应。由于胆道平滑肌松弛、胆囊排空时间延长,易出现胆汁黏稠、淤积,诱发胆结石。由于消化系统功能的上述改变,食物在肠道内停留时间延长,某些营养素如钙、铁、叶酸和维生素 B_{12} 等的肠道吸收率增加。

5. **体重**　妊娠期体重增加是反映孕妇健康和营养状况的重要指标。妊娠期体重平均增加约 12 kg,一部分是妊娠产物,包括胎儿、胎盘和羊水,一部分是母体组织的增长,包括血液的增加、子宫和乳腺的增大以及脂肪储备等。一般妊娠早期体重增长较慢;妊娠中期母体开始储存脂肪和蛋白质,体重逐渐增加;妊娠后期体重增加迅速。

(二) 乳母生理特点

分娩结束后,雌激素和孕激素消退,催乳素升高,导致乳汁分泌。通过婴儿吸吮乳头可刺激乳母腺垂体分泌催乳素,引起乳腺腺泡分泌乳汁;吸吮动作同时还刺激乳母神经垂体释放催产素,催产素引起乳腺周围肌肉收缩,促进乳汁沿乳腺导管流向乳头。

乳汁分泌过程是一种复杂的神经反射,受多种因素影响,如内分泌因素、乳母的营养状况和情绪状态、婴儿的吸吮强度和频率等。其中,乳母的营养状况直接影响泌乳量和乳汁中营养素的含量。短期内营养不良时,乳母可动用母体的营养储备,以维持乳汁的分泌量和营养成分的稳定;若乳母长期营养不良,可出现泌乳量减少,乳汁中的蛋白质、脂肪酸、磷脂和脂溶性维生素的含量下降。通常将婴儿体重增长率作为母乳是否充足的指标。

二、孕妇与乳母的营养需要

(一) 孕妇的营养需要

1. **能量**　适宜的能量对孕妇自身和处于生长发育中的胎儿都非常重要,能量摄入与消耗以保持平衡为适宜,过多摄入能量并无益处。妊娠早期胎儿生长较慢,孕妇不需要额外增加能量摄取,从妊娠第 4 个月起逐渐增加能量的供给,妊娠晚期每天需要的能量明显增多。中国营养学会建议:妊娠期膳食能量需要量(轻身体活动水平)妊娠早期不增加,妊娠中期、晚期在非妊娠期 7.11 MJ(1 700 kcal)基础上,每天分别增加 1.05 MJ(250 kcal)、1.67 MJ(400 kcal)。一般根据孕期体重增长是否正常来判断能量的摄入是否适宜。

2. **蛋白质** 妊娠期间母体增加蛋白质储备约 1 kg,主要用于胎儿的生长发育和母体有关组织增长的需要,补偿分娩过程中的血液损失,并为产后乳汁分泌打下基础。这些蛋白质需在妊娠期不断由食物提供。膳食中蛋白质供给充足,可避免孕妇贫血、营养不良性水肿和妊娠期高血压疾病的发生。中国营养学会建议:孕妇蛋白质推荐摄入量在非妊娠期 55 g/d 基础上,妊娠早期不增加,妊娠中期、晚期每天分别增加 15 g 和 30 g。妊娠期膳食中动物类和大豆类等优质蛋白摄入量至少占蛋白质总量的 1/3 以上。

3. **脂类** 妊娠期母体平均储存脂肪 2~4 kg,胎儿储存的脂肪占其体重的 5%~15%。孕妇应摄入适量脂肪以保证胎儿和自身的需要,但因孕妇的血脂水平较妊娠前高,故脂肪摄入量不宜过多。中国营养学会建议:妊娠期膳食脂肪提供的能量占总能量的 20%~30%。其中,要求亚油酸达到总能量的 4%,α- 亚麻酸达到总能量的 0.6%,二十碳五烯酸(EPA)+ 二十二碳六烯酸(DHA)达到 250 mg/d。

4. **糖类** 因胎儿脂肪酸氧化酶活力很低,较少利用脂肪供能,葡萄糖就几乎成为提供胎儿能量的唯一形式。若孕妇糖类摄入不足,处于饥饿状态时,脂肪动员过快,氧化不完全时,易出现酮症或酮症酸中毒。孕期体重增加少的孕妇对酮症更敏感。孕妇即使妊娠反应严重,每天也应摄入 150~250 g 的糖类,由糖类提供的能量以占总能量 50%~65% 为宜。

5. **矿物质**

(1) 钙 妊娠期妇女钙的吸收率会提高,同时需要量也明显增加。当妊娠期钙轻度或短期摄入不足时,孕妇骨骼和牙齿中的钙盐将加速溶出,以维持母体正常的血钙浓度和满足胎儿的生长需要。当严重缺钙或长期缺钙时,孕妇可发生小腿痉挛,重者可导致骨质软化症,甚至脊柱和骨盆变形,胎儿可发生先天性佝偻病。因此,妊娠期间孕妇应增加含钙丰富食物的摄入,必要时可适当补充一些钙制剂。中国营养学会建议:整个妊娠期膳食钙推荐摄入量与非孕妇女相同,仍为 800 mg/d,可耐受最高摄入量(UL)为 2 000 mg/d。

(2) 铁 妊娠期妇女铁的需要量明显增多,主要因为:① 孕妇生理性贫血需增加铁的摄入;② 补偿分娩时失血造成的铁损失;③ 胎儿除生长发育需铁外,还要储存一部分铁以供出生后 6 个月内的消耗。因此,妊娠期若膳食铁摄入不足,孕妇可发生缺铁性贫血,同时贫血可降低孕妇的抵抗力,易发生产后感染。另外,妊娠早期缺铁还与早产、死胎和低出生体重有关。

由于膳食中的铁多来源于植物性食物的非血红素铁,吸收率较低,故建议孕妇多摄入肝、血和瘦肉等动物性食物,必要时可在医生指导下加服铁剂。补充铁的同时,还应注意维生素 C 和叶酸的摄入，以促进铁的吸收。中国营养学会建议：妊娠期膳食铁推荐摄入量在非妊娠妇女 18 mg/d 基础上，妊娠早期不增加，妊娠中期、晚期分别增加 7 mg/d 和 11 mg/d，可耐受最高摄入量为 42 mg/d。

（3）锌　妊娠期妇女充足的锌摄入有利于胎儿的正常发育和预防先天性缺陷的发生。妊娠早期母体的血清锌开始下降，妊娠结束时比正常妇女低约 35%。妊娠晚期胎儿对锌的需要量最多，每天需 0.6~0.8 mg。因此，孕妇膳食中应增加锌的供给量。中国营养学会建议：妊娠期膳食锌推荐摄入量在非妊娠妇女 8.5 mg/d 基础上整个妊娠期均增加 2 mg/d，可耐受最高摄入量为 40 mg/d。

（4）碘　是合成甲状腺素的原料，可促进胎儿生长发育，对于大脑正常发育和成熟非常重要。妊娠期妇女新陈代谢旺盛，碘的需要量也随之增加，尤其在饮水与食物中缺碘的地区更应注意孕妇碘的供给问题。孕妇缺碘可导致胎儿生长发育迟缓、智力低下，严重者发生呆小症。中国营养学会建议：妊娠期膳食碘的推荐摄入量在非妊娠妇女 120 μg/d 基础上，整个妊娠期均增加 110 μg/d，可耐受最高摄入量为 500 μg/d。

6. 维生素

（1）维生素 A　妊娠期维生素 A 缺乏与胎儿宫内发育迟缓、低出生体重和早产有关。但妊娠早期大量摄入维生素 A 可导致流产和胎儿先天性畸形。世界卫生组织（WHO）和中国营养学会均建议孕妇多摄入富含类胡萝卜素的食物以补充维生素 A。维生素 A 的推荐摄入量在非妊娠期 660 μg RAE/d 基础上，妊娠早期不增加，妊娠中期、晚期均增加 70 μg RAE/d，可耐受最高摄入量为 3 000 μg RAE/d。

（2）维生素 D　妊娠期对维生素 D 的需要量增加，妊娠期维生素 D 缺乏会影响胎儿骨骼发育，导致新生儿低钙血症、手足痉挛、婴儿牙釉质发育不良及母体骨质软化症。若过量摄入维生素 D 可导致婴儿发生高钙血症而致维生素 D 中毒，故妊娠期补充维生素 D 也应慎重。妊娠期维生素 D 的推荐摄入量与非妊娠妇女相同，整个妊娠期均为 10 μg/d，可耐受最高摄入量为 50 μg/d。

（3）B 族维生素　B 族维生素大多与营养物质和能量代谢有关。妊娠期新陈代谢增强，能量消耗增加，B 族维生素需要量随之增加。妊娠期维生素 B_1 缺乏时孕妇可能不出现典型的脚气病症状，胎儿出生后可能发生先天性脚气病。妊娠期维生素 B_2 摄入不足，可使胎儿出现生长发育迟缓，缺铁性贫血也与维生素 B_2 缺乏有关。妊娠期维生素 B_1 的推荐摄入量在非妊娠妇女 1.2 mg/d 基础上，妊娠早期不增加，妊娠中期、晚期分别增加 0.2 mg/d 和 0.3 mg/d；维生素 B_2 的推荐摄入量在非妊娠妇女 1.2 mg/d 基础上，妊娠早期不增加，妊娠中期、晚期分别增加 0.1 mg/d 和 0.2 mg/d。

临床上常使用维生素 B_6 辅助治疗早孕反应，维生素 B_6 与维生素 B_{12}、叶酸联合应用可预防妊娠期高血压。妊娠期维生素 B_6 的推荐摄入量在非妊娠妇女 1.4 mg/d 基础上，整个妊娠期增加 0.8 mg/d，可耐受最高摄入量为 60 mg/d。

叶酸缺乏可使胎儿神经管畸形（无脑儿、脊柱裂等）的发生率增高。因胎儿神经管畸形发生在妊娠最初 28 天内，故备孕妇女应从准备怀孕前 3 个月开始每天补充

400 μg DFE 叶酸,并持续整个妊娠期。妊娠期叶酸的推荐摄入量在非妊娠妇女基础上,整个妊娠期增加 200 μg DFE/d,可耐受最高摄入量为 1 000 μg DFE/d。

(二)乳母的营养需要

1. 能量 乳母对能量的需要量增加,除满足自身的能量需要外,还需提供乳汁所含能量和乳汁分泌过程中消耗的能量。正常情况下产后第 1 天的泌乳量约为 50 ml,第 2 天约为 100 ml,至第 2 周增加到每天约 500 ml,随后逐渐增加,保持在每天 700~800 ml。每 100 ml 乳汁含能量 280~320 kJ,乳母体内的能量转化为乳汁所含能量的有效率为 80%,则乳母因分泌乳汁每天应增加能量约 2 800 kJ。妊娠期妇女已储存一些脂肪提供部分能量,其余能量还需由膳食提供。中国营养学会建议:乳母较非妊娠妇女每天增加能量 1.67 MJ/d(400 kcal/d)。目前应注意乳母的能量供给不宜过多,否则可导致乳母肥胖。

2. 蛋白质 乳母蛋白质的摄入量对乳汁分泌的数量和质量影响最为明显。当膳食中蛋白质供给不足时,乳汁分泌量将减少。母乳中蛋白质的平均含量为 1.2 g/100 ml,正常情况下每天从乳汁中排出蛋白质约 10 g,而乳母膳食中蛋白质转化为乳汁蛋白质的有效率约为 70%,按平均每天泌乳 750 ml 计算,则需消耗膳食蛋白质 13 g。如果膳食蛋白质来自植物性食物,则转变为乳汁蛋白质的效率将更低。中国营养学会建议:乳母蛋白质的推荐摄入量为在非妊娠妇女基础上每天增加 25 g,达到 80 g/d,其中 50% 以上应为优质蛋白。

3. 脂肪 母乳脂肪含量在 24 小时内和每次哺乳期间均有变化,当每次哺乳临近结束时,乳汁脂肪含量较高,有利于控制婴儿食欲。脂肪能提供较多的能量,且婴儿的生长发育也要求乳汁中有充足脂肪,尤其必需脂肪酸可促进乳汁分泌,且对婴儿中枢神经系统的发育和脂溶性维生素吸收都有促进作用。目前我国推荐乳母每天膳食脂肪供给量以占总能量 20%~30% 为宜。

4. 矿物质

(1)钙 人乳中钙含量比较恒定,每天通过乳汁分泌的钙约 300 mg。当乳母膳食钙摄入不足时可消耗母体钙储存,母体骨骼钙将被动用,以维持乳汁钙含量稳定。为保证乳汁中正常的钙含量,并维持母体钙平衡,应增加乳母钙的摄入量。中国营养学会建议:乳母钙推荐摄入量与非妊娠期相同,为 800 mg/d。除多食用富含钙质食物(如乳类及其制品)外,也可合理选用钙补充剂、多晒太阳和补充维生素 D。

(2)铁 因铁不能通过乳腺输送到乳汁,故人乳中铁含量很少,仅为 0.05 mg/100 ml。为防止乳母发生缺铁性贫血、补偿因分娩失血造成的铁损失、促进产后康复,乳母膳食中应增加铁的供给量。中国营养学会建议:乳母铁推荐摄入量在非妊娠期 18 mg/d 基础上增加 6 mg/d。

(3)碘和锌 与婴儿神经系统的生长发育及免疫功能关系密切,乳汁中碘、锌的含量受乳母膳食的影响。乳母碘的推荐摄入量在非妊娠期 120 μg/d 的基础上增加 120 μg/d。锌的推荐摄入量在非妊娠期 8.5 mg/d 的基础上增加 4.5 mg/d。

5. **维生素** 乳母膳食中维生素 A 的摄入量可影响其在乳汁中的含量，因为维生素 A 可以少量通过乳腺进入乳汁，尤以初乳富含维生素 A。但膳食维生素 A 转移到乳汁的量有限，超过一定限度则乳汁中含量不再增加。维生素 D 几乎不能通过乳腺，因此母乳中维生素 D 含量很低，不能满足婴儿需要。维生素 E 可促进乳汁分泌，尤其是体内缺乏时，大量补充可使泌乳量增加。乳母维生素 A、维生素 D 的推荐摄入量分别为 1 260 μg RAE/d、10 μg/d，维生素 E 的适宜摄入量为 17 mg α-TE/d。

大多数水溶性维生素可通过乳腺，但乳腺可调控其进入乳汁的含量，当乳汁中含量达一定水平时不再增加。我国乳母维生素 B_1、维生素 B_2、维生素 C、叶酸的推荐摄入量分别为 1.5 mg/d、1.7 mg/d、150 mg/d、550 μg DFE/d。

6. **水** 乳母摄入的水量和乳汁的分泌量关系密切，如水分摄入不足可直接影响泌乳量。乳母每天的泌乳量为 700~800 ml，因此每天应从饮水和食物中比非妊娠期多摄入约 1 100 ml 水。

三、孕妇与乳母的主要营养问题

当前孕妇、乳母普遍突出的营养问题是铁、钙、锌、维生素 A 和叶酸等营养素缺乏，许多微量营养素摄入量与推荐水平存在较大差距，这将严重影响妇女自身健康和子代出生后的生长发育。妊娠期铁和叶酸缺乏会引起缺铁性贫血和巨幼细胞贫血，使得营养性贫血成为孕妇的常见疾病。妊娠期维生素 D 缺乏可影响钙的吸收利用，导致血钙浓度下降，引起母体骨质软化症。若妊娠期蛋白质严重摄入不足可致营养不良性水肿。妊娠期营养不良还与妊娠期高血压疾病、妊娠期糖尿病等妊娠并发症、合并症有关。

同时孕妇、乳母中能量摄入过多、营养失衡者日渐增多，导致妊娠期体重增长过度、产后体型恢复困难和胎儿生长过度、巨大儿出生率升高，所出生的巨大儿成年后患慢性病（高脂血症、高血压、糖尿病）的风险增大。

四、孕妇与乳母的膳食营养原则

（一）备孕和妊娠期妇女的合理膳食原则

妊娠期膳食应根据妊娠期妇女的生理变化和胎儿生长发育状况进行合理调配。中国营养学会提出备孕和妊娠期妇女膳食指南的 6 条核心推荐：① 调整孕前体重至正常范围，保证妊娠期体重适宜增长；② 常吃含铁丰富的食物，选用碘盐，合理补充叶酸和维生素 D；③ 孕吐严重者，可少量多餐，保证摄入含必需量糖类的食物；④ 妊娠中晚期适量增加奶、鱼、禽、蛋、瘦肉的摄入；⑤ 经常户外活动，禁烟酒，保持健康生活方式；⑥ 愉快孕育新生命，积极准备母乳喂养。

中国备孕妇女平衡膳食宝塔（2022）见图 5-4。

叶酸补充剂0.4 mg/d
贫血者在医生指导下补充铁剂
每天30分钟以上中等强度运动
监测体重,调整体重至适宜范围
愉悦心情,充足睡眠
饮洁净水,少喝含糖饮料
不吸烟,远离二手烟
不饮酒

加碘食盐	5 g
油	25 g
奶类	300 g
大豆/坚果	15 g/10 g
肉禽蛋鱼类	130~180 g
瘦畜禽肉	40~65 g
每周一次动物血或畜禽肝脏	
鱼虾类	40~65 g
蛋类	50 g
蔬菜类	300~500 g
每周至少一次海藻类	
水果类	200~300 g
谷类	200~250 g
——全谷物和杂豆	75~100 g
薯类	50 g
水	1 500~1 700 ml

中国营养学会指导
中国营养学会妇幼营养分会编制

图 5-4　中国备孕妇女平衡膳食宝塔(2022)
[资料来源:中国营养学会《中国居民膳食指南(2022)》]

1. 妊娠早期的合理膳食　妊娠早期胎儿生长发育速度相对缓慢,所需营养与孕前无明显差异。但由于处于胚胎增殖分化和主要器官系统的形成阶段,胎儿对环境因素(包括营养因素)的影响非常敏感,若营养不良可导致胎儿畸形的发生。此时大多数孕妇有恶心、呕吐、食欲下降等现象,故应选择清淡、易消化的食物;少食多餐、不偏食;早孕反应在晨起和饭后最为明显,可在起床前吃一些干的含糖类丰富的食物,保证每天至少摄入 130 g 糖类。建议每天服用适量叶酸和维生素 B_{12} 等,以预防胎儿神经管畸形的发生。

2. 妊娠中晚期的合理膳食　此期胎儿生长发育迅速,尤其妊娠晚期是胎儿体重增长最快的时期,而孕妇自身也开始储存脂肪、蛋白质等为分娩和哺乳做准备,因此孕妇对能量和营养素的需要量明显增加。从第 4 个月起,妊娠反应逐渐减轻或消失,孕妇食欲好转,应增加营养丰富、种类齐全的食物,如富含优质蛋白的鱼、肉、蛋、奶等动物性食物,豆类和新鲜的蔬菜、水果等,保证胎儿的正常生长。妊娠晚期常有孕妇出现缺铁和缺钙的现象,因此在膳食调配中要增加含铁丰富、吸收率高的食物和富含钙质的乳类、大豆、虾皮、海带等。必要时可以在医生指导下补充适量的铁剂和钙剂。另外,为防止孕妇便秘,应多摄入富含膳食纤维的蔬菜、水果和谷薯类食物。妊娠晚期为防止孕妇体重增加过快、胎儿体重过大,应适当限制能量的摄入。妊娠晚期若出现水肿,应限食含钠盐多的食物。少吃刺激性食物。

妊娠中晚期要求膳食应尽可能每天包括以下各类食物并保证一定数量:谷薯类(全谷物、杂豆和薯类)275~350 g,蔬菜 400~500 g(每周至少 1 次海藻类蔬菜),水果类 200~350 g,鱼、禽、蛋、肉等动物性食物 150~225 g(每周 1~2 次动物血或肝),奶类 300~500 g,大豆类 20 g(或坚果 10 g),植物油 25 g,加碘食盐每天小于 5 g,

水 1 700 ml。

中国妊娠期妇女平衡膳食宝塔(2022)见图 5-5。

图 5-5　中国妊娠期妇女平衡膳食宝塔(2022)
〔资料来源：中国营养学会《中国居民膳食指南(2022)》〕

(二) 乳母的合理膳食原则

乳母的营养状况是泌乳的基础，哺乳期要合理调配膳食，做到品种多样、数量充足、营养价值高，以保证婴儿与乳母都能获得足够的营养。《中国居民膳食指南(2022)》中哺乳期妇女膳食指南的 5 条核心推荐：① 产褥期食物多样不过量，坚持整个哺乳期营养均衡；② 适量增加富含优质蛋白及维生素 A 的动物性食物和海产品，选用碘盐，合理补充维生素 D；③ 家庭支持，心情愉悦，睡眠充足，坚持母乳喂养；④ 增加身体活动，促进产后恢复健康体重；⑤ 多喝汤和水，限制浓茶和咖啡，忌烟酒。

1. 产褥期的合理膳食原则　产褥期指从胎儿、胎盘娩出到产妇全身器官(除乳腺外)恢复正常未孕状态的一段时间，一般需要 6~8 周。产妇在分娩后的最初 1~2 天往往会感到疲劳无力或肠胃功能较差，可选择较清淡、稀软、易消化的食物，如稀饭、蛋羹、面条、馄饨和煮烂的肉菜等。之后可过渡到正常膳食，但应是富含优质蛋白的平衡膳食。同时应多进食富含汤汁和膳食纤维的食物，以促进乳汁分泌、预防便秘。每天 4~5 餐，保证充足的营养，但不应过量。

2. 哺乳期的合理膳食原则　乳母对各种营养素的需要量较多，因此乳母的膳食应做到：① 食物品种多样、不偏食；② 多食蛋类、禽肉类、鱼类等动物性食物，保证每天摄入的蛋白质有 1/3 以上是来自动物性食物的优质蛋白；③ 多摄入奶类及其制品、豆类、小鱼、小虾米等含钙丰富的食物，同时多吃富含铁的动物肝、血、肉类等食物；④ 增加新鲜蔬菜、水果的摄入；⑤ 少吃盐腌、烟熏和刺激性的食物，以免对婴儿产生不利影响；⑥ 选择合理的烹调方式，如蒸、煮、炖等，少吃油炸食物，多喝汤汁类食物，如鲫鱼汤、鸡汤、豆浆等，不喝咖啡和酒，保持心情愉快。

乳母理想的膳食每天应包括：谷薯类（全谷物、杂豆和薯类）300~350 g，蔬菜类400~500 g（绿叶蔬菜和红黄色等有色蔬菜占 2/3 以上），水果类 200~350 g，鱼、禽、蛋、肉类 175~225 g，奶类 300~500 g，大豆 25 g（或坚果 10 g），植物油 25 g，加碘食盐小于5 g，水 2 100 ml。

中国哺乳期妇女平衡膳食宝塔（2022）见图 5-6。

图 5-6　中国哺乳期妇女平衡膳食宝塔（2022）
［资料来源：中国营养学会《中国居民膳食指南（2022）》］

食谱举例：
哺乳期妇女
一日食谱

第六节　老年人营养

案例导入

李某，女，68 岁，身高 153 cm，体重 63 kg。

病史：2 天前感觉头晕，太阳穴处脉搏明显加快，并伴有轻微疼痛。无传染病史。平常血压 130/90 mmHg，长期喜食畜肉、过油菜和咸食。近日，为孙女操办"百日宴"，亲朋好友聚会，起早贪黑。"百日宴"当日中午饮酒 100 ml（52° 白酒）。午后 4点，感到天旋地转，无法站立，随即就诊。体温 36.8℃，血压 140/110 mmHg。

实验室检查：血常规正常。空腹血糖 6.6 mmol/L，血浆甘油三酯(TG) 3.11 mmol/L。心电图未见异常，腹部彩超检查示轻度脂肪肝，肾彩超未见异常。

临床诊断：高血压，高脂血症，血糖偏高，轻度脂肪肝。

请思考：

1. 该老年人的膳食中存在哪些问题？应如何平衡膳食？

2. 老年人应如何控制自己的情绪和合理安排作息？

知识拓展：中国人口老龄化现状

依据国际规定和《中华人民共和国老年人权益保障法》第二条的规定，60 周岁及以上的人被确定为老年人。

2024 年 10 月，民政部、全国老龄工作委员会办公室发布的《2023 年度国家老龄事业发展公报》显示：截至 2023 年末，全国 60 岁及以上人口 29 697 万，占全国人口的 21.1%，65 岁以上的老年人达到 21 676 万，占全国人口的 15.4%，表明我国已经进入深度老龄化阶段。与老年人有关的保健、衰老、常见慢性病及养老等问题已成为医学界和社会关注的重要问题，其中老年人营养问题更为重要。

一、老年人的生理特点

1. **代谢水平下降**　老年人基础代谢率比中年人降低 10%~15%。而且分解代谢增强，合成代谢降低，导致细胞功能下降。胰岛素分泌减少，组织对胰岛素的敏感性下降，易出现葡萄糖耐量下降，导致糖尿病。

2. **消化系统和循环系统功能减弱和衰退**　① 牙齿缺损，咀嚼和消化、吸收能力下降；② 视觉、听觉及味觉等感官反应迟钝，常常无法反映身体对食物、水的真实需求；③ 肌肉萎缩、瘦体组织(LBM)量减少、体脂量增加，加上骨量丢失、关节及神经系统退行性病变等问题，使得老年人身体活动能力减弱，对能量、营养素的需求发生改变；④ 老年人既容易发生营养不良、贫血、肌肉衰减、骨质疏松等与营养缺乏和代谢相关的疾病，又是心血管疾病、糖尿病、高血压等慢性病的高发人群。很多人多病共存，长期服用多种药物，很容易造成食欲不振，影响营养素吸收，加重营养失衡状况。

3. **机体成分变化**　随年龄增长，机体的脂肪组织逐渐增加，且脂肪分布呈向心性趋势；细胞数量下降明显，表现为肌肉重量减少，出现肌肉萎缩；身体水分减少，以细胞内液减少为主；骨中无机盐减少，骨质疏松明显，以女性多见。

4. **氧化损伤加重**　组织的氧化反应产生自由基，自由基与细胞膜上的多不饱和脂肪酸反应生成脂质过氧化产物，如脂褐素等，随年龄增大，大量的脂褐素沉积于细胞中，影响多种细胞功能；自由基作用于酶蛋白使其活性降低或丧失。

5. **免疫功能降低**　老年人的胸腺萎缩，细胞免疫功能减弱，抗体生成减少，免疫功能下降。

二、老年人的营养需要

1. 能量 老年人的基础代谢逐渐降低,体力活动减少,所以能量供给应适当减少。与正常成人相比,60~70 岁的能量需要减少 20%,70 岁以上减少 30%。此外,还应根据活动量的大小适当调节能量摄入,具体情况因人而异,以维持标准体重为原则。

2. 蛋白质 老年人由于分解代谢大于合成代谢,蛋白质合成能力差,易出现负氮平衡。老年人肝、肾功能降低,过多蛋白质可加重肝、肾负担,因此老年人蛋白质的摄入量应质优量足,以维持氮平衡为原则。建议摄入量为每天每千克体重 1.0~1.2 g 或蛋白质提供的能量占总能量的 12%~15%,且优质蛋白应在 50% 左右。动物蛋白质不宜摄入过多,否则会引起脂肪摄入增加。

3. 脂肪 老年人的脂肪摄入以占总能量的 20%~25% 为宜,以植物油为主。胆固醇应控制在 300 mg/d。老年人胆汁酸合成减少,胰酶活性降低,脂肪消化能力降低,高脂肪膳食易引起消化不良。

4. 糖类 老年人不宜摄入过多的蔗糖和淀粉。果糖易被老年人利用,且转变为脂肪的能力小于葡萄糖,故老年人宜多食水果。建议糖类提供的能量以占总能量的 50%~65% 为宜。此外,适当增加膳食纤维的摄入。

5. 矿物质

(1) 钙 老年人对钙的吸收利用能力下降,体力活动减少又降低了骨骼钙的沉积,故老年人易发生钙的负平衡,骨质疏松较多见。中国营养学会建议老年人钙的推荐摄入量为 800 mg/d。

(2) 铁 老年人胃酸分泌减少,对铁的吸收利用能力下降,造血功能减退,血红蛋白含量减少,易发生缺铁性贫血。中国营养学会建议老年人铁的推荐摄入量为 10 mg/d。注意选择含血红素铁高的食物。

此外,硒可清除体内的自由基,减轻氧化损伤;锌有利于改善味觉和免疫功能;铬参与血糖调节和脂类代谢。老年人膳食中应注意这些微量元素的供给,同时减少钠的摄入。

6. 维生素 老年人对维生素的吸收和利用率下降,易出现维生素 A、维生素 D、维生素 B_2、叶酸和维生素 B_{12} 缺乏。维生素 A 和维生素 B_2 可维护皮肤黏膜的完整性,提高机体的免疫功能;维生素 A、维生素 E 和维生素 C 具有抗氧化作用,可延缓衰老、抑制肿瘤生长;充足的维生素 B_6 和维生素 C 可促进胆固醇代谢;叶酸和维生素 B_{12} 可降低血中同型半胱氨酸水平,预防动脉粥样硬化的产生,还促进红细胞生成,预防贫血。因此,对老年人应供给充足的维生素,以改善代谢能力、增进食欲、提高免疫力、延缓衰老。

三、老年人的主要营养问题

营养不足和营养过剩均会导致老年人代谢障碍,从而诱发多种疾病、加速衰老进程。在老年人常见的慢性病中,与营养有关的疾病有肥胖、高血压、动脉粥样硬化、糖尿病、缺铁性贫血、骨质疏松症、痛风及肿瘤等。近年来调查数据显示,城市 60~80 岁的老年人中有六成营养不良,其中因营养不良导致的老年人贫血患病率高达 30%。由于营养失衡使老年人的免疫功能下降,从而出现较高的感染风险。大量食用精米、精面、高脂和高热量食物,是世界范围内老年人糖尿病、肠癌、胰腺癌、乳癌等发病率迅速攀升的一个重要原因。

四、老年人的膳食营养原则

根据老年人生理及营养需要的特点,老年人的膳食原则是:① 少量多餐,食用细软食物,预防营养缺乏;② 主动足量饮水,积极户外活动;③ 延缓肌肉衰减,维持适宜体重;④ 摄入充足食物,鼓励陪伴进餐。

1. 少量多餐　不少老年人牙齿缺损,消化液分泌减少,胃肠蠕动减弱,容易出现食欲下降和早饱现象,以致造成食物摄入量不足和营养缺乏。因此,老年人膳食更需要相对精准,不宜随意化。进餐次数可采用三餐两点制或三餐三点制,每次正餐提供的能量占全天总能量的 20%~25%,每次加餐的能量占 5%~10%,且宜定时定量用餐。

2. 制作细软食物　① 将食物切小切碎,或延长烹调时间;② 肉类食物可切成肉丝或肉片后烹饪,也可剁碎成肉糜制作成肉丸食用。鱼虾类可做成鱼片、鱼丸、鱼羹、虾仁等;③ 坚果、粗杂粮等坚硬食物可碾碎成粉末或细小颗粒食用;④ 多选嫩叶蔬菜,质地较硬的水果或蔬菜可粉碎榨汁食用;蔬菜可制成馅、碎菜,与其他食物一同制作,混合食用,如菜粥、饺子、包子、蛋羹等;⑤ 食物制作多采用炖、煮、蒸、烩、焖、烧等烹调方法,少采用煎炸、熏烤等方法。高龄和咀嚼能力严重下降的老年人,饭菜应煮软烧烂,如制成软饭、稠粥、细软的面食等;对于有咀嚼吞咽障碍的老年人,可选择软食、半流质或糊状食物,液体食物应适当增稠。

3. 预防老年人营养缺乏　老年人常因生理功能减退以及食物摄入不足等缘故,出现某些矿物质和维生素的缺乏,引发钙、维生素 D、维生素 A、维生素 C 缺乏以及贫血、体重过低等问题。这些问题可通过合理营养加以纠正。① 日常膳食中,合理利用营养强化食品或营养素补充剂来弥补食物摄入的不足;② 对于有吞咽障碍和 80 岁以上的老年人,可选择软食,进食过程中要细嚼慢咽,预防呛咳和误吸;③ 出现贫血、钙和维生素 D、维生素 A、维生素 C 等营养缺乏的老年人,在营养师和医生的指导下,选择适合的营养强化食品或营养素补充剂;④ 少饮酒和浓茶,避免影响营养素的吸收;⑤ 服用药物时,要注意相应营养素的补充。

4. 主动足量饮水　饮水不足可对老年人的健康造成明显影响,而老年人对缺水的耐受性下降,因此要主动足量饮水,养成定时和主动饮水的习惯。

正确的饮水方法是少量多次、主动饮水,每次 50~100 ml,如清晨一杯水,睡前1~2 小时一杯水,运动前后也需要喝点水,不应在感到口渴时才饮水。老年人每天的饮水量应不低于 1 200 ml(6 杯水),以 1 500~1 700 ml(7~8 杯水)为宜。饮水首选温热的白开水,根据个人情况,也可选择饮用矿泉水、淡茶水。

5. 积极参加户外活动　适量的户外活动能够让老年人更好地接受紫外线照射,有利于体内维生素 D 的合成,延缓骨质疏松和肌肉衰减的发展。

老年人的运动量应根据各自的体能和健康状况及时调整,量力而行,循序渐进。一般情况下,每天户外锻炼 1~2 次,每次 30~60 分钟,以轻度的有氧运动(慢走、散步、打太极拳等)为主;身体素质较强者,可适当提高运动的强度,如快走、跳广场舞、进行各种球类活动等。活动的量均以轻微出汗为度;或每天活动折合至少 6 000 步。每次运动要量力而行,强度不要过大,运动持续时间不要过长,可以分多次运动,每次不低于 10 分钟,要有准备和整理活动。

6. 吃动结合,延缓肌肉的衰减　肌肉是身体的重要组成部分,延缓肌肉衰减对维持老年人自理能力、活动能力和健康状况极为重要。延缓肌肉衰减的有效方法是吃动结合,即一方面要增加摄入富含优质蛋白的食物,另一方面要进行有氧运动和适当的抗阻运动。① 常吃富含优质蛋白的动物性食物,尤其是红肉、鱼类、乳类及大豆制品;② 多吃富含 n-3 多不饱和脂肪酸(n-3PUFAs)的海产品,如海鱼和海藻等;③ 注意蔬菜、水果等含抗氧化营养素食物的摄取;④ 增加户外活动时间,多晒太阳,适当增加维生素 D 含量较高食物的摄入,如动物肝、蛋黄等;⑤ 适当增加日常身体活动量,减少静坐或卧床。如条件许可,还可以进行拉弹力绳、举沙袋、举哑铃等抗阻运动 20~30 分钟,每周 3 次以上。进行活动时应注意量力而行,动作舒缓,避免碰伤、跌倒等事件发生。

7. 保证每天能获得足够的优质蛋白　① 鱼、虾、禽肉、猪肉、牛肉、羊肉等动物性食物都含有消化吸收率高的优质蛋白以及多种微量营养素,摄入要足量;② 多喝低脂奶及其制品,有高脂血症和超重肥胖倾向者应选择低脂奶、脱脂奶及其制品,乳糖不耐受的老年人可以考虑饮用低乳糖奶、舒化奶或酸奶;③ 老年人每天应该吃 30~50 g 大豆及其制品。若以蛋白质的含量来折算,40 g 干大豆相当于 80 g 豆腐干、120 g 北豆腐、240 g 南豆腐或 650 g 豆浆。

8. 保持适宜体重　老年人胖瘦要适当,体重过高或过低都会影响健康,所以不应过度苛求减重。体重是否适宜,可根据自己的体质指数(BMI)来衡量。BMI 的计算方法是体重(kg)除以身高(m)的平方。从降低营养不良风险和死亡风险的角度考虑,老年人的 BMI 最好不低于 20.0 kg/m²,最高不超过 26.9 kg/m²,鼓励通过营养师的个性化评价来指导和改善。

老年人应经常监测体重变化,使体重保持在一个适宜的稳定水平。如果没有主动采取减重措施,与自身一段时间内的正常体重相比,体重在 30 天内降低 5% 以上,或 6 个月内降低 10% 以上,则应该引起高度注意,应到医院进行必要的体格检查。

9. 摄入充足的食物　老年人每天应至少摄入 12 种食物。采用多种方法增加食欲和进食量,吃好三餐。早餐宜有 1~2 种以上主食、1 个鸡蛋、1 杯奶,另有蔬菜或水果。午餐、晚餐宜有 2 种以上主食,1~2 个荤菜、1~2 种蔬菜、1 种豆制品。饭菜应少盐、少油、少糖、少辛辣,以食物自然味来调味,色香味美、温度适宜。

10. 积极交往,愉悦生活　良好的沟通与交往是促进老年人心理健康、增进食

食谱举例:
老年人
一日食谱

欲、改善营养状况的良方。

　　老年人应积极主动参与家庭和社会活动,主动参与烹饪,常与家人一起进餐;独居老年人可和亲朋好友一起去集体用餐点用餐,以便摄入更加丰富的食物。对于生活自理有困难的老年人,家人应多陪伴,采用辅助用餐、送餐上门等方法,以保障食物摄入及营养状况。社会和家人也应对老年人更加关心照顾,多陪伴、多交流,注意老年人的饮食和体重变化,及时发现和预防疾病的发生和发展。

　　中国老年人平衡膳食宝塔(2022)见图5-7。

视频:不同
人群的营养

在线测试

盐　　　　　　　<5 g
油　　　　　　　25~30 g

奶及奶制品　　　300~500 g
大豆及坚果类　　25~35 g

动物性食物　　　120~200 g
——每周至少2次水产品
——每天一个鸡蛋

蔬菜类　　　　　300~500 g
水果类　　　　　200~350 g

谷类　　　　　　200~300 g
——全谷物和杂豆50~150 g
薯类　　　　　　50~100 g
水　　　　　　　1 500~1 700 ml

每周活动150~300分钟

图5-7　中国老年人平衡膳食宝塔(2022)
[资料来源:中国营养学会《中国居民膳食指南(2022)》]

测验五

一、选择题

请扫描二维码完成在线测试。

二、简答题

1. 简述母乳喂养的优点。

2. 简述幼儿合理膳食的基本原则。

3. 简述学龄期儿童合理膳食的基本原则。

4. 简述青少年的合理膳食原则。

5. 简述哺乳期妇女的膳食原则。

6. 简述老年人的合理膳食原则。

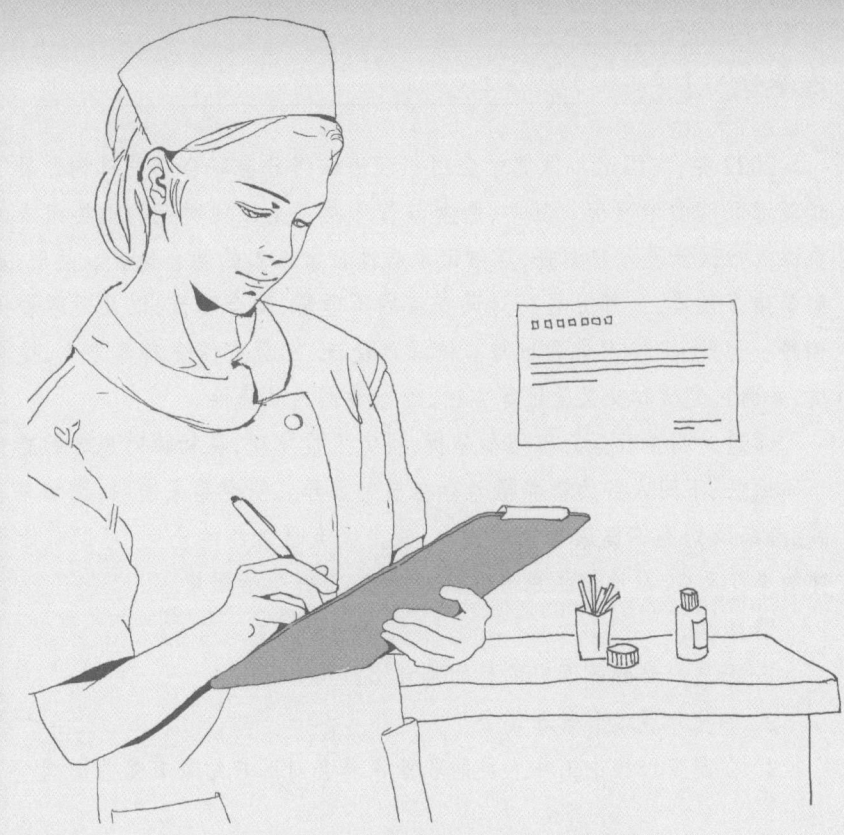

第六章　营养调查与评价

学习目标

知识目标

1. 掌握营养调查的设计,膳食调查的具体方法与应用。

2. 熟悉评价营养状况的常见指标以及营养调查的综合评价方法。

能力目标

会运用所学营养调查知识完成各种膳食调查内容,并能进行分析和评估。

素质目标

正确理解营养调查是推进全民健康的重要环节,培养社会责任感,能耐心细致地给予服务对象合理指导。

案例导入

2022 年,中国老年保健学会阿尔茨海默病分会联合相关机构开展了全国性的阿尔茨海默病防治研究。其中,膳食与营养调查是该项研究的重要组成部分。工作人员深入社区开展入户调查,详细记录居民日常三餐的膳食情况。然而,调查过程中遇到了诸多困难,如部分居民对调查目的不理解、配合度低,以及对膳食摄入的记忆模糊等。为此,工作人员通过与居民深入交流、发放宣传资料等方式,提高居民的配合度,并通过复核和交叉验证等方法,确保数据的准确性。

通过对调查数据的整理和分析,研究人员发现,认知障碍患者的膳食摄入状况与不同地区、不同人群的营养摄入存在显著差异。研究结果表明,增加全谷物、薯类、果蔬、鱼虾及奶类等健康食物的摄入,减少促炎性食物的比例,可以有效降低饮食对身体的炎症反应,从而维护患者的认知功能,提升生活质量。

请思考:

1. 开展人群营养调查的目的是什么?
2. 如何开展人群营养调查?
3. 在调查过程中工作人员的职业素养会对调查结果有哪些影响?

第一节 营养调查的设计与实施

一、概述

营养调查是运用各种科学方法,全面了解和评价某人群(或个体)膳食结构和营养状况的重要手段。调查结果在一定程度上反映该地区经济发展、社会文明和国民健康水平。世界上许多国家都定期开展居民营养调查工作,为制定改善居民营养和健康状况的政策和措施提供科学依据。1949 年以来,我国共开展了六次全国性营养调查,这些调查研究为科学指导不同时期的居民合理膳食,消除各种营养不良性疾病,改善居民的营养状况提供了重要依据,对提升全民健康水平产生了深远影响。

(一) 营养调查的目的

1. 了解居民膳食结构、能量及营养素摄取现状,评价营养摄入满足机体需要的情况。

2. 了解与膳食营养有关的居民体质与健康状态,发现营养不平衡的人群,为进一步开展营养监测和研究营养政策提供基础信息。

3. 根据不同时期居民膳食结构和营养状况的监测结果,预测今后膳食结构及营养状况的发展趋势。

4. 为某些营养与健康的综合性或专题性科学研究提供基础资料。

5. 为国家制定营养相关政策和社会发展规划提供科学依据。

(二) 营养调查的内容

全面的营养调查工作，一般包括膳食调查、体格测量、营养缺乏病的临床体征检查和营养状况的实验室检测四部分内容。营养评价就是在这四方面调查结果的基础上进行分析总结，对调查对象的营养状况进行综合判定，发现营养问题，提出合理的膳食改进建议。

1. 膳食调查　是通过了解调查对象在一定时间内的膳食摄入状况，计算其每天摄入的能量和各种营养素的种类及数量，进而评价该调查对象正常营养需要能得到满足的程度的一种方法。膳食调查通常采用的方法有称重法、记账法、询问法、食物频率法和化学分析法等。

2. 体格测量　通过对一些形体指标的测量来评价儿童生长发育和不同人群（或个体）的营养状况。体格测量的常用指标有身高（身长）、坐高、体重、头围、上臂围、皮褶厚度及腰围、臀围等。

3. 营养缺乏病的临床体征检查　通过检查某种或某几种营养缺乏病的临床症状和体征去评价检查对象营养状况。

4. 营养状况的实验室检测　借助生化、生理实验技术，测定血液、尿液等生物检样中某些营养素及其代谢产物或相关物质的水平，以了解机体营养状况。实验室检测结果能够帮助被测者及时发现某些营养素的亚临床缺乏。

二、营养调查的设计与组织实施

1. 调查人群　根据调查目的不同确定营养调查对象，一般分为特殊人群和一定地区范围内的全部人群。特殊人群即按一定条件划分的人群，如儿童、中学生、孕妇、老年人等，这部分人群一般也是营养缺乏的重点人群。一定地区范围内全部人群的营养调查，则是为了了解该地区居民的营养状况，如全国、全省、全市、全县或全社区营养调查。

2. 调查时间　由于居民的膳食习惯会随时间而发生一定的变动，故全面的营养调查应在调查年份的每个季度各进行一次，以充分反映居民膳食的季节特点。如条件不能满足，至少应在夏秋季和冬春季各进行一次。每次调查时间宜为 3~7 天，一般集体食堂用餐者为连续 5 天，散在居民家庭用餐者为 7 天，其中不应包括节假日。

3. 调查方法　营养调查的方式有普查和抽样调查，可分别采用，也可两者结合使用。一般以抽样调查为主，相对方便、省时、省力。抽样调查的基本方法有单纯随机抽样、等距抽样、整群抽样、分层抽样等。在大型营养调查中，多采用多阶段分层整群随机抽样方法。先按照人群的年龄、性别、居住地区、职业、经济、文化教育水平等

知识拓展：
全国营养调查的发展概况

分层,再在每层内按比例抽样进行调查。

4. 调查的组织与实施 营养调查采取统一领导、分散调查的方式进行。调查领导部门制定调查步骤,负责全面协调与监督,实施部门需按照拟订的调查计划进行,统一调查工具,对调查人员开展培训。每项调查严格按照其技术标准完成,确保调查质量。调查完成后,必须对调查数据进行整理审核,确认无误后再进行数据录入,最后进行汇总分析。

第二节 人体测量

体格大小和生长速度可以直接反映机体的营养状态,人体测量数据可以用来评价群体或个体营养状况。人体测量主要包括身高(身长)、体重、皮褶厚度坐高、上臂围、小腿围、腰围、臀围等指标,简单易行,可以较好地反映机体营养状况。以身高(身长)、体重、皮褶厚度、腰围和臀围等较为常用,其中身高(身长)和体重综合反映了蛋白质和能量以及其他一些营养素的摄入、利用和储备情况,是最常用的体格测量指标。

具体检查项目应根据调查目的及调查对象而确定。在测量这些指标时,应注意年龄、性别的差异,以及测量方法的准确性、记录的规范性。

一、常用体格测量指标

(一) 身高(身长)

身高指从头顶点到地面的垂直距离,即立位时头、颈、躯干及下肢的总长度。人体身高与多种因素有关,除遗传外,机体的营养状况在一定程度上会影响身高,故身高常作为评价个体及群体营养状况的必测指标。

测量身高的仪器为身高仪,包括机械式和电子式身高仪。以常见的机械式身高仪为例。测量前,测量人员应对测量仪器进行检查并校正,保证测量的准确性。测量3岁以上人群时,测量对象应免冠赤足,立正姿势站在身高仪的底板上,躯干自然挺直,头部正直,眼睛平视前方,耳屏上缘和眼眶下缘在同一水平位。上肢自然下垂,左右足跟并拢,前端分开呈大约60°,足跟、骶骨部、两肩胛间同时接触立柱,观察到被测者姿势正确后提示其勿动。测量者将水平压板轻轻沿立柱下滑,轻压于受测者头顶,然后测量者双眼与压板底面保持同一水平线读数并记录结果,以 cm 为单位,精确到小数点后1位即可。测量时严格掌握"三点靠立柱、两点呈水平"的要求,水平压板与头部接触时,松紧要适度,头发蓬松者要压实,头顶的发辫、发结要放开,饰物要取下。测试身高前,被测者不应进行体育活动和重体力劳动,否则准确性会受影响。

3岁以下婴幼儿测量身长(卧位长)。测量身长所用仪器为卧式量床。测量时,儿童应脱去鞋帽和厚衣裤,仰卧于底板中线上,固定婴幼儿头部使其接触头板。婴幼儿面朝上,两耳在同一水平,双侧眼眶下缘和耳郭上缘的连线与量床垂直,测量者位于婴幼儿右侧,左手固定婴幼儿双膝,双腿并拢平行伸直,固定好后,右手轻轻滑动滑板紧贴于婴幼儿足跟,两侧标尺为同一数值时读数,以 cm 为单位,精确到小数点后1 位。

(二) 体重

体重是指人体所有器官、组织的总重量,与营养状况关系密切,也是营养调查体格测量中必测项目之一。成年人身高基本不再有明显变化,能量和宏量营养素供应不足时体重变化比较明显。

测量体重的工具有机械磅秤、电子磅秤、刻度式体重计、电子式体重计等。测量时,被测者脱去外衣、鞋袜和帽子,只穿背心和短裤,读数以 kg 为单位,记录至小数点后 1 位。每次测量前应检验杠杆秤的准确度和灵敏度,要求误差不超过 0.1%(每100 kg 不超过 0.1 kg)。测量前受试者不得进行体育活动和体力劳动,至少禁食 1 小时,并排空大小便。婴儿体重可用托盘式体重计测量。

体重在一天中会有一定波动,饮食、排泄、出汗等也可引起体重改变,一般晨起空腹后体重相对较稳定,为测量体重的最佳时间。在大规模人群调查中,难以全部按照此时间进行测量,但也应固定一个时间进行,如每天上午 10:00 或下午 15:00。

(三) 皮褶厚度

皮褶厚度是评价个体营养状况和体脂储存与消耗程度的指标,根据皮下脂肪厚度可判断个体是否存在肥胖等健康问题。常用的测量仪器包括皮褶计、体脂测量卡钳、电子体脂钳。测量时受试者自然站立,肌肉不要紧张,测量部位充分暴露,皮褶计与被测部位保持垂直,不要用力按压。在测量部位用左手拇指和食指将被测部位皮肤连同皮下组织轻轻夹提起来,在该皮褶提起点的下方 1 cm 处用皮褶计测量其厚度,右手拇指松开皮褶计卡钳钳柄,使钳尖部分充分夹住皮褶,皮褶计指针回落后读数,以 mm 为单位,小数点后保留 1 位。在一个测量部位连续测量 2 次,如 2 次误差超过 2 mm,需测第 3 次,取其中最近数值求平均值。

皮褶厚度的测量部位有上臂肱三头肌部、肱二头肌部、肩胛下角部、腹部、髂嵴上部等,可分别反映机体肢体、躯干、腰腹等部位的皮下脂肪堆积情况。肱三头肌测量部位为上臂肩峰至尺骨鹰嘴连线中点上 2 cm 处;肩胛下测量部位为肩胛下角 1 cm 处,测量时皮褶走向与脊柱呈 45° 角;腹部测量部位为距脐旁 1 cm 处,皮褶走向与身体正中线平行时方可测量;髂棘上部测量部位为髂前上棘上 1 cm 处,测量时形成的皮褶延长线与身体纵轴呈 45° 角。

(四) 腰围和臀围

腰围和臀围是反映腹部肥胖程度的重要指标,均用无伸缩性材料制成的卷尺测量。测量时,被测者穿贴身内衣裤,自然站立,平视前方,保持自然呼吸状态,放松四肢,勿用力挺胸或收腹。腰围测量是选取肋骨下缘最低点和髂前上棘最高点连线的中点用软尺水平绕腰一周读数,臀围测量是经过臀部最高点用软尺水平绕臀一周读数,每项测量需测 2 次,2 次差值不得超过 1 cm,取 2 次测量的平均值,以 cm 为单位,小数点后保留 1 位。

二、体格测量结果评价

对体格测量结果,可分别进行单项指标评价,也可进行综合评价。

(一)身高(身长)

身高(身长)主要用于儿童评价。长时间处于慢性营养不良,可导致儿童生长发育迟缓,身高(身长)会比同龄儿童矮。因此,对身高(身长)的评价可反映儿童某一阶段的营养状况。我国目前多采用 WHO 推荐的身高(身长)数值作为参考标准。

具体评价方法有平均值法、中位数百分比法、标准差法、百分位数法等。平均值法是将调查结果所得平均值直接与参考标准比较,需要较大样本量,不常应用。中位数百分比法是计算调查儿童的身高数值达到同年龄、性别参考标准中位数的百分比,评价其生长状况。标准差法是将参考标准平均值加减 1 个和 2 个标准差,分成 6 个等级,在平均值加 1 个标准差以上为中上等。用百分位数法评价时,在参考标准的第 75 位百分数以上为中上等。

(二)体重

体重可反映机体近期及远期的营养状况,评价方法与身高相似,也可用标准体重和体质指数进行评价。

1. **标准体重** 按年龄的标准体重计算公式如下:

0~6 个月:体重(kg)= 出生体重 + 月龄 × 0.7

7~12 个月:体重(kg)= 出生体重 +6 × 0.7+(月龄 –2)× 0.5

2~12 岁:体重(kg)=(年龄 –2)× 2+12= 年龄 × 2+8

12 岁以上:标准体重(kg)= 身高(cm)–105

评价标准:在标准体重 ±10% 范围内为正常,标准体重的 80%~90% 为偏瘦,标准体重的 80% 以下为营养不良,标准体重的 110%~120% 为超重,标准体重的 120% 以上为肥胖。

2. **体质指数(BMI)** 是评价 18 岁以上成人营养状况的常用指标。BMI 可反映机体胖瘦程度,与皮褶厚度、上臂围等其他营养状况指标相关性也很高。计算公式为:

$$BMI= 体重(kg)/ [身高(m)]^2$$

中国人 BMI 判断标准:<18.5 为体重过低,18.5~23.9 为体重正常,24.0~27.9 为超重,≥28.0 为肥胖。

（三）体脂含量

1. 三头肌皮褶厚度　正常值为男性 8.3 mm，女性 15.3 mm。实测值占正常值>90% 为正常，80%~90% 为轻度营养不良，60%~80% 为中度营养不良，低于 60% 为重度营养不良，120% 以上为肥胖。

2. 肩胛下皮褶厚度与三头肌皮褶厚度之和　成年男性 10~40 mm 为适宜，<10 mm 为瘦弱，>40 mm 为肥胖；成年女性 20~50 mm 为中等，<20 mm 为瘦弱，>50 mm 为肥胖。

视频：皮褶
厚度测量

（四）腰臀比（WHR）

腰围与臀围的比值可用来评价是否有腹型（又称中央型、内脏型）肥胖。中国人有相当部分 BMI 在正常范围，但可能已经有腹部内脏脂肪堆积或分布异常，因此计算腰臀比可更全面反映身体的肥胖程度。正常成年男性 WHR<0.9，成年女性 WHR<0.85，超过此数值即可能有腹型肥胖。

第三节　营养缺乏病的体征检查

营养缺乏病是指机体由于长期缺乏一种或几种营养素而引起一系列临床症状和体征的疾病。引起营养缺乏病的原因多种多样，主要包括疾病、不良饮食习惯、药物影响以及遗传生理因素等。例如：因饥饿、食欲下降、挑食偏食等造成营养素摄入不足；因疾病、药物导致机体对某些营养素吸收、利用、代谢出现障碍；因某种生理状态，机体对某种营养素需要量增加而膳食中摄入不足等。

一、检查方法

具体检查方法与临床检查方法基本一致，包括问诊、视诊、触诊、听诊、叩诊等。问诊时要了解膳食史，包括进食情况、消化能力、饮食习惯、与饮食相关的既往病史、用药史、食物过敏史等。其他临床症状检查需在室温适宜且安静的环境中进行，并最好以自然光线作为照明，避免因人工光线影响皮肤、黏膜和巩膜颜色的观察。被检查者仰卧，检查者检查时动作应轻柔细致，按一定顺序进行检查。通常先观察一般情况，然后依次检查头、颈、胸、腹、脊柱、四肢、生殖器、神经系统等，避免不必要的重复或遗漏。

检查者运用自己的感官或借助检查工具，对被检查者的脸色、体型、精神状态、头发、眼、唇、口腔和皮肤、骨骼等进行营养缺乏病的临床体征检查，再结合膳食史、体格测量、实验室检查结果等情况对被检查者的健康和营养状况进行综合评价。

二、营养缺乏症的常见体征

营养缺乏症的症状及体征往往比较复杂,表现为不典型性或非特异性。判别时应结合被检查者膳食摄入情况、既往病史、现有临床疾病、服用药物、生活习惯等及身体其他情况综合考虑。

临床常见体征与可能缺乏的营养素之间的关系见表6-1。

表6-1　临床常见体征与可能缺乏的营养素之间的关系

部位	体征	可能缺乏的营养素
全身	消瘦、水肿或发育不良	能量、蛋白质、锌
	贫血	蛋白质、铁、叶酸、维生素 B_{12}、维生素 B_6、维生素 C
生长发育	身材矮小	蛋白质、能量
	性腺机能减退或发育不良	锌
头发	干燥、脱发、稀疏、无光泽	蛋白质、维生素 A、锌
眼	角膜干燥、夜盲、毕脱斑	维生素 A
	睑缘炎、畏光	维生素 B_2、维生素 A
唇	口角炎、口唇炎	维生素 B_2、烟酸
舌	舌炎、舌猩红	维生素 B_2、维生素 B_{12}、烟酸
	舌肉红、地图舌	维生素 B_2、烟酸
牙龈	牙龈炎、牙龈出血、牙龈肿胀	维生素 C
颈部	甲状腺肿大	碘
指甲	反甲、舟状指、指甲变薄	铁
皮肤	干燥、粗糙、毛囊角化过度	维生素 A
	瘀点、瘀斑	维生素 C、维生素 K
	脂溢性皮炎	维生素 B_2、维生素 B_6
	皮炎(红斑摩擦疹)	烟酸
骨骼	鸡胸、串珠胸、O 形腿、X 形腿、骨软化	维生素 D、钙
神经系统	多发性神经炎、球后神经炎	维生素 B_1
	中枢神经系统失调	维生素 B_{12}、维生素 B_6
循环系统	水肿	维生素 B_1、蛋白质
	右心肥大、舒张压下降	维生素 B_1

第四节 营养状况的实验室检查

营养状况的实验室检查是通过借助医学检验技术检测机体内与营养相关的生化、临床检验指标等进行营养状况评价的常用方法。机体内某种营养素缺乏与过剩，首先会有一系列生理、生化功能的改变，而后才出现典型的营养缺乏病或营养过剩的临床表现。在出现临床表现之前的营养素缺乏与营养过剩阶段只有通过实验室检查，包括对体液(主要是血液)、排泄物(主要是尿液)、毛发中营养素或其代谢产物及与其相关的化学成分水平的测定，才能对机体的营养状况做出正确判断。因此，根据营养状况的实验室检查结果，结合膳食调查、体格测量、临床检查结果进行综合分析，通常能对机体的营养状况做出全面评价，对早期发现营养不良或营养过剩具有重要意义。人体营养水平实验室测定项目指标及参考值见表6-2。人体生化和临床检验指标常受民族、体质、环境因素等多方面因素的影响，因此也是相对的。

表 6-2 人体营养水平实验室测定项目指标及参考值

检查项目	评价指标	正常参考数值
蛋白质	血清总蛋白	60~80 g/L
	血清白蛋白(ALB)	35~55 g/L
	血清球蛋白(GLB)	20~30 g/L
	白/球蛋白比值(A/G)	(1.5~2.5):1
	血清转铁蛋白	2.2~4.0 g/L
	血清视黄醇结合蛋白	26~76 mg/L
血脂	总脂	4 500~7 000 mg/L
	血清甘油三酯	0.56~1.7 mmol/L
	血清总胆固醇	成年人 2.84~5.68 mmol/L
		儿童 3.12~5.2 mmol/L
	高密度脂蛋白胆固醇	0.94~2.0 mmol/L
	低密度脂蛋白胆固醇	2.07~3.12 mmol/L
	血清游离脂肪酸	0.2~0.6 mmol/L
钙	血清钙	2.25~2.75 mmol/L (游离钙 1.125~1.375 mmol/L)
铁	血红蛋白	成年男性 120~160 g/L
		成年女性 110~150 g/L
	血清铁	男性 13~31 μmol/L
		女性 9~29 μmol/L
	血清运铁蛋白饱和度	成年人>16%，儿童 7%~10%

检查项目	评价指标	正常参考数值
锌	发锌	125~250 μg/g
	血浆锌	800~1 100 μg/L
	红细胞锌	180.5~272.8 μmol/10^{10} 个
碘	促甲状腺激素	2~10 mU/L
	尿碘	儿童<100 μg/L,孕妇、哺乳期妇女<150 μg/L 为缺乏
维生素 A	血清视黄醇	儿童>300 μg/L,成年人 200~500 μg/L (儿童<200 μg/L,成年人<100 μg/L 为缺乏)
维生素 D	血浆 25-OH-D_3	20~150 mmol/L
	血浆 1,25-$(OH)_2$-D_3	10~60 pg/ml
维生素 B_1	24 小时尿中排出量	>100 μg
	4 小时负荷尿中排出量	≥200 μg (100~200 μg 为不足,<100 μg 为缺乏)
维生素 B_2	24 小时尿中排出量	>120 μg
	4 小时负荷尿中排出量	≥1 300 μg (400~800 μg 为不足,<400 μg 为缺乏)
维生素 C	血浆维生素 C 含量	34~114 μmol/L
	4 小时负荷尿中排出量	>13 mg(5~13 mg 为不足,<5 mg 为缺乏)
叶酸	血浆叶酸	3~16 μg/L
	红细胞叶酸	130~628 μg/L

第五节　膳食调查与评价

　　膳食调查是营养调查的重要组成部分,通过膳食调查可了解调查对象饮食习惯、营养状态以及营养素的摄入情况,与 DRIs 对比评价其营养素摄入量是否满足机体需要量,为改进其膳食结构,对饮食习惯进行合理干预提供依据。膳食调查时间一般不少于 4 天,其中不包括节假日。膳食调查方法可根据膳食调查目的、对象的具体情况采用称重法、记账法、询问法、食物频率法或化学分析法。根据调查数据计算出调查对象每人每天所摄取的能量和各种营养素的数量,然后与推荐膳食摄入量和营养素摄入量进行对比,做出膳食评价。

一、膳食调查方法

　　膳食调查方法有多种,各有其所长和不足。实际调查时应根据调查目的、调查对象、调查条件以及对其结果要求的准确程度等选择调查方法,几种调查方法组合使用更为科学合理。

(一) 称重法

称重法又称称量法,是利用各种测量工具对调查的某一膳食单位(食堂、家庭和个人)每天消耗的全部食物分别称重,并准确记录的方法。调查期间需要对调查对象在食堂、家庭以外摄入的各种食物进行详细询问并记录,精确计算各种食物量。在大样本膳食调查过程中根据食物的生熟比值(每单位食物烹饪之前的生重与烹饪之后的熟重之比),由剩余食物的熟重计算出剩余食物的生重,进而根据用餐人数算出平均每人各餐各种食物的实际消耗量。将一天各餐的食物消耗量相加,可得出每人每天各类食物总消耗量。以此为据,查阅常见食物营养成分表(见书末附录一),计算出每人每天所摄入的能量和营养素。

利用称重法进行膳食评价,其优点是可准确测量食物的摄入量,能全面反映调查对象的一日三餐分配、膳食习惯和营养素摄入情况,比较适合家庭或个体的膳食调查。缺点是需要大量人力物力,费时费力,要求调查对象有良好的配合度。记录的准确性随着记录天数增加会有所下降,其原因与调查过程中会干扰调查对象日常的饮食模式有关,有时会发生低报或漏报现象,影响食物记录的准确性,不适合长时间及大样本群体的膳食调查。

(二) 记账法

记账法又称查账法,是简便、常用的膳食调查方法,是通过记录调查单位某一时间内的各种食物消耗总量与同时期就餐者人日数(一天吃早、中、晚三餐计为一个人日数)进行调查。记录内容包括一定时期内各种食物的库存量、采购量和剩余数量、进餐人数,计算出各种食物实际消耗的数量、每天各种食物的平均摄入量。对于有详细食物采购记录的集体食堂(如幼托机构、学校和集体的食堂),进餐人数比较固定,且不要求个人食物数据,可采用这种方法。为了保证调查结果的可靠性,要求食物账目逐日准确记录,如果食物消耗量随季节变动较大,可在不同季节内多次短期调查以全面反映调查对象的膳食结构;如果年龄、性别、劳动强度等相差很大,也需按年龄、性别、工种等分别记录和计算。

记账法可用于较长时间的膳食调查,如1个月甚至更长,也可用于全年不同季节的调查。其优点是操作简单,花费低,所需人力少,可用于大样本人群的调查;其缺点是调查结果只能得到某群体或集体单位中人均的食物和营养素摄入量,对具体每个个体的膳食调查与称重法相比不够精确。

(三) 询问法

询问法是通过问答方式回顾性地了解调查对象的膳食情况,对其食物和营养素摄入量进行计算及评价。此方法比较适用于个体调查以及特殊人群的调查,如散居儿童、老年人、患者等。询问法主要包括膳食回顾法和膳食史回顾法。

膳食回顾法是调查对象回顾过去一段时间的食物摄入情况，通常需要回顾前一天至数天的膳食情况，调查者需要详细记录膳食组成和食物消耗量，是目前最常用的膳食调查方法。在实际工作中，以回顾调查前一天的食物消耗情况最为常用，又称为24小时膳食回顾法，常选用连续3天的24小时膳食回顾调查。本方法要求调查对象能准确回顾和描述过去24小时内所摄入的所有食物种类及数量，可用于单独就餐的个体，常用于门诊或住院处患者的膳食调查，但不适合7岁以下的儿童与75岁以上的老年人。调查过程中食物量可用家用量具、食物模型或食物图谱来估算；询问方式有调查员面对面询问、电话询问等。

膳食史回顾法用于评估个体每天的食物摄入量与常用的膳食方式以及长期的饮食习惯。与膳食回顾法不同，膳食史回顾法通常覆盖1个月、6个月乃至1年甚至更长的时间。如果膳食习惯随季节变动较大，应在不同季节分别询问，可以获得包括季节变化在内的长期膳食情况。

询问法的调查结果不够准确，在无法选用称重法和记账法的情况下才选用。调查之前必须对调查员进行培训，对调查标准进行统一，调查时应尽量取得调查对象的信任与合作，以尽可能获得最准确的调查结果。有效沟通和仔细问询可了解调查对象有无偏食、挑食，摄入的食物种类是否齐全；耐心引导调查对象可让其认识到膳食中存在的健康隐患，从而给予科学合理的干预。

（四）食物频率法

在各种食物比较充裕的情况下，对调查对象在某一段时间内食用各种食物的次数或种类进行评价，了解其膳食营养状况。此方法常用于研究膳食结构与人群健康或某些疾病的关系，以问卷调查形式进行，包括定性、半定量和定量几种类型。问卷一般应包括两方面内容：食物名单和食物频率（一定时期内所食某种食物的次数）。根据研究目的确定调查的食物名单，如是对人群进行综合性膳食摄入状况评价，应采用调查对象的常用食物；如研究营养相关性疾病与膳食摄入的关系，则应重点调查与该疾病相关的几种食物或含有特殊营养素的食物。

通过食物频率调查，可以获得个体或群体平时食物摄入的种类和数量，反映该个体或群体长期的营养素摄入状况，尤其对研究膳食模式与慢性病之间的关系具有重要意义。但调查过程仍依赖调查对象对过去食物的回忆，可能存在一定误差，对食物的量化不够准确，且当前的食物结构可能会影响其过去的膳食回顾，从而产生偏倚，准确性相对较低。

（五）化学分析法

化学分析法是将调查对象一天所消耗的全部食物，在实验室进行化学分析、测定，记录食物中能量和各种营养素含量的方法。化学分析法主要用于营养代谢试验，研究食物中的特殊活性成分（如类黄酮、植物雌激素、类胡萝卜素等）与某些疾病之间

的关系。常用双份饭菜法,即准备两份相同的饭菜,一份供食用,一份用于分析。化学分析法代价高,不适用于大规模人群调查,故很少单独使用,常与其他调查方法组合使用。

知识拓展:
老年人营养
不良风险评
估表的应用

二、膳食调查结果评价

(一) 食物摄入量与膳食结构

评价前先将调查对象在调查期间所摄入的全部食物量除以就餐天数(调查对象用餐的天数),按各类食物分别计算。在食物归类时应注意有些食物的不同性状、水分含量,必要时先进行折算,如计算奶类摄入量,同时有奶粉或豆奶与鲜奶一同摄入时,应将奶粉或豆奶按蛋白质含量折算成相当于鲜奶的量再相加。然后再将计算获得的每天各类食物摄入量与中国居民膳食指南和膳食宝塔进行对比,评价每天摄入的食物种类是否齐全、数量是否达到生理需要量、膳食调配是否合理。

(二) 膳食营养评价

1. **平均每人每天营养素摄入量** 根据调查资料计算可获得平均每人每天营养素的摄入量,并与 DRIs 相比较,评价各类营养素摄入量能够满足生理需要量的程度。

2. **蛋白质来源** 了解蛋白质主要来源,评价优质蛋白占蛋白质的百分比是否超过 50%,蛋白质互补作用是否有效发挥。

3. **能量的食物来源结构评价** 计算分析后得到能量来源特点,各种供能营养素的构成比,以此评价能量分配是否符合膳食指南要求,脂肪中单不饱和脂肪酸、多不饱和脂肪酸占比情况,糖类食物中薯类和粗粮所占比例等。

膳食调查不仅要获得准确的数据和资料,还要找出食物选购、搭配、储存、加工、烹调等各个环节中存在的问题,根据膳食调查、体格测量、临床体征检查、实验室检查的结果,对调查对象的营养状况做出综合评价,发现不良的膳食习惯,提出改进措施。

执考考点

1. 营养调查的内容。
2. 体格测量方法及评价。
3. 膳食调查方法。
4. 膳食调查的评价内容。

测验六

一、选择题
请扫描二维码完成在线测试。

在线测试

二、简答题

某一天李娟摄入的食物如下：粳米 150 g、小麦粉 200 g、虾仁 70 g、鸡蛋 50 g、豆腐 100 g、冬瓜 150 g、西红柿 200 g、苹果 200 g、菜油 20 g、食盐 6 g（重量均为可食部）。运用食物成分表试计算李娟一天各类食物摄入量，参照中国居民平衡膳食宝塔（2022）建议每人每天各类食物适宜摄入量，填写表 6-3，并做出评价。

表 6-3　各类食物摄入量　　　　　　　　　　　单位：g/d

营养素	谷类	豆类	乳类	肉类	水产类	蛋类	蔬菜类	水果类	油脂类
平衡膳食宝塔建议摄入量									
实际摄入量									

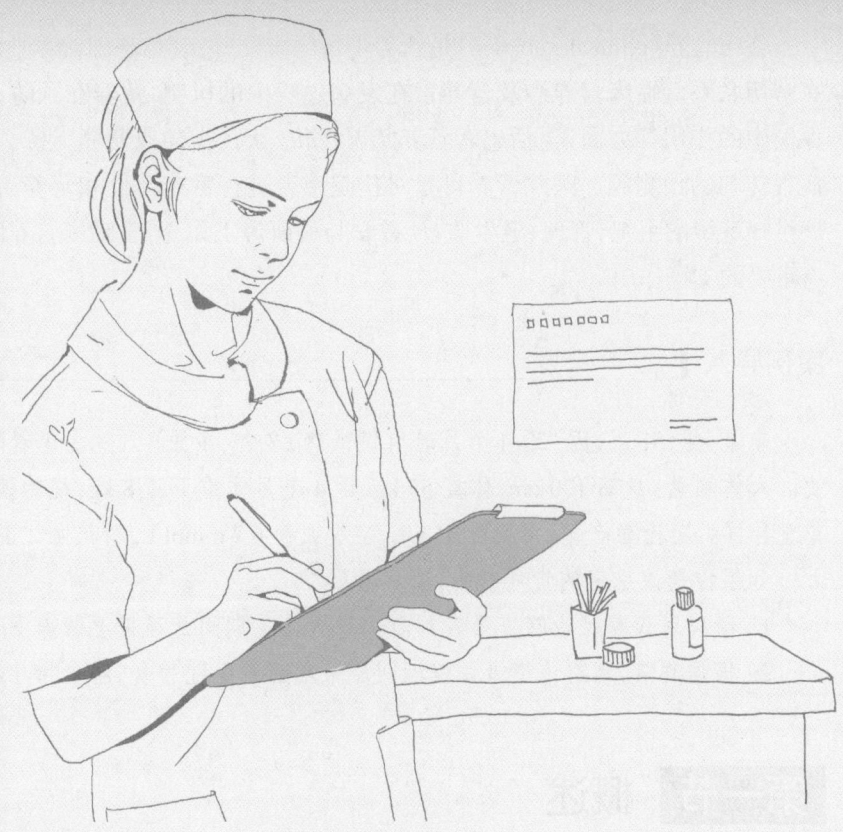

第七章　临床营养

学习目标

知识目标

1. 记忆医院基本膳食、治疗膳食和试验膳食的种类、适用范围和饮食原则；肠内营养和肠外营养的途径、输注方式和护理要点。

2. 明确医学营养治疗的目的及营养护理的内容。

3. 知晓肠内营养和肠外营养的适应证、禁忌证和并发症；营养支持常用制剂。

能力目标

1. 能够规范地执行营养风险筛查和营养评估，并能根据患者具体情况，给予合理的医院膳食推荐。

2. 能够运用所学知识为患者选择合理的营养支持方式和治疗方法。

素质目标

1. 注重个体差异，从患者实际出发，关注个体饮食习惯和差异，合理开展临床营养指导。

2. 增强医患沟通意识，积极开展或参与多形式的临床宣教活动，帮助患者及健康人群了解医院膳食及营养支持的相关知识，更好地配合临床治疗工作的开展。

思维导图

临床营养（clinical nutrition）是营养学科的重要分支，与基础营养学和临床医学都有密切联系。临床营养涉及营养素在发病过程中的机制，营养在预防、治疗、康复和保健中的作用等方面，包括患者营养状况评价、饮食指导或营养支持、并发症预防和病程转归的预测等。医院营养科是对住院患者进行营养评价和营养治疗的部门，开展供膳系统的组织、管理、卫生监督、教学与科研等工作，对于临床营养的实践应用具有重要的支撑作用。

案例导入

李某，男，51岁，因"近4个月时有饥饿感、多食、多尿"入院。患者既往无其他病史。人体测量：身高170 cm，体重55 kg，近4个月体重下降8 kg，视物模糊，足趾末端感觉异样。实验室检查：白蛋白41 g/L，空腹血糖6.7 mmol/L，糖化血红蛋白7.0%。

如果你是该患者的责任护士，请思考：

1. 请应用营养风险筛查量表判断该患者住院期间是否需要营养支持。
2. 根据病情，判断该患者住院期间应采用哪种医院膳食，膳食指导原则有哪些。

第一节　概述

临床营养是针对患者的营养问题给予相应的指导，主要针对营养缺乏病、维生素缺乏病、营养代谢病和营养相关疾病的患者。

在临床条件下对特定疾病采取的营养治疗措施称为医学营养治疗（medical nutrition therapy，MNT），包括对患者进行个体化营养评估、诊断，以及营养治疗方案的制订、实施及监测。

一、医学营养治疗的目的

（一）营养缺乏病的治疗

食物摄入不足是营养缺乏病最常见的病因。根据营养缺乏的原因，进行相应营养素的补充，达到治疗营养缺乏病的目的。如人体内维生素C生物合成过程中缺乏所必需的古洛糖酸内酯氧化酶，则体内不能合成维生素C，必须从膳食中摄入，否则会导致维生素C缺乏，重者可造成维生素C缺乏病。

（二）辅助治疗

医院膳食中的治疗膳食是根据患者的疾病需要和营养状况，利用能量和某些营养素的增加或减少，达到改善患者营养状况和缓解症状，从而缩短住院时间和降低住院费用的目的。如冠心病患者摄入低能量、低脂肪、低胆固醇膳食，有助于缓解患者症状,起到辅助治疗的作用;缺铁性贫血患者除了铁剂的补充,在平衡膳食基础上增加铁、蛋白质和维生素 C 的供给量,减少草酸、植酸、丹宁酸等抑制铁吸收的物质的摄入,达到促进机体铁吸收的目的。

(三) 辅助诊断

医院膳食中的试验膳食有协助诊断疾病的作用。如葡萄糖耐量试验膳食可协助诊断糖尿病;胆囊造影试验膳食可辅助胆囊造影术检查胆囊及胆管的形态与功能;潜血试验膳食可辅助诊断消化道出血。

二、营养护理的内容

(一) 住院患者饮食种类判断

根据住院患者病情判断其饮食种类,包括是否需要禁食、摄入食物的合适质地、是否需要供给治疗膳食。

(二) 患者营养风险筛查和营养评估

1. 营养风险筛查 临床上经常使用营养风险筛查 2002 量表(nutritional risk screening 2002,NRS 2002)对住院患者进行营养风险筛查。NRS2002 总评分 ≥ 3 分,表明患者有营养风险,应进行营养支持;NRS2002 总评分<3 分,需要每周重复一次营养风险筛查。

2. 营养评估 是由受过培训的专业人员,采用营养评估工具,对患者的营养状况以及与营养相关的机体功能等进行全面检查和评价。如应用主观整体营养评估量表(patient-generated subjective global assessment,PG-SGA)工具对肿瘤患者进行营养评估。

患者住院期间,需注意营养状况的评估与监测,并结合其病情变化调整营养治疗的方案。对于有营养风险需进行营养支持的患者,更需重视。

(三) 给予患者合适的营养指导

住院患者的病情、营养状况及治疗方案等各有不同,故营养指导应个体化。利用多媒体、食物模型、营养宣传资料等多种方式对个体或集体开展食物搭配和烹制的营养指导。

(四) 营养支持的护理

对住院患者实施营养支持时,应做好营养支持的解释工作、相应营养支持管道的护理及并发症的监测等工作。

第二节 医院膳食

医院膳食(hospital patient diet)是为住院患者制订符合其人体基本营养需要和各种疾病治疗需要的膳食。一般分为基本膳食、治疗膳食和试验膳食三大类。

一、基本膳食

基本膳食(basic diet)按食物质地分为普通膳食、软食、半流质膳食和流质膳食。

(一)普通膳食

普通膳食(regular diet)简称普食,是医院膳食中最常见的一种,与健康人膳食基本相同。

适用范围:适用于体温正常或接近正常、无咀嚼功能障碍、消化吸收功能正常、无特殊膳食要求,不需要对任何营养素加以限制的住院及疾病恢复期的患者。

饮食原则:平衡膳食,色、香、味、形俱全,口味清淡,不用或少用油炸、不易消化的食物及强烈辛辣刺激性的调味品。膳食全天能量达到9.20~10.88 MJ (2 200~2 600 kcal),三餐能量可分配为3:4:3或2:4:4。每天蛋白质供给量为70~90 g,其中优质蛋白占蛋白质总量的1/3。

(二)软食

软食(soft diet)比普通膳食更容易消化,是介于普通膳食与半流质膳食之间的一种过渡膳食,其特点是质地软、少渣、易咀嚼。

适用范围:适用于轻度发热、有消化道疾病、消化不良或吸收功能差、牙齿咀嚼不便而不能进食大块食物者以及老年人和幼儿,也可用于肛门、结肠及直肠等术后以及痢疾、急性肠炎等恢复期患者。

饮食原则:软食也应符合平衡膳食的原则。烹调加工时应保证食物细、软、烂,易于咀嚼消化。每天提供能量达到7.53~9.20 MJ(1 800~2 200 kcal),蛋白质为70~80 g,一般主食不限量,其他营养素按正常需要量供给。

(三)半流质膳食

半流质膳食(semi-liquid diet)是介于软食与流质饮食之间的过渡膳食。其外观呈半流体状态,比软食更易于咀嚼和消化,是限量、多餐次的进餐形式。

适用范围:适用于发热温度较高、身体虚弱、有消化道疾病或咀嚼吞咽困难以及手术后患者、刚分娩后的产妇等。

饮食原则:少食多餐。食物须含纤维量少,细软呈半流体状态,便于咀嚼和吞咽,

知识拓展:
普食食谱
举例

知识拓展:
软食食谱
举例

知识拓展:
半流质食谱
举例

126

营养与膳食

易于消化吸收。每天5~6餐,全天提供能量达到6.28~8.37 MJ(1 500~2 000 kcal),主食定量,一般全天不超过300 g。

(四) 流质膳食

流质膳食(liquid diet)是极易消化、含渣很少,呈液体状态或在口腔中能溶化成液体的膳食。医院常用流质膳食一般可分为5种形式,即流质、浓流质、清流质、冷流质和不胀气流质。

适用范围:高热、极度衰弱、无力咀嚼者,消化道急性炎症、急性传染病患者,肠道手术术前准备及术后患者等。清流质和不胀气流质可用于由肠外营养向全流质或半流质膳食过渡;清流质也可作为急性腹泻和严重衰弱患者的初步口服食物;口腔手术、面部手术、颈部术后宜进食浓流质;喉部手术后1~2天宜进食冷流质。

饮食原则:流质膳食是一种不平衡膳食,不宜长期食用。所选用食物均为流体状态或进入口腔后即溶化成液体,易吞咽、消化,同时应甜、咸适宜,以增进食欲。少量多餐,每天6~7餐,每餐液体量200~250 ml。每天总能量在3.35 MJ(800 kcal)左右,最多能达到6.69 MJ(1 600 kcal)。

知识拓展:
流质食谱
举例

127

二、治疗膳食

治疗膳食(therapeutic diet)是根据患者不同生理病理状况,调整膳食的营养成分和质地,以满足其对营养素的需要,达到治疗疾病和促进健康目标的膳食。治疗膳食的基本原则是以平衡膳食为基础,除必须限制的营养素外,其他均应供给齐全,配比合理。

视频:治疗
膳食

(一) 高能量膳食

适用范围:营养不良、体重不足、甲状腺功能亢进、结核病、高热、大面积烧伤、肿瘤及恢复期患者。

饮食原则:此类膳食所含能量应高于正常人膳食标准,每天能量供给量以增加1.26 MJ(300 kcal)左右为宜。增加摄入量应循序渐进,少量多餐,在正餐基础上加餐2~3次,补充甜点心、藕粉、果酱等含能量高的食物。

知识拓展:
特殊医学用
途配方食品

(二) 低能量膳食

适用范围:单纯性肥胖、糖尿病、高脂血症、冠心病等需减轻体重或减轻机体代谢负担的患者。

饮食原则:成人每天能量供给量比平日减少2.09~4.18 MJ(500~1 000 kcal),减少量需根据患者具体情况而定,但每天总能量摄入不宜低于4.18 MJ(1 000 kcal)。蛋白质的供应每天不少于1 g/kg,且优质蛋白应占50%以上。可选择体积大、能量低的蔬菜、水果、薯类等食物来减轻患者的饥饿感。

(三) 高蛋白膳食

适用范围：营养不良、贫血、烧伤、肾病综合征、手术前后及肿瘤等患者。孕妇和乳母也需要高蛋白膳食。

饮食原则：在原来膳食基础上增加含蛋白质丰富的食物，如肉类、鱼类、蛋类、乳类、豆类等。蛋白质供应每天每千克体重 1.5~2 g 或每天 100~120 g，其中优质蛋白应占 50%。

(四) 低蛋白膳食

适用范围：急、慢性肾炎，急、慢性肾功能不全，尿毒症、肝性脑病或肝性脑病前期患者。

饮食原则：每天蛋白质供应量按 0.5 g/kg 计算，全天膳食蛋白质摄入总量不超过 40 g。在限量范围内尽量选用瘦肉、鱼类、蛋类、奶类等优质蛋白，可采用麦淀粉、马铃薯、红薯、芋头等作为部分主食，以减少非优质蛋白的摄入。

(五) 低脂肪膳食

适用范围：肝、胆、胰疾病，脂肪吸收障碍、肥胖症、高脂血症、冠心病等疾病患者。

饮食原则：根据病情不同，限制脂肪供能比。根据脂肪限制的严格程度一般分为 4 类。① 轻度限制：膳食脂肪供能不超过总能量的 25%，脂肪总量每天不超过 50 g。② 中度限制：膳食脂肪供能不超过总能量的 20%，脂肪总量每天不超过 40 g。③ 严格限制：膳食脂肪供能不超过总能量的 10%，脂肪总量每天不超过 20 g。④ 完全不含脂肪的膳食。

(六) 低饱和脂肪酸低胆固醇膳食

适用范围：高脂血症、高血压、动脉粥样硬化、冠心病、肥胖症、胆石症等患者。

饮食原则：控制膳食总能量，使之达到或维持理想体重，但成年人每天能量供给量最低不应少于 4.18 MJ(1 000 kcal)；限制脂肪摄入量，其供能占总能量的 20%~25%，一般不超过 50 g/d；调整脂肪酸的构成，减少膳食中饱和脂肪酸的含量，使其不超过膳食总能量的 10%，提高单不饱和脂肪酸供能比至 10%，多不饱和脂肪酸占总能量的 10% 左右；限制膳食中胆固醇含量，其摄入量控制在 300 mg/d 以下。

(七) 高纤维膳食

适用范围：无张力便秘、无并发症的憩室病、高脂血症、冠心病、糖尿病、肥胖症等患者。

饮食原则：在普通膳食的基础上，增加蔬菜、新鲜水果、粗制谷类制品等膳食纤维含量丰富的食物，每天膳食纤维摄入应达 25~35 g。

(八) 低纤维膳食

适用范围：食管或肠狭窄、食管或胃底静脉曲张、急慢性肠炎、痢疾、伤寒、痔疮等患者，从全流质膳食向软食或普通膳食过渡。

饮食原则：食物应细软、少渣、无刺激性，所有食物均需切小制软。限制蔬菜和水果易引起维生素和矿物质缺乏，必要时可补充相应制剂。同时给予低脂膳食，少量多餐，根据病情选择少渣半流质膳食或软食。

(九) 限钠(盐)膳食

适用范围：心力衰竭、急慢性肾小球肾炎、肾病综合征、高血压病、肝硬化腹水、先兆子痫等患者。

饮食原则：限制膳食中钠的含量，以减轻由于水、电解质紊乱而出现的水、钠潴留。根据病情及水肿程度，限钠膳食一般可分为3种。① 低盐膳食：每天钠供给量不超过 2 000 mg，要求每天食盐摄入量低于 2~4 g 或酱油低于 10~15 ml，禁用一切盐腌制品；② 无盐膳食：每天钠供给量不超过 1 000 mg，禁用食盐、酱油、腌制品、含钠高的调味品和食物；③ 低钠膳食：每天钠供给量不超过 500 mg，除满足无盐膳食的要求外，忌用含钠高的食物，如菠菜、芹菜等含钠量在 100 mg/100 g 以上的蔬菜，禁止食用加碱制作的食物如馒头、糕点和饼干等。

(十) 低嘌呤膳食

适用范围：痛风和无症状高尿酸血症患者。

饮食原则：限制外源性嘌呤的摄入，增加尿酸的排泄。选用嘌呤含量低于 150 mg/100 g 的食物，如乳类、蛋类、动物血、谷类、白菜、苋菜、芹菜、韭菜、黄瓜、冬瓜、茄子、胡萝卜、洋葱、番茄以及各种水果。禁用动物内脏、浓肉汤、鱼卵、凤尾鱼、沙丁鱼、鹅肉、扁豆、贝类、熏火腿等高嘌呤食物。

三、试验膳食

试验膳食(pilot diet)是指在临床诊断或治疗过程中，暂时调整患者的膳食内容，以配合和辅助临床诊断或观察疗效的膳食。

(一) 潜血试验膳食

适用范围：协助诊断各种原因引起的消化道出血的患者。

饮食要求：试验前 3 天禁用各种动物血、肉类、蛋黄、绿叶蔬菜及其他含铁丰富的食物，以免与联苯胺试剂产生不同程度的阳性反应，影响诊断试验的准确性。试验期可选用馒头、米饭、牛奶、豆类制品、白萝卜、白菜、冬瓜、藕、土豆、西红柿、菜花等含铁低的食物。

（二）胆囊造影试验膳食

适用范围：检查胆囊及胆管疾病的患者。

饮食要求：造影前1天午餐给予高脂肪膳食，促进胆汁排空。晚餐进食高糖无渣膳食，避免刺激胆汁分泌和排出，可选用小米粥、馒头、藕粉、蔗糖、果酱、水果汁、芋头、土豆等含糖类较高的食物。晚8点口服造影剂后禁止饮水，并且禁食。造影当天禁用早餐，胆囊显影后进食高脂肪膳食。

（三）甲状腺 ^{131}I 试验膳食

适用范围：检查甲状腺功能异常的患者。

饮食要求：在试验前1个月即开始禁用含碘丰富的食物，如海产品、水产品或加碘食盐等。

第三节 营养支持

营养支持（nutrition support）是指经口、肠道或肠外途径为患者提供较全面的营养素。有效的营养支持不仅可以防治营养不良，而且对提高疾病的治愈率、降低病死率、增强机体抵抗力、减少并发症等有着重要的意义。

临床营养支持的方式主要有两种，即肠内营养和肠外营养。两者可单独使用，也可根据病情需要联合使用。在实际工作中应选择最简单、最有效、最符合患者生理需求，又能达到营养支持目的的方式。

一、肠内营养

肠内营养（enteral nutrition，EN）是临床营养支持治疗的重要手段之一，是指患者通过口服或管饲摄入不需消化或只需化学性消化的营养制剂，从而获得机体所需能量和营养素的营养支持方法。肠内营养支持应用范围广，方法简便，易于管理，且能保持对消化道适当负荷，维持消化道功能，避免肠道黏膜失用性萎缩对机体免疫功能及营养素代谢产生的不良影响。

（一）适应证及禁忌证

原则上只要小肠具有一定的吸收功能，都可以采用肠内营养。肠内营养支持适用于：① 经口摄食障碍，如口腔或咽喉炎症、上消化道术后、食管化学性灼伤等经口进食困难者；大面积烧伤、脓毒血症、甲状腺功能亢进症、艾滋病等营养物质消耗增加而经口摄食相对不足者；头部外伤、脑血管意外等丧失吞咽功能者。② 胃肠道疾病，如短肠综合征、胃肠道瘘、炎性肠道疾病、顽固性腹泻、急性胰腺炎等。③ 胃肠道外疾病，如围手术期、肿瘤化疗和放疗、严重创伤、肝衰竭、肾衰竭、严重的心力衰竭、先天性氨基酸代谢缺陷病等。

同时应注意肠内营养在以下情况应慎用或禁用：① 年龄不足 3 个月的婴儿，不能耐受高渗要素饮食的喂养；② 小肠广泛切除术后早期；③ 空肠瘘的患者有功能的小肠少于 100 cm 者；④ 处于严重应激状态、麻痹性肠梗阻、顽固性呕吐、上消化道出血、腹膜炎、腹泻急性期患者；⑤ 严重吸收不良综合征及衰弱的患者；⑥ 症状明显的糖尿病患者和接受高剂量类固醇药物的患者。

（二）途径与输注方式

1. 途径 肠内营养途径包括口服营养和管饲营养两种。在患者经口摄入不足或受限的情况下可经管饲摄入。临床常用的管饲类型有鼻胃管、鼻十二指肠管、空肠置管以及胃、空肠造瘘等。

2. 输注方式 口服营养主要经口摄入肠道。管饲营养按供给次数可分为一次性输注、间歇重力滴注和连续滴注。采用何种管饲营养方法主要取决于患者病情、肠内营养液的性质、鼻饲管的类型等因素，也可将几种分类方法相互结合。

（1）一次性输注 将肠内营养液用注射器缓慢注入鼻饲管，每天 6~8 次，每次 200 ml 左右。患者初期一般不易耐受，可出现恶心、呕吐、腹胀、腹痛、腹泻等不适，大多逐渐适应，不需特殊处置。一次性输注仅适用于经鼻胃置管或胃造瘘的患者，对于空肠置管或肠造瘘的患者不宜采用，以免导致肠管扩张。

（2）间歇重力滴注 将肠内营养液置于无菌输液袋中，营养液在重力作用下经输液管和喂养管缓慢滴入消化道内，每次 250~500 ml，每天 4~6 次，一般滴速为 20~30 ml/min。多数患者可耐受这种喂养。间歇重力滴注法有类似正常餐次的优点，患者有更多的离床活动时间，缺点是可能发生胃排空延缓。

（3）连续滴注 将肠内营养液置于密封袋或瓶中，经输液管嵌入输注泵内，在泵的带动下连续滴注，一般可持续 16~24 小时。连续滴注适用于危重患者及十二指肠或空肠近端喂养的患者。滴注时输注速度应由慢到快，营养液浓度由低到高，便于患者逐步适应。连续滴注的优点是滴注效果更接近胃肠道的工作状态，有利于营养素吸收，胃肠道不良反应轻；缺点是持续时间长，患者不便离床活动。

（三）肠内营养制剂

根据肠内营养制剂的组成成分可分为非要素制剂、要素制剂、组件制剂和特殊治疗制剂 4 类。

1. 非要素制剂 又称为多聚体膳，一般以未加工蛋白或水解蛋白为氮源，其中以未加工蛋白为氮源的包括混合奶和匀浆制剂。非要素制剂的渗透压接近等渗，具有使用方便、耐受性强、适用范围广等优点，适用于胃肠道功能基本正常的患者。

2. 要素制剂 又称为单体膳，是一种营养素齐全、不需消化或稍加消化、可吸收的少渣营养剂。一般以氨基酸或游离氨基酸与短肽为氮源，以葡萄糖、蔗糖或糊精为糖类来源，以植物油（如玉米油等）、中链甘油三酯为脂肪来源，并含有多种维生素和无机盐,故又称为化学组成明确制剂。要素制剂具有营养全面、容易吸收、成分明确、不含残渣或残渣极少、不含乳糖、刺激性小、应用途径多等特点,适用于肠道功能低下、脂肪泻患者。

3. 组件制剂 也称不完全营养制剂,是以某种或某类营养素为主的肠内营养制剂。组件制剂可对完全制剂进行补充或强化,以弥补完全制剂在适应个体差异方面的不足,亦可采用两种或两种以上的组件制剂构成组件配方,以适合患者的特殊需要。组件制剂主要包括蛋白质组件、糖类组件、脂肪组件、维生素组件和矿物质组件。

4. 特殊治疗制剂 是针对特殊患者的营养需要而专门设计的膳食,也属于不完全配方膳食。临床常用的有肝衰竭制剂、肾衰竭制剂、婴儿制剂、肺疾病制剂、创伤制剂、先天性氨基酸代谢缺陷症制剂等。

知识拓展:
匀浆膳

132

肠内营养制剂的主要类型见表 7-1。

表 7-1 肠内营养制剂的主要类型

制剂名称	主要类型
非要素制剂	混合奶、匀浆制剂、整蛋白为氮源制剂
要素制剂	氨基酸为氮源要素膳、水解蛋白为氮源要素膳
组件制剂	蛋白质组件、糖类组件、脂肪组件、维生素组件、矿物质组件
特殊治疗制剂	婴儿制剂、肝衰竭制剂、肾衰竭制剂、肺疾病专用膳食、创伤制剂、先天性氨基酸代谢缺陷症制剂

(四) 肠内营养并发症

肠内营养并发症主要有胃肠道并发症、感染并发症、代谢并发症和置管并发症等。

1. 胃肠道并发症 是肠内营养最常见的并发症,主要表现为腹痛、腹泻、恶心、呕吐、反流。

2. 感染并发症 输液系统污染、营养液污染、吸入性肺炎等都有可能引起感染并发症。

3. 代谢并发症 营养液配方无法适用所有个体,个别患者可能出现代谢并发症,常见的有脱水和高血糖症,但发病率明显低于肠外营养。

4. 置管并发症

(1) 经鼻置管长期放置后可引起鼻翼部糜烂、咽喉部溃疡、声音嘶哑、鼻窦炎、中耳炎等并发症,必须注意护理。

(2) 胃造瘘常见的并发症有胃与腹前壁固定不严密,导致胃内容物漏出,引起腹腔内感染。

(3) 空肠造瘘的并发症主要是肠梗阻和瘘口周围渗漏。

（五）肠内营养护理

施行肠内营养时，为了避免和及时发现并发症的发生，应进行严密监测，并建立一整套完善的护理制度，使并发症减少到最低限度，保证肠内营养的顺利实施。

护理要点：

1. 严格记录肠内营养剂名称、浓度、体积、滴注速度。

2. 喂养前应确定管端位置，胃内喂养以吸出胃内容物证实，如胃内无内容物或管端在十二指肠或空肠，则依靠 X 线摄片证实。

3. 胃内喂养时，床头应抬高至 30° 或 45° 角，以免反流误吸。

4. 胃内喂养开始阶段，每隔 3~4 小时应检查胃残留物，其量不应大于前 1 小时输注量的 2 倍。待营养液成分恒定后，每天检查胃残留物一次，其量应小于 150 ml，如发现残留液过多，宜停止输注数小时或减慢滴速。

5. 每 24 小时更换输液管和输液袋。

6. 每次投给研碎药物后或间歇输注后，应用 30~50 ml 温水冲洗，以保持喂养管通畅。

7. 前 5 天每天记录能量及蛋白质（氮）的摄入量，待成分恒定后，每周记录 1 次。

8. 每天上午 8 时收集 24 小时尿，同时记录尿量并做尿素氮及肌酐排出量分析。

肠内营养监测开始阶段每周 2 次，待营养液成分稳定后每周 1 次。主要监测血钠、钾、钙、镁、磷等离子水平，以及总蛋白、清蛋白、转铁蛋白、胆红素、胆固醇、甘油三酯、血糖、尿糖、尿素氮和凝血酶原时间等。

二、肠外营养

肠外营养（parenteral nutrition，PN）是指通过静脉途径输注各种营养素，以维持机体新陈代谢的营养治疗方法。肠外营养是不能经胃肠道吸收营养者的唯一营养途径。根据患者营养需要的满足程度，可将肠外营养分为完全肠外营养（total parenteral nutrition，TPN）和部分肠外营养（partial parenteral nutrition，PPN）。前者是指患者需要的所有营养物质均由静脉途径输入；后者指肠内营养不足时，部分营养物质需求由肠外营养补充的混合营养治疗方式。

（一）适应证及禁忌证

1. 肠外营养的适应证

（1）消化系统疾病　肠外营养的基本适应证是胃肠道功能障碍或衰竭者，需肠外营养支持。绝对适应证是肠梗阻等梗阻类病症。其他常见适应证有消化道瘘（尤其是高位小肠瘘、多发性肠瘘）、炎症性肠病急性发作期、短肠综合征术后早期、重症急性胰腺炎、严重营养不良伴胃肠功能障碍、长期顽固性的恶心呕吐、小肠黏膜萎缩、放射性肠炎、严重腹泻等。

（2）消化系统以外的疾病　如大面积烧伤、严重复合伤、大范围的手术、严重感染与败血症等患者；患者处于强烈的应激状态，代谢旺盛，同时消化功能受到抑制，不能经胃肠道补充足够营养素；严重肝、肾衰竭者常因水肿、营养不良等无法经肠道摄取充足的营养，需要联合肠外营养；妊娠剧吐、神经性厌食也是肠外营养的适应证。

2. 肠外营养的禁忌证　肠外营养并无绝对的禁忌证，但一些情况下并不适宜或应慎用：① 一般情况良好，预计5天内可恢复胃肠功能者。② 预计发生肠外营养并发症的危险性大于其可能带来的益处者。③ 原发病需立即急诊手术者，术前不宜强求肠外营养。④ 心血管功能或严重代谢紊乱需要控制者。⑤ 不可治愈、无存活希望、临终或不可逆昏迷患者。

（二）供给途径

肠外营养可经周围静脉或中心静脉输入。选择合适的肠外营养输注途径需要考虑营养液的渗透压、输注时间以及患者的具体情况等。

1. 经中心静脉的肠外营养途径（central parenteral nutrition，CPN）　适用于肠外营养治疗超过2周的患者。由于选择管径较粗，血流较快的上、下腔静脉作为营养输注途径，故可使用高渗溶液和高浓度营养液。经腔静脉置管输液不受输入液体浓度和速度的限制，而且能在24小时内持续不断地输注液体，这就能最大程度地依据机体的需要，较大幅度地调整输液量、输入液体的浓度和输液速度，从而保证机体需要。此外，CPN能减少患者遭受反复周围静脉穿刺的痛苦，避免表浅静脉栓塞、炎症等并发症，但是也存在静脉穿刺、插管等方式对静脉损害大，技术操作、营养液配制难度较大的问题。

2. 经外周静脉的肠外营养途径（peripheral parenteral nutrition，PPN）　疗程一般在15天以内，主要是改善患者手术前后的营养状况，纠正营养不良。由于采用外周静脉穿刺，操作比CPN方便，并可在普通病房内实施，故推荐所用营养液的渗透压<900 mmol/L，以避免对静脉造成损害。渗透压低于CPN的PPN液含有相对较少的能量和营养素，故对需要限制液体量的患者而言，PPN可能无法满足其营养需要。

（三）肠外营养制剂

肠外营养制剂的成分包括蛋白质（氨基酸）、脂肪、糖类、维生素、微量元素、电解质和水等，均系中小分子营养素。肠外营养制剂应无菌、无毒、无热源；pH和渗透压适宜；具有良好的相容性和稳定性；包装材料无菌、无热源。肠外营养制剂的种类有以下几种：

1. 葡萄糖溶液　葡萄糖是人体的主要供能物质，在体内利用率高。高浓度的葡萄糖常作为肠外营养的主要能量来源。肠外营养配方中葡萄糖的供给量根据患者的消耗量、体重、创伤及感染程度而定。肠外营养配方中一般用25%~50%的葡萄糖溶液，每天提供葡萄糖200~250 g，最多不超过300 g，葡萄糖供能占总能量的60%~70%。高浓度葡萄糖溶液的渗透压较高，只能经中心静脉输入，经周围静脉输入易引起血栓性静脉炎。由于机体利用葡萄糖的能力有限,若输入太快,可发生高血糖、糖尿及高渗性脱水。超量补充葡萄糖,多余的糖易转化为脂肪而沉积在肝组织内,引起脂肪变性。

2. 脂肪乳剂   肠外营养中所应用的脂肪是以大豆油或红花油为原料,经卵磷脂乳化制成的脂肪乳剂。临床上常用 10%、20% 和 30% 的脂肪乳剂。脂肪乳剂常与葡萄糖溶液合用。成人每天 1~2 g/kg,提供总能量的 30%~50%。对于脂肪代谢紊乱、肝硬化、动脉硬化、血小板减少等患者应慎用脂肪乳剂。

3. 氨基酸溶液   复方氨基酸溶液中包含有必需氨基酸与某些非必需氨基酸,是肠外营养的基本供氮物质。根据氨基酸溶液组成成分一般可分为两大类:一类是平衡氨基酸溶液,适用于大多数患者;另一类是特殊复方氨基酸溶液,依据配方不同,分别适用于不同患者,如肾衰竭、肝衰竭及严重创伤等患者。氨基酸溶液的用量可根据体表面积或体重计算,一般为 $6~8 \ g/m^2$,或 $0.15~0.2 \ g/(kg \cdot d)$。

4. 水与电解质   成人每天液体量以 3 000 ml 左右为宜,在无额外丢失的情况下,钠、镁、钙等无机盐离子按生理需要量补给即可。临床上常用的电解质溶液有 10% 氯化钠、10% 氯化钾、10% 葡萄糖酸钙、25% 硫酸镁及有机磷制剂等。

5. 维生素与微量元素   维生素参与蛋白质、脂肪、糖代谢及人体生长发育、创伤修复等。维生素一般可按生理需要量补充,否则可出现神经系统与心血管系统的损害或维生素缺乏症。微量元素一般无须特殊补充。

(四) 肠外营养并发症

肠外营养并发症主要有三大类,即置管并发症、感染并发症和代谢并发症,大多数并发症是可以预防和治疗的。

1. 置管并发症   这类并发症与中心静脉导管的置入技术及护理有关。常见的有气胸、血肿、血胸,胸导管、动脉及神经损伤,空气栓塞等。一旦发生,应及时处理。此外,护理不当也可造成导管脱出、折断等并发症,需借助 X 线检查确定深静脉导管放置部位,若能熟练掌握操作技术并严格按照操作规程,这些并发症是可以预防的。

2. 感染并发症   在导管置入、营养液配制和输入过程中极易发生感染。导管性败血症是肠外营养常见的严重并发症,因此每一步骤都必须严格按无菌操作技术规定进行。

3. 代谢并发症   这类并发症多与对病情动态监测不够、治疗方案选择不当或未及时纠正有关。常见的有液体量超负荷、糖代谢紊乱(低血糖反应、高血糖反应、非酮症高渗性昏迷等)、肝损害、酸碱平衡失调、电解质紊乱、代谢性骨病等。

(五) 肠外营养护理

1. 导管的护理   置管前要做好患者的思想工作,解除其恐惧心理,争取良好的配合,准备好导管和消毒包。置管时备好输液装置,置管术后应及时换药,并妥善固定好导管以备第二天使用。必要时可行 X 线摄片以明确导管的位置。导管拔出后要做细菌学培养。

2. 肠外营养液的配制　配制室内空气、地面、操作台要严格消毒,严格查对医嘱,按规定顺序混合营养液,各种操作严格遵循无菌原则。

3. 病情观察,留取标本,做好记录　肠外营养支持前要称体重,观察患者的营养状况,评定营养指标;灌注后要观察治疗反应,正确记录进出量;每天测尿糖 2~3 次,收集 24 小时尿,检测有关指标,根据医嘱定期抽血监测电解质、肝肾功能、血脂及血尿常规。

情景实践

消化科新入院患者张女士,68 岁,因上腹部隐痛 3 月余,近来体重下降 6 kg,食欲不佳,去医院行胃镜检查,活检病理检查结果证实是胃窦部中分化腺癌,依医生建议准备手术。入院生化检查显示:血白蛋白 28 g/L,护士为其做了营养风险筛查。

根据以上案例,思考张女士术前是否需要营养支持。如需要,应选择哪种营养支持? 如何实施?

执考考点

1. 医院膳食的分类。
2. 基本膳食的分类、适用范围、饮食原则和方法。
3. 治疗膳食的分类、适用范围和饮食原则。
4. 常见试验膳食的目的和方法。
5. 肠内营养。
6. 肠外营养。

测验七

一、选择题
请扫描二维码完成在线测试。
二、简答题
1. 简述肠内营养的适应证、禁忌证及并发症。
2. 简述肠外营养的适应证、禁忌证及并发症。
3. 李某,女,58 岁。因车祸致"左侧颌面部肿胀、上臂肿胀伴左肩、左肘活动受限 3 日"入院,被诊断为左侧颌面部多发骨折、左锁骨中段骨折、左肱骨中段骨折、左肺挫伤,患者既往无其他慢性病史。体格检查:腹软,肠鸣音正常。急诊行清创和骨折固定手术。

(1) 依据患者病情,目前应给予何种医院基本膳食?
(2) 该类膳食的适用范围是什么?

在线测试

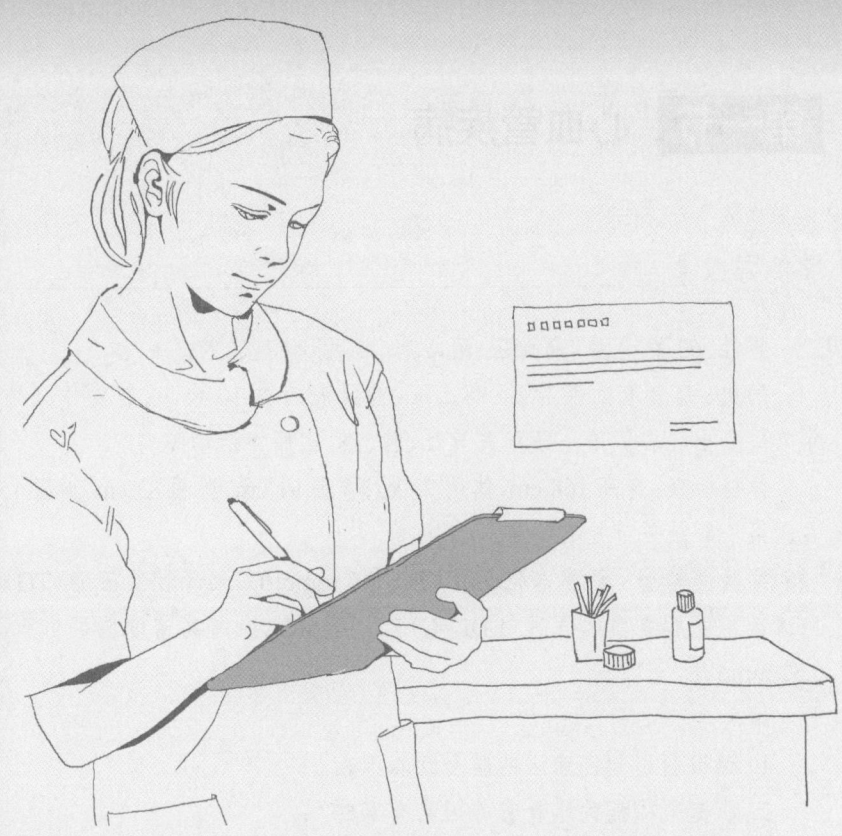

第八章　常见疾病的营养治疗与护理

学习目标

知识目标

1. 记忆常见疾病的营养治疗与膳食指导。
2. 熟悉糖尿病食谱的编制方法。
3. 知晓常见疾病的诊断标准和临床症状。

能力目标

1. 能正确分析常见疾病膳食营养因素。
2. 能科学编制常见疾病营养治疗食谱。

素质目标

建立防病大于治病的医学观念,利用自身掌握的常见疾病膳食营养因素相关知识,积极开展疾病营养防治科普宣传。培养医患沟通交流能力,树立以患者为中心的营养治疗理念,帮助患者分析其不良饮食习惯,并指导科学膳食。

第一节 心血管疾病

男性,62 岁。因"高血压、冠心病、痛风"住院治疗。

病史:患者有血脂异常、高血压、糖尿病病史 10 余年,曾发作心绞痛 3 次。近 3 年来反复出现右侧第一跖趾关节红、肿、热、剧痛伴活动障碍。

体格检查:身高 168 cm,体重 73 kg,腰围 91 cm,臀围 83 cm,血压 156/108 mmHg,右侧第一跖趾关节处有一小结节。

实验室检查:血清总胆固醇(TC)7.6 mmol/L,血清甘油三酯(TG)6.70 mmol/L,血清低密度脂蛋白胆固醇(LDL-C)5.1 mmol/L,血清高密度脂蛋白胆固醇(HDL-C)0.82 mmol/L。

请思考:

1. 请分析引起高血压的膳食营养因素。

2. 引起冠心病的膳食营养因素有哪些?

3. 高血压患者的膳食要求有哪些?

4. 请对冠心病患者进行膳食营养指导。

高血压、冠心病和脑卒中等心脑血管疾病已成为我国居民的首位死因。心脑血管疾病的主要危险因素为高脂肪膳食、血脂异常、肥胖、糖尿病、缺乏体力活动、吸烟、精神因素及遗传因素等,故合理的膳食调控是防治心血管疾病的重要手段。

一、高血压

在未使用降压药物的情况下,非同日 3 次测量诊室血压,收缩压(SBP)≥ 140 mmHg 和(或)舒张压(DBP)≥ 90 mmHg 时,可诊断为高血压。患者既往有高血压史,目前正在使用降压药物,血压虽低于上述值,仍应诊断为高血压。高血压与食盐、酒精摄入过多以及能量过剩等膳食因素有关。通过合理膳食,限制食盐、酒精等的摄入,一般能达到帮助恢复血压和减少高血压并发症的目的。

(一)膳食营养相关因素

1. 高钠、低钾膳食　高钠、低钾膳食摄入是高血压发生的重要影响因素。钠摄入量与血压呈正相关,24 小时尿钠排泄量每增加 1 g,收缩压和舒张压分别增加 2.11 mmHg、0.78 mmHg。钾的摄入也是影响不同人群血压的重要因素。有调查结果显示,24 小时尿钠钾比值每增加 1 个单位,收缩压和舒张压就会分别升高 0.46 mmHg、0.24 mmHg。

2. 超重和肥胖　体质指数每增加 5 kg/m²,发生高血压的风险相应增加 49%,且基线超重或肥胖的中老年人群体重变化对血压的影响更大,体重每增加 10%,收缩压增加 4.94 mmHg,舒张压增加 2.50 mmHg。

3. 吸烟　吸烟被公认为是心脑血管疾病发病及死亡的独立危险因素,与高血压、冠心病、脑卒中等心脑血管疾病的高患病风险、高死亡率等不良结局关系密切,且吸烟量越大、时间越长,心脑血管疾病发病及死亡风险越高。同时,二手烟暴露也会增加冠心病、脑卒中等心脑血管疾病风险。

4. 过量饮酒　长期过量饮酒或偶尔大量饮酒均会严重影响健康。男性饮酒者发生高血压的风险为不饮酒者的 1.24 倍,女性为 1.41 倍。此外,饮酒频率增加,患高血压的风险就会随之升高,与不饮酒者相比,男性饮酒频率 ≤2 次/周和>2 次/周者,患高血压的风险分别为 1.51 倍、2.13 倍。

(二)营养治疗与膳食指导

高血压患者应减钠增钾、合理膳食、控制体重、戒烟、限制饮酒、优化生活方式。

1. 减少钠盐摄入、增加钾盐摄入　钠摄入量不超过 2 g/d(氯化钠 5 g/d)。① 减少烹调用盐及含钠高的味精、酱油等调味品,通过辣椒、大蒜、醋、胡椒等调料增添味道。② 避免或减少含钠盐量较高的咸菜、火腿等加工食品。③ 烹调时使用定量盐勺。④ 增加新鲜蔬果、豆类等富钾食物的摄入量。

2. 合理膳食　推荐以 DASH(dietary approaches to stop hypertension)饮食作为预防及控制高血压的饮食模式。该模式注重摄入富含新鲜蔬果、低脂/脱脂乳制品、禽肉、鱼、大豆和坚果,饱和脂肪和胆固醇水平低,富含钾、镁、钙等微量元素及优质蛋白和纤维素,最快 14 天就可起到降压作用,能有效降低心血管事件和全因死亡风险。

3. 控制体重　将体质指数控制在 18.5~23.9 kg/m²,男性腰围<90 cm、女性腰围<85 cm。① 通过监测体重、合理膳食、增加体力活动和运动、行为干预等综合生活方式干预控制体重。② 综合生活方式干预减重效果不理想者,使用药物治疗或手术治疗。③ 对哺乳期妇女、老年人等特殊人群,视情况采取个体化减重措施。

4. 戒烟　强烈建议高血压吸烟者戒烟。① 必要时采用戒烟药物对抗戒断反应。② 避免使用电子烟。③ 加强体育锻炼。④ 联合采取心理干预、行为干预、戒烟药物等综合干预措施。⑤ 针对特殊人群采取个性化戒烟干预措施。

5. 限制饮酒　建议高血压患者不饮酒。若饮酒,成年人每天酒精摄入量,男性 ≤25 g,女性 ≤15 g,计算方法:0.8 × 饮用量(ml) × 酒瓶标示的酒精含量(%V/V)/100。

6. 生活方式指导

(1) 坚持适度运动　如中等强度有氧运动、抗阻运动、冥想与呼吸训练、柔韧性训练与拉伸训练、关节活动度和肌肉力量综合性训练。① 血压控制良好的高血压患者,以中等强度有氧运动为主,每天 30 分钟,每周 5~7 天,并以每周 2~3 次抗阻运动为辅进行混合训练,同时结合呼吸训练与柔韧性和拉伸训练。② 对于血压没有得到控制者(收缩压 > 160 mmHg),在血压得到控制前,不进行高强度运动。

(2) 减轻精神压力　建议完成以下之一:① 每周不少于 3 小时减压练习。② 每天不少于 45 分钟瑜伽、冥想或太极拳等活动。③ 每天听 1 次或每周听 3 次音乐。

(3) 保持健康睡眠　包括充足的睡眠时间及良好的睡眠质量。① 成年人每晚睡眠时间建议为 7~9 小时。② 对难治性高血压,夜间高血压或血压异常下降患者,进行睡眠障碍筛查。③ 打鼾、睡眠呼吸暂停、失眠等睡眠障碍者定期测量血压,并考虑进行动态血压监测。④ 对经常值夜班或轮班工作者考虑使用动态血压监测诊断评估。

(三) 食谱举例

具体内容见表 8-1。

表 8-1　高血压患者参考食谱

早餐	低脂牛奶 250 ml,小米粥(小米 30 g),麸皮面包 50 g	
午餐	米饭(大米 125 g),清蒸鲈鱼 150 g,木耳青菜(木耳 5 g,青菜 100 g),蒜泥拌海带丝(大蒜头 10 g,海带丝 100 g),香蕉 100 g	
晚餐	米饭(大米 125 g),肉末豆腐(瘦猪肉 50 g,豆腐 150 g),拌黄瓜 100 g,番茄冬瓜汤(番茄 50 g,冬瓜 100 g)	
营养成分	能量 7.7 MJ(1 834 kcal)	蛋白质 73 g(16%)
	脂肪 43 g(21%)	糖类 289 g(63%)
	钠 219 mg	钾 1 947 mg

注:全天烹调用玉米油 20 ml,盐 4 g。

知识拓展:高血压性心脏病合并心力衰竭患者膳食指导

二、冠心病

冠心病是冠状动脉粥样硬化性心脏病的简称,是最常见的心血管疾病,与脂肪、糖类、盐摄入过多及维生素、矿物质的缺乏密切相关。通过膳食中各营养素的合理调整,可以预防动脉粥样硬化的发生和发展。

(一) 膳食营养相关因素

1. **能量**　能量摄入量超过消耗量,最终会导致肥胖症,而肥胖是动脉粥样硬化的重要危险因素。

2. **血脂**　膳食脂肪摄入总量,尤其是饱和脂肪酸的摄入量与动脉粥样硬化的发病率呈正相关。由于脂肪和糖类摄取过多或代谢失常,致使血胆固醇、甘油三酯、低密度脂蛋白或极低密度脂蛋白增高及高密度脂蛋白降低,均可促发冠心病。

3. **钠盐**　与高血压的发病相关,高血压是动脉粥样硬化的危险因素之一。在合并心功能不全时,由于肾血管有效循环血量减少,肾小球滤过率下降,导致水、钠潴留,血容量增加,可加重心脏负担。

4. **维生素** 与动脉粥样硬化有密切的关系,能改善心肌代谢和心肌功能。

(1) 维生素 E 能防止脂质过氧化,改善冠状动脉血液供应,降低心肌的耗氧量,预防血栓形成,从而起到预防动脉粥样硬化和冠心病的作用。

(2) 维生素 C 能降低血胆固醇水平,增加血管的弹性,防止出血及促使心肌梗死病变的愈合,保护血管壁的结构和功能,从而有利于防治心血管疾病。

(3) 其他维生素 膳食中补充叶酸、维生素 B_{12} 和维生素 B_6 可减轻高血浆同型半胱氨酸对血管的损伤;维生素 B_6 能降低血脂的水平。

5. **矿物质** 钙、镁、铜、铁、铬、碘、氟对心血管系统疾病有抑制作用,缺乏时可使心脏机能和代谢异常。

6. **吸烟** 是动脉粥样硬化的一个独立危险因素。吸烟使氧合血红蛋白减少,导致心肌缺氧;吸烟可导致动脉内皮损伤,使血管内皮的渗透性增强;吸烟可增加心肌梗死和冠心病猝死的概率。

7. **饮酒** 大量饮酒会损害心肌,加重心脏负担,并可升高甘油三酯水平,促发冠心病。

(二) 营养治疗与膳食指导

冠心病患者的膳食原则是:控制总能量摄入,限制膳食脂肪、胆固醇、单糖和双糖的摄入,增加膳食纤维、多种维生素和矿物质的摄入。

1. **限制总能量摄入,控制体重** 总能量摄入与身体活动的消耗要保持平衡,保持健康体重,将体质指数控制在 $18.5\sim23.9\ kg/m^2$。

2. **限制脂肪和胆固醇摄入** 膳食中脂肪提供的能量不超过总能量的 30%,其中饱和脂肪酸不超过总能量的 10%;减少反式脂肪酸的摄入,控制其不超过总能量的 1%;摄入充足的多不饱和脂肪酸,占总能量的 6%~10%;适量的单不饱和脂肪酸,占总能量的10% 左右;膳食胆固醇摄入量不超过 300 mg/d,限制富含胆固醇的动物性食物的摄入。

3. **限制单糖和双糖,增加膳食纤维** 糖类宜用多糖类,限制含单糖和双糖的食物,少吃甜食和少饮含糖饮料,从蔬菜、水果和全谷类食物中获取足量的膳食纤维。

4. **适量蛋白质** 冠心病患者每天食物中蛋白质含量以不超过 1 g/(kg·d) 为宜。适当进食酸奶、鱼类、大豆及其制品等优质蛋白。

5. **供给充足的维生素和矿物质** 足量摄入新鲜蔬菜(400~500 g/d) 和水果(200~400 g/d),以补充各种维生素;海带、紫菜、黑木耳等海藻类富含蛋氨酸、钾、镁、碘,有利于冠心病的防治,尤其应适度食用含镁盐丰富的食物,如小米、燕麦、大麦、豆类、小麦及瘦肉类等。

6. **戒烟限酒** 吸烟能使心率加快、血压轻度升高,并可引起冠状动脉痉挛,从而加重心肌的缺血、缺氧,故冠心病患者应戒烟;冠心病患者应戒烈性酒,严禁酗酒。

7. **避免刺激性食物** 忌用浓茶、咖啡及刺激性调味品等。

8. **降脂食物的选用** 山楂、奶渣、燕麦、鱼类、豆类能调节脂肪代谢,对冠心病的

知识拓展:
急性心肌梗
死患者的营
养指导

第八章 常见疾病的营养治疗与护理

防治有利。酸奶、大蒜、洋葱、蘑菇等食物具有降低血清胆固醇的作用。

9. 烹调方法指导 采用蒸、煮、烩、炖、生拌凉菜等方法,忌食油煎、油炸食物。

10. 生活方式指导

(1) 少量多餐、切忌暴饮暴食 最好每天 4~5 餐,每餐不宜吃得过饱,晚餐摄入过多不仅会使人发胖,还容易引起心肌梗死,甚至有心搏骤停的危险。

(2) 保持大便通畅 尽量避免屏气用力动作。

(3) 保持良好心态,避免情绪激动 冠心病患者往往脾气急躁,容易生气。精神紧张、情绪激动可诱发心绞痛。必须经常提醒自己遇事要心平气和,做好情绪管理,避免动怒。

(4) 适量运动 ① 有氧运动:运动频率建议 3~5 次 / 周,每次运动时间建议 30~60 分钟。建议初始从 10 分钟开始,循序渐进,逐步增加有氧运动时间。② 抗阻运动:训练前必须有 5~10 分钟的有氧运动或动态拉伸作为热身,常用俯卧撑、哑铃、弹力带等,躯体上部和下部肌群可交替训练,每周 2~3 次或隔天 1 次。

(三) 食谱举例

具体内容见表 8-2。

表 8-2 冠心病患者参考食谱

早餐	脱脂牛乳 200 ml,玉米面花卷 50 g,小米粥(小米 30 g)	
午餐	米饭(大米 125 g),虾仁豆腐(虾仁 50 g,豆腐 100 g),番茄炒蛋(番茄 80 g,低胆固醇鸡蛋 50 g),胡萝卜西兰花(胡萝卜 30 g,西兰花 100 g),苹果 100 g	
晚餐	米饭(大米 125 g),清蒸小黄鱼(小黄鱼 100 g),拌黄瓜 100 g,香菇菜心(香菇 30 g,青菜 100 g)	
营养成分	能量 7.6 MJ(1 816 kcal)	蛋白质 76 g(16.7%)
	脂肪 35.7 g(17.7%)	糖类 257 g(65.6%)
	胆固醇 257.62 mg	钠 2 023 mg

注:全天烹调用玉米油 20 ml,盐 4 g。

第二节 肥胖

案例导入

女性,42 岁。因"肥胖"而就诊。

病史:20 余年前身体开始发胖,平日食欲好,喜食肉类、甜品、油炸食品等,没有长期坚持的运动爱好,体力活动较少。

体格检查：身高 162 cm，体重 100 kg，体质指数（BMI）38.1 kg/m²，腰围 112 cm，臀围 121 cm，胸围 116 cm，颈围 38 cm，体温 36.9℃，心率 92 次 / 分，呼吸 22 次 / 分，血压 152/90 mmHg。

实验室检查：血清葡萄糖（GLU）5.26 mmol/L；血清尿酸（URIC）300 umol/L；血清甘油三酯（TG）1.17 mmol/L。

请思考：

1. 肥胖的判定标准是什么？
2. 引起肥胖的膳食营养因素有哪些？
3. 用于肥胖治疗的膳食模式有哪些？

知识拓展：
不同地区体质指数判断标准

肥胖是由于体内脂肪的体积和 / 或脂肪细胞数量的增加导致的体重增加，或体脂占体重的百分比异常增高，并在某些局部过多沉积。体质指数（BMI）是传统的肥胖症诊断指标，BMI ≥ 28.0 kg/m² 为肥胖。男性腰围 ≥ 90 cm、女性腰围 ≥ 85 cm 视为中心性肥胖。肥胖不仅给人们带来行动不便和工作、生活上的苦恼，还可进一步发展为血脂异常、冠心病、高血压、糖尿病、关节炎、胆囊炎、胆结石及某些癌症等多种疾病，因此应做好肥胖的防控工作。

一、膳食营养相关因素

1. 能量　肥胖大多与食物中能量摄入增加或体力活动减少有关，能量的摄入超过了需要，多余的能量就会以脂肪形式储存。

2. 糖类　与肥胖关系密切，尤其是单糖、双糖等简单糖类在体内消化吸收较快，容易在体内转变成脂肪；还能促进脂肪生成酶的活性，刺激胰岛素分泌。糖类饱食感低，可引起食欲增加，而肥胖者又常有食欲亢进现象，久而久之造成能量过剩，多余的能量就会转化为脂肪组织，储存于皮下或身体的各组织中，导致肥胖。

3. 脂肪　高脂肪膳食因具有良好的色、香、味而易导致进食过多，脂肪具有较高的能量密度，又是产热量最高的能源物质，当摄入脂肪过多时，多余的脂肪会在体内储存起来，不仅增加体重，还可使脂肪沉积于肝、心脏等脏器周围。在饥饿时进食高脂肪膳食会导致进食量尤其是脂肪量增加。与糖类、蛋白质相比，脂肪的氧化分解要慢得多，而且脂肪还会抑制葡萄糖的氧化。但膳食脂肪具有较强的饱腻作用及耐饿性，对膳食脂肪的限制不可过分苛求。

4. 蛋白质　进食过多的蛋白质也能在人体内变成脂肪储存起来。过多摄入蛋白质尤其是动物性蛋白质的同时常常伴随脂肪摄入的增加，易促发肥胖。

5. 维生素和无机盐　某些维生素、无机盐，如维生素 A、维生素 B_6、维生素 B_{12}、烟酸和铁、锌、钙等对脂肪的分解代谢起着重要作用。B 族维生素参与糖类、脂肪、蛋白质的代谢过程，体脂燃烧释放能量时也需要足量的 B 族维生素参与。减重的目的是减去身上多余的脂肪，而身上的脂肪一旦形成，只有通过转化成能量才能被消耗掉。在能量代谢过程中,维生素 B_1、维生素 B_2、维生素 B_6 以及烟酸等都有非常重要的作用。如果缺乏这些维生素,就会影响能量代谢的顺利进行。

6. **水** 和肥胖的关系也很密切。脂肪组织中的含水量远远低于其他组织,肥胖者体内水的储备量比常人少得多。如果体内水分不足,肾就不能维持正常生理机能,由此也加重了肝的负担,继而影响肝对脂肪转化的功能,使脂肪代谢减慢,造成脂肪堆积,体重增加。

7. **膳食纤维** 具有吸水膨胀的作用,在胃肠道内吸水后使胃、肠道扩张,产生饱腹感,可使摄入的能量减少,并可延缓食物的吸收,最终使体内脂肪消耗而起到减重的作用。

二、营养治疗与膳食指导

(一)调整膳食模式

1. **限制能量平衡膳食模式** 在目标摄入量基础上按一定比例递减(减少30%~50%)或在目标摄入量基础上每天减少 2.1 MJ(500 kcal)左右;或每天供能 4.2~6.3 MJ(1 000~1 500 kcal):① 脂肪供能比例为 20%~30%,适当增加 n-3 多不饱和脂肪酸的摄入。② 适当提高蛋白质供给(1.2~1.5 g/kg 或 15%~20%),使用大豆蛋白部分替代酪蛋白。③ 糖类供能比例为 40%~55%,以淀粉类复杂糖类为主,保证膳食纤维摄入量 25~30 g/d,严格限制简单糖(单糖、双糖)食物或含糖饮料的摄入。④ 适当补充钙、铁、锌、维生素 A、维生素 D 和叶酸。

2. **高蛋白膳食模式** 蛋白质的供给量一般占供能比的 20% 以上,或至少在 1.5 g/kg 体重以上。合并慢性肾病患者应慎重选择高蛋白饮食。

3. **间歇性禁食** 主要包括两种类型。① 限时进食:控制每天进食时间在 6~12 小时以内。② 5:2 间歇性禁食:1 周内 5 天正常膳食,其余 2 天(非连续)摄取平日能量的 1/4 [女性 2.1 MJ/d(500 kcal/d),男性 2.5 MJ/d(600 kcal/d)]。

(二)烹调方法指导

选用清淡、少油、少盐的烹饪方法。宜选拌、炖、蒸、焖、煮、清炒等方法,少用或不用煎、炸、烤、爆炒、腌卤等烹调方式。

(三)改变不良饮食习惯和行为

改变暴饮暴食、迷恋吃零食、偏食、吃饭过快、常外出吃饭、晚上加餐或吃饭太晚、喝酒等不良饮食习惯。不因高兴或伤心而不由自主地进食。

(四)运动减重

肥胖症的运动干预分为力量抗阻训练和有氧耐力运动。静态或等长抗阻运动每次持续 2 分钟,总时长 12~15 分钟;动态抗阻建议每周 2~3 次,针对主要肌群,达到个人最大负荷强度的 50%~70%,重复次数根据主观疲劳水平循序渐进。在减重期间,成年人每周进行 150~420 分钟的有氧耐力运动;在体重维持阶段,应每周进行 200~300 分钟的有氧耐力运动。

三、食谱举例

具体内容见表 8-3。

视频:减脂误区

表 8-3　成年人肥胖症参考食谱

早餐	豆浆(300 ml),面包(面粉 30 g)	
午餐	米饭(大米 75 g),蒸咸蛋(40 g),猪肉(50 g)饼,凉拌西红柿(200 g),淡菜(10 g),冬瓜(200 g),鲫鱼(50 g)汤	
晚餐	油菜(100 g),虾米(10 g),汤面(75 g),牛肉(50 g),炒芹菜(150 g),苹果(150 g)	
营养成分	能量 4.9 MJ(1 176 kcal)	蛋白质 67.4 g(22%)
	脂肪 32 g(24%)	糖类 162 g(55%)

注:全天烹调用油 12 g。

第三节　糖尿病

案例导入

男性,58 岁。因"糖尿病"而住院治疗。

病史:患者有糖尿病史 6 年余,平时常有口干、多饮、疲乏等症状,近 1 周来症状明显加重,并出现视物模糊,经门诊化验尿糖后,拟诊为"糖尿病"收住入院。

体格检查:身高 173 cm,体重 70 kg。

实验室检查:空腹血糖波动在 7.2~8.6 mmol/L,餐后 2 小时血糖波动在 11.3~12.8 mmol/L。

请思考:

1. 糖尿病的诊断标准是什么?

2. 糖尿病膳食营养因素有哪些?请对糖尿病患者进行膳食营养指导。

3. 糖尿病患者如何正确选择食物?

4. 如何用食品交换份法为糖尿病患者编制食谱?

糖尿病是由于体内胰岛素相对或绝对不足而引起糖类、蛋白质和脂肪三大营养素代谢紊乱及水、电解质紊乱的全身疾病,它以糖耐量降低、血糖升高和尿糖出现为特点。根据《中国糖尿病防治指南(2024版)》,对有糖尿病典型症状者(烦渴多饮、多尿、多食、不明原因的体重下降)满足以下标准中一项即可诊断为糖尿病:① 任意时间血糖 ≥ 11.1 mmol/L。② 空腹血糖 ≥ 7.0 mmol/L。③ 75 g 葡萄糖负荷后 2 小时血糖 ≥ 11.1 mmol/L。④ HbA1c ≥ 6.5%。对无糖尿病症状者,则需要同一时间点的两个血糖指标或两个不同时间点的血糖指标达到或超过诊断切点(不包括随机血糖)方可诊断为糖尿病。

一、膳食营养相关因素

(一)相关的营养素

1. 糖类

(1) 糖类的量　糖类含量稍高可以改善糖耐量,提高机体对胰岛素的敏感性,但过高的糖类可升高血糖并且增加胰岛素的负担,糖类过低可因脂肪过度分解出现酮症酸中毒。

(2) 低血糖生成指数食物有助于血糖控制　食物种类、淀粉类型、烹调方式和时间、加工程度等对餐后血糖均有影响。食物的血糖生成指数可以反映食物对人体餐后血糖的影响。低血糖生成指数食物,在胃肠道中停留时间长、吸收慢,葡萄糖进入血液后的峰值低,下降速度也慢,餐后血糖相对低。

2. 脂类

糖尿病患者体内脂肪分解加速,脂肪代谢紊乱。长期摄入高脂肪膳食可损害糖耐量,引发肥胖、高脂血症和心血管疾病。饱和脂肪酸和胆固醇摄入过多是导致糖尿病患者血浆低密度脂蛋白胆固醇(LDL-C)和总胆固醇(TC)升高的主要膳食因素,糖尿病患者大量摄入胆固醇将显著增加其心血管疾病患病风险。

3. 膳食纤维

膳食纤维有利于延缓葡萄糖的吸收及减少血糖上升的幅度,改善葡萄糖耐量,可溶性膳食纤维能控制餐后血糖及降低血胆固醇。

4. 维生素

B 族维生素有助于缓解糖尿病引发的神经病变,改善糖耐量,避免胰岛素和胰高血糖素受损。维生素 E、维生素 C 和 β 胡萝卜素作为抗氧化剂,可以清除自由基,减少脂质过氧化反应。

5. 微量元素

锂能促进胰岛素的合成与分泌,改善胰岛素的敏感性;锌缺乏时胰岛素合成减少,胰岛素抵抗性增加;低镁血症可引起胰岛素抵抗;锰的代谢异常也会影响葡萄糖耐受;三价铬的复合物在人体中被称作"葡萄糖耐量因子",有利于改善糖耐量;糖尿病患者的钙、磷代谢异常可诱发骨量减少和骨质疏松。

(二)吸烟

长期大量吸烟可导致血红蛋白糖化,相同体质指数的吸烟者内脏脂肪量、空腹血糖和胰岛素水平均高于不吸烟者。

(三)缺乏运动

运动不足是肥胖发病的原因,也是发生胰岛素抵抗和糖尿病的重要因素。

二、营养治疗与膳食指导

(一)调整营养素的摄入

1. **严格控制总能量**　糖尿病前期或糖尿病患者应当接受个体化能量平衡计划,目标是既要达到或维持理想体重,又要满足不同情况下的营养需求。超重或肥胖的糖尿病患者,应减轻体重,不推荐 2 型糖尿病患者长期接受极低能量(<800 kcal/d)的营养治疗。根据患者的理想体重及其体力活动水平,确定每天所需的总能量,不同劳动强度的成年糖尿病患者每天的能量需求详见表 8-4。

147

表 8-4　不同劳动强度的成年糖尿病患者每天的能量需求

单位:kcal/(kg·d)

劳动强度	低体重	体重正常	超重或肥胖
卧床休息	25~30	20~25	15~20
轻体力劳动 (公司职员、简单家务等)	35	25~30	20~25
中体力劳动 (学生的日常活动、机动车驾驶等)	40	30~35	30
重体力劳动 (非机械化的农业劳作、舞蹈、体育运动等)	40~50	40	35

注:1 kcal ≈ 4.2 kJ。

2. **保证糖类的摄入**　膳食中糖类所提供的能量占总能量的 50%~65%;低血糖生成指数食物有利于血糖控制,但应同时考虑血糖负荷,可适量摄入糖醇和非营养性甜味剂;定时定量进餐,尽量保持糖类均匀分配;控制添加糖的摄入,不喝含糖饮料。

3. **合理摄入脂类**　膳食中由脂肪提供的能量应占总能量的 20%~30%;饱和脂肪酸和反式脂肪酸摄入量应低于 10%,每天胆固醇不超过 300 mg;单不饱和脂肪酸是较好的脂肪酸来源,在总脂肪摄入中的供能比宜达到 10%~20%;多不饱和脂肪酸摄入不宜超过总能量摄入的 10%,适当增加富含 ω-3 脂肪酸食物的摄入比例;控制膳食中胆固醇的过多摄入。

4. **提供优质蛋白**　对于肾功能正常的糖尿病患者,蛋白质的摄入量占供能比的 15%~20%,推荐蛋白质摄入量为 0.8~1.2 g/(kg·d),保证优质蛋白比例占 1/3以上。

5. **增加膳食纤维摄入**　豆类、富含纤维的谷物类(指每份食物 ≥ 5 g 纤维)、水果、蔬菜和全谷物食物均为膳食纤维的良好来源。提高膳食纤维摄入量对健康有益,

第八章　常见疾病的营养治疗与护理

建议糖尿病患者达到膳食纤维的推荐摄入量 20~35 g/d。

6. **钠**　食盐摄入量限制在每天 5 g 以内,每天钠摄入量不超过 2 000 mg,糖尿病合并高血压患者更应严格限制摄入量。同时应限制摄入含钠高的调味品或食物,如味精、酱油、调味品、腌制品、盐浸等加工食品等。

7. **微量营养素**　糖尿病患者容易缺乏 B 族维生素、维生素 C、维生素 D 以及铬、锌、硒、镁、铁、锰等多种微量营养素,可根据营养评估结果适量补充。长期服用二甲双胍者应预防维生素 B_{12} 缺乏。不建议长期大量补充维生素 E、维生素 C 及胡萝卜素等具有抗氧化作用的制剂。

8. **戒烟限酒**　戒烟有助于改善糖尿病患者的代谢指标、降低血压和改善蛋白尿。应劝告每一位吸烟的糖尿病患者停止吸烟或停用烟草类制品,减少被动吸烟。不推荐糖尿病患者饮酒,若饮酒应计算酒精中所含的总能量。

(二) 运动

1. **运动前评估**　运动治疗应在医师指导下进行。运动前要进行必要的评估,特别是心肺功能和运动功能的医学评估(如运动负荷试验等)。

2. **体育运动**　糖尿病患者可在餐后运动,每周至少 5 天,每次 30~45 分钟,中等强度运动(如快走、骑车、慢跑)要占 50% 以上。即使一次进行短时的体育运动(如 10 分钟),每天累计 30 分钟也是有益的。

3. **抗阻运动**　如无禁忌证,每周最好进行 2~3 次抗阻运动(两次锻炼间隔 ≥ 48 小时),锻炼肌肉力量和耐力。锻炼部位应包括上肢、下肢、躯干等主要肌肉群,训练强度为中等。联合进行抗阻运动和有氧运动可获得更大程度的代谢改善。

4. **运动注意事项**　运动项目要与患者的年龄、病情及身体承受能力相适应,并定期评估,适时调整运动计划。记录运动日记,有助于提升运动依从性。运动前后要加强血糖监测,运动量大或激烈运动时建议患者临时调整饮食及药物治疗方案,以免发生低血糖。

5. **养成健康的生活习惯,培养活跃的生活方式**　如增加日常身体活动,减少静坐时间,将有益的体育运动融入日常生活中。

6. **禁忌运动的情况**　空腹血糖 >16.7 mmol/L、反复低血糖或血糖波动较大、有糖尿病酮症酸中毒等急性代谢并发症、合并急性感染、增殖性视网膜病变、严重肾病、严重心脑血管疾病(不稳定型心绞痛、严重心律失常、一过性脑缺血发作)等情况下禁忌运动,病情控制稳定后方可逐步恢复运动。

(三) 餐次安排

糖尿病患者每天至少进食三餐,并要定时定量。对注射胰岛素或易出现低血糖的患者应在 3 次正餐之间增添 2~3 次加餐,加餐不是额外地增加食物,而是要从正餐中扣除等量的加餐食物中的能量。

（四）食物选择原则

1. 根据血糖生成指数选择食物

（1）选用低血糖生成指数（GI）食物 GI<55的食物为低GI食物，其在胃肠道停留时间长，吸收率低，葡萄糖释放缓慢，进入血液后的血糖峰值低，适宜糖尿病患者选用。常见低GI食物有以下几类。① 谷类：极少加工的粗粮，如煮过的整粒小麦、大麦、荞麦、黑麦、稻麸、通心面、黑米、玉米面粥等；② 干豆类及其制品：如赤豆、绿豆、蚕豆、豌豆、扁豆、四季豆等；③ 乳类及其制品：如牛奶、全脂牛奶、脱脂牛奶、奶粉、酸乳酪等；④ 生的薯类或经过冷处理的薯类制品：如马铃薯粉条、藕粉、苕粉、魔芋和芋头等；⑤ 水果类：苹果、桃、杏干、李子、樱桃、猕猴桃、柑、柚、葡萄、梨等水果及未加糖的苹果汁、水蜜桃汁、柚子果汁等果汁制品；⑥ 即食食品：如混合谷物面包、大麦粒面包（50%~80%大麦粒）、黑麦面包、燕麦麸面包（45%~50%燕麦麸）等全麦型或者高纤维产品；⑦ 混合食品：如馒头加芹菜炒鸡蛋、猪肉炖粉条、饺子、包子、馄饨、米饭加鱼等；⑧ 其他：果糖、乳糖、花生。

（2）避免选用高GI食物 GI>70的食物为高GI食物，其在胃肠道消化快，吸收率高，葡萄糖进入血液后血糖峰值高，糖尿病患者应避免选用。常见高GI食物有：① 谷类，如小麦粉面条、富强粉馒头、烙饼、油条、精制大米饭等精制食物及含直链淀粉低的黏米饭、糙米、糯米粥、米饼等；② 马铃薯泥、煮甘薯等水分多、糊化好的薯类；③ 南瓜、胡萝卜等根、果蔬菜类；④ 甜瓜、西瓜等含直链淀粉高的水果类；⑤ 蜂蜜、麦芽糖、精白面包、小麦饼干、苏打饼干、华夫饼干、膨化薄脆饼干等即食食品。

2. 根据含糖量确定蔬菜水果的种类与量

（1）选用含糖量及能量极低的蔬菜 进食量较大或摄入糖类含量高的蔬菜时应扣除相应量的主食。一般来说，糖类含量在4%以下的蔬菜，如生菜、油麦菜、海带、冬瓜、小白菜、莴笋、黄瓜、绿豆芽、大白菜、葫芦、竹笋、空心菜、油菜、芹菜等，不做严格的限制；对含糖量为4%~10%的蔬菜，如萝卜缨、丝瓜、茄子、苦瓜、南瓜、茭白、扁豆、蕨菜、洋葱等，要适当地限制；对含糖量在10%以上的蔬菜，如大蒜、豌豆、土豆、莲藕、荸荠等，则应严格限制。

（2）根据病情适量选用含糖量较低的水果 病情控制较好的患者可以适量食用含糖量在10%以下的水果，且每天的食用量最好控制在100 g以内。含糖量在10%以下的水果有西瓜、杨梅、草莓、枇杷等。含糖量在10%~20%的水果，如橙、桃、梨、苹果、鲜桂圆、柿子等则慎重选用。含糖量在20%以上的水果，如鲜枣、山楂、香蕉，特别是干枣、蜜枣、柿饼、葡萄干、杏干、桂圆干等，禁忌食用。

3. 禁忌烟、酒以及辛辣刺激性食物 糖尿病患者饮食应清淡，口味不宜太重。

（五）糖尿病食谱编制方法（食品交换份法）

临床上通常采用食品交换份法来为糖尿病患者制订食谱（以本节案例中的数据为例：患者身高173 cm，体重70 kg，从事轻体力劳动）。

视频：食物GI与GL在糖尿病膳食指导中的应用

知识拓展：食物血糖生成指数表

1. 计算标准体重

标准体重(kg) = 身高(cm) − 105 = 173 − 105 = 68(kg)

2. 评价营养状况

体重差值百分比 = [实测体重(kg) − 标准体重(kg)] ÷ 标准体重(kg) × 100%

= (70 − 68) ÷ 68 × 100%

= 2.9%

属于正常体重。

3. 计算全天能量需要量

查表 8-4 可知,体重在正常范围内的轻体力劳动者每天每千克体重的能量需要量为 25~30 kcal,本例可取 30 kcal 进行计算。

本例,全天能量需要量(kcal) = 标准体重(kg) × 单位标准体重能量需要量(kcal/kg) = 68 kg × 30 kcal/kg = 2 040 kcal

4. 确定能量交换单位份数

从表 8-5 可知,2 040 kcal 共需 22 个食物能量等值交换份,其中谷薯类 14 个交换份,蔬果类 1 个交换份,肉蛋类 3 个交换份,豆乳类 2 个交换份,油脂类 2 个交换份。

表 8-5　不同能量所需的各类食品交换份数

能量/kcal	交换	谷薯类	蔬果类	肉蛋类	豆乳类	油脂类
1 200	14	6	1	3	2	2
1 400	16	8	1	3	2	2
1 600	18	10	1	3	2	2
1 800	20	12	1	3	2	2
2 000	22	14	1	3	2	2
2 200	24	16	1	3	2	2

该患者病情稳定,规律进食,早、中、晚三餐能量比例为 1/5、2/5、2/5,将上述食品份数按比例分配,见表 8-6。

表 8-6　一日三餐各类食品交换份数分配

食品种类	全天交换	早餐	中餐	晚餐
谷薯类	14	3	6	5
蔬果类	1	0.25	0.5	0.25
肉蛋类	3		2	1
豆乳类	2	1.5	0.5	
油脂类	2		1	1
合计	22			

5. 根据表 8-7~ 表 8-13 确定各类食品的种类与数量

表 8-7　谷薯类食品能量等值交换份表

食品名称	质量/g	食品名称	质量/g
大米、小米、糯米、玉米、薏米、高粱	25	烧饼、烙饼、馒头	35
面粉、米粉、玉米粉、通心粉	25	咸面包、窝窝头	35
各种挂面、龙须面、混合面、荞麦面	25	生面条、魔芋生面条	35
油条、油饼、燕麦片、苏打饼干	25	马铃薯	100
绿豆、红豆、芸豆、干豌豆	25	湿粉皮	150
干莲子、干粉条	25	鲜玉米(1个,带棒心)	200

注:每份谷薯类食品提供蛋白质 2 g,糖类 20 g,能量 377 kJ(90 kcal)。根茎类一律以净食部分计算。

表 8-8　大豆类食品能量等值交换份表

食品名称	质量/g	食品名称	质量/g
腐竹	20	北豆腐	100
大豆、大豆粉	25	南豆腐(嫩豆腐)	150
豆腐丝、豆腐干、油豆腐	50	豆浆	400

注:每份大豆类食品提供蛋白质 9 g,脂肪 4 g,糖类 4 g,能量 377 kJ(90 kcal)。

表 8-9　奶类食品能量等值交换份表

食品名称	质量/g	食品名称	质量/g
奶粉	20	无糖酸奶	130
脱脂奶粉、乳酪	25	牛奶、羊奶	160

注:每份奶类食品提供蛋白质 5 g,脂肪 5 g,糖类 6 g,能量 377 kJ(90 kcal)。

表 8-10　肉蛋类食品能量等值交换份表

食品名称	质量/g	食品名称	质量/g
鸡蛋粉	15	鸡蛋(1 大个,带壳);鸭蛋、松花蛋(1 大个,带壳);鹌鹑蛋(6 个,带壳)	60
熟火腿、香肠	20	带鱼、大黄鱼、黑鲢、鲫鱼、草鱼、鲤鱼、甲鱼、比目鱼、对虾、青虾、鲜贝	80
肥瘦猪肉	25	兔肉、蟹肉、水发鱿鱼	100
熟叉烧肉(无糖)、午餐肉、熟酱牛肉、熟酱鸭、大肉肠	35	鸡蛋清	150
猪肉、牛肉、羊肉(瘦)、带骨排骨、鸭肉、鹅肉	50	水发海参	350

注:每份肉蛋类食品提供蛋白质 9 g,脂肪 6 g,能量 377 kJ(90 kcal)。除蛋类按市品重量计算外,其余菜一律以净食部分计算。

表 8-11　水果类食品能量等值交换份表

食品名称	质量/g	食品名称	质量/g
柿子、香蕉、鲜荔枝	150	橘子、橙子、柚子、猕猴桃	200
苹果、梨、桃、葡萄、李子、杏	200	西瓜、草莓	300

注：每份水果类食品提供蛋白质 1 g，糖类 21 g，能量 377 kJ（90 kcal）。每份水果一律以市品质量计算。

表 8-12　蔬菜类食品能量等值交换份表

食品名称	质量/g	食品名称	质量/g
毛豆、鲜豌豆	70	白萝卜、青椒、茭白、冬笋	400
慈姑、百合、芋头	100	大白菜、圆白菜、菠菜、油菜、空心菜、苋菜、芹菜、韭菜、茼蒿、冬瓜、苦瓜、黄瓜、丝瓜、茄子、番茄、西葫芦、莴笋、芥蓝、绿豆芽、鲜蘑、水发海带	500
山药、荸荠、藕	150		
胡萝卜	200		
鲜豇豆、扁豆、洋葱、蒜苗	250		
南瓜、菜花	350		

注：每份蔬菜类食品提供蛋白质 2 g，糖类 17 g，能量 377 kJ（90 kcal）。每份蔬菜一律以净食部分计算。

表 8-13　油脂类食品能量等值交换份表

食品名称	质量/g	食品名称	质量/g
豆油、玉米油、花生油（1 汤匙）	10	猪油、牛油、羊油	10
菜籽油、香油、红花油（1 汤匙）	10	黄油	10

注：每份油脂类食品提供脂肪 10 g，能量 377 kJ（90 kcal）；表 8-5~ 表 8-13 数据引自《营养配餐员（技能）》（中国劳动社会保障出版社）。

6. 食谱安排　将前面选定的食物安排到一日三餐中，即完成了配餐。

根据表 8-7~ 表 8-13 确定每类食物的名称与数量，则应吃谷类食物 370 g，蔬菜 375 g，水果 75 g，肉蛋类食品可选用清蒸带鱼 80 g、熟酱牛肉 35 g、大鸡蛋 1 个，豆类选香干 25 g，乳类选牛奶 1 盒（240 g），油脂选用橄榄油 20 g。具体食谱见表 8-14。

表 8-14　糖尿病患者食谱举例

食谱类别	早餐		午餐			晚餐		
	食物	质量/g	食物		质量/g	食物		质量/g
主食	燕麦片	25	大米饭(生米量)		150	牛肉青菜面(挂面)		125
	窝窝头	70						
副食	草莓	75	番茄蛋汤	番茄	125	牛肉青菜面	熟酱牛肉	35
				鸡蛋	60			
			清蒸带鱼		80			
	牛奶	240	芹菜炒香干	芹菜	125		青菜	125
				香干	25			
油脂类			橄榄油		10	橄榄油		10

（六）生活方式指导

1. **坚定治疗信心**　树立坚强的信心和毅力,积极配合治疗。

2. **坚持不懈地进行合理膳食**　严格按食谱进餐,定时定量,不随意添食。随时携带含糖水果、饼干以备急需。

3. **随身携带糖尿病保健卡**　外出活动时应告诉家人活动的时间、地点,随身携带糖尿病保健卡,卡上注明本人的姓名、年龄、家庭住址、家人联系电话,以便紧急情况下救治。

第四节　痛风

案例导入

李某,男,46 岁。

主诉:右足红肿、疼痛 1 周。

现病史:患者于 1 周前无明显诱因出现右足红肿、疼痛、活动受限,无发热、寒战,无头痛、头晕,无胸闷、气短,无腹胀、腹痛。在家未做特殊处理,病情无缓解。今来我院就诊,即以"痛风"收住入院。

患者起病以来,精神体力欠佳,食欲睡眠差,大小便尚可,体重无变化。

既往史:既往痛风病史数年,无过敏史。

体格检查:体温 36.7℃,脉搏 70 次/分,呼吸 20 次/分,血压 115/75mmHg,意识清楚,精神差,急性病容,步入病房。全身皮肤黏膜无黄染,浅表淋巴结无肿大。颈软,双肺呼吸音清,无啰音。心率70次/分,律齐,无杂音。腹平,无压痛,无反跳痛及肌紧张,肝、脾肋下未及,右足红肿、疼痛,活动受限,神经系统无异常。门诊资料:无。

初步诊断:痛风。

诊疗计划:

1. 完善相关辅助检查。

2. 低嘌呤饮食,抗炎及对症处理。

3. 请上级医生指导治疗。

请思考:

1. 痛风的主要症状群有哪些?

2. 痛风的主要饮食营养因素有哪些?

3. 痛风患者的饮食指导原则是什么?

痛风是嘌呤合成代谢紊乱和/或尿酸排泄减少、血尿酸增高所致的一组疾病。其临床特点为高尿酸血症及尿酸盐结晶、沉积所引起的特征性关节炎、痛风石、间质性肾炎和尿酸肾结石形成,严重者可致关节活动功能障碍和畸形。

根据导致血尿酸升高的原因,痛风可分为原发性和继发性两大类。原发性痛风除少数由于嘌呤代谢的一些酶的缺陷引起外,大多病因尚未明确,患者常伴有高脂血症、肥胖、原发性高血压、糖尿病和动脉粥样硬化等。继发性痛风可由肾病、血液病、药物、高嘌呤食物等多种因素引起。

痛风多见于体型肥胖的中老年男性,女性很少发病,如有发病,多在绝经期后。发病前常有漫长的无症状高尿酸血症史,但只有在发生关节炎和/或痛风石时才称为痛风。主要表现如下:

1. **急性关节炎**　常是痛风的首发症状,最易累及足跖关节,其次为踝、跟、膝、腕、指、肘等关节。患者常在午夜痛醒。急性期关节红、肿、热、痛和活动受限,可伴发热、白细胞数增多等全身反应。一般数小时至数周后自然缓解,个别患者终身仅发作一次。

2. **痛风石及慢性关节炎**　痛风石是痛风的特征性病变,是由尿酸盐结晶沉积于结缔组织引起的一种慢性异物样反应而形成的异物结节。除中枢神经系统外,痛风石可累及任何部位,常见于耳郭、关节内及附近。由于痛风石沉积并不断扩大增多,关节结构及其软组织会被破坏,纤维组织和骨质增生会引起关节僵硬、畸形、活动受限、功能丧失。

3. **痛风性肾病**　尿酸盐结晶在肾组织沉积可引起慢性间质性肾炎,表现为高蛋白尿、血尿、等渗尿,进而发生高血压、氮质血症等肾功能不全综合征。肾小管急性、大量、广泛的尿酸盐结晶阻塞,可产生急性肾衰竭。

4. **尿酸性尿路结石**　发生率占高尿酸血症患者的40%,占痛风患者的25%。绝大多数为纯尿酸结石,泥沙样结石常无症状,较大者有肾绞痛、血尿。

一、膳食营养相关因素

1. **嘌呤代谢**　人体尿酸来源有两个途径。外源性占 20%，来自富含嘌呤或核蛋白食物在体内的消化代谢；内源性占 80%，是由体内氨基酸、磷酸核糖和其他小分子化合物合成的核酸分解而来。从食物摄取或体内合成的嘌呤最终代谢产物是尿酸。高尿酸血症主要是内源性嘌呤代谢紊乱、尿酸排出减少与生成增多所致。在原发性痛风中，80%~90% 的发病直接机制是肾小管对尿酸的清除率下降。因尿酸易溶于碱性液中，适量食用成碱性食物，可使尿液偏碱性，促进尿酸的排泄。虽然高嘌呤饮食并不是痛风的致病原因，但可使细胞外液尿酸值迅速增高，诱发痛风发作。停止摄入嘌呤，可使痛风患者血尿酸降低 29.5~89.3 pmol/L（0.5~1.5 mg/dl）。

2. **宏量营养素代谢**　高尿酸血症和痛风患者常伴有肥胖和高脂血症。食物中的嘌呤多与蛋白质共存，高蛋白饮食不但使嘌呤摄入增多，还可促进内源性嘌呤的合成和核酸的分解。脂肪摄入过多，血酮浓度增加，会与尿酸竞争并抑制尿酸经肾排泄。糖类丰富，可使磷酸核糖增加，继而转化为磷酸核糖焦磷酸。不过糖类也有增加尿酸排泄的倾向，并可减少体内脂肪氧化而产生的过多的酮体，故应是能量的主要来源。果糖通过与血尿酸竞争性排出体外、氧化应激、炎症性反应等机制升高尿酸，应减少摄入。

3. **微量营养素代谢**　B 族维生素和维生素 C 可促进组织沉积的尿酸盐溶解，有利于缓解痛风。钾促进肾排出尿酸，减少尿酸沉积；而钠具有促进尿酸沉积的作用。

二、营养治疗与膳食指导

（一）营养治疗的目的

限制外源性嘌呤的摄入，减少尿酸的产生，并增加尿酸的排泄，以降低血清尿酸水平，从而减少急性发作的频率和程度，防止并发症。

（二）营养治疗原则

1. **限制嘌呤**　嘌呤分解是尿酸生成过多的主要原因。应根据病情限制膳食中嘌呤的含量。在急性期，严格限制嘌呤摄入，应少于 150 mg/d，可选择嘌呤含量低的食物（<50 mg/100 g）。在缓解期，视病情可限量选用嘌呤含量中等的食物（50~150 mg/100 g）。其中肉、鱼、禽肉食用量 60~90 g/d，用煮过去汤的熟肉代替生肉。另外，可自由选用含嘌呤低的食物，禁用含嘌呤高的食物（>150 mg/100 g）。

2. **低能量**　患者多伴有超重或肥胖，应控制能量摄入，尽量达到或稍低于理想体重，体重最好能低于理想体重的 10%~15%。能量供给平均为 105~125 kJ/（kg·d），6.3~8.4 MJ/d。超重者应减重，减少能量摄入应循序渐进，切忌猛减，否则易因体脂分

知识拓展：
常见食物嘌呤含量一览表

解过快而导致酮症,抑制尿酸的排出,诱发痛风急性发作。

3. 低蛋白质 食物中的核酸多与蛋白质合成核蛋白存在于细胞内,适量限制蛋白质,可减少嘌呤摄入量。其供给量为 0.8~1.0 g/(kg·d)或 50~70 g/d,并以含嘌呤少的谷类、蔬菜类为主要来源,优质蛋白可选用不含或少含核蛋白的乳类、干酪、鸡蛋等。尽量不要食用含嘌呤高的蛋白质食物如动物内脏、海鲜,适当限制食用畜禽肉类,如一定要食用动物性蛋白,可经煮沸弃汤后食少量。在痛风性肾病时,应根据尿蛋白的丢失和血浆蛋白质水平适量补充蛋白质;但在肾功能不全,出现氮质血症时,应严格限制蛋白质的摄入量。

4. 低脂肪 脂肪可减少尿酸排泄,应适量限制,可采用低量或中等量,为 40~50 g/d,占总能量的 20%~25%,并用蒸、煮、炖、卤、煲、灼等用油少的烹调方法。

5. 合理供给糖类 糖类有抗生酮作用和增加尿酸排泄的倾向,是能量的主要来源,占总能量的 55%~65%。但果糖可增加尿酸的生成,应减少其摄入量。

6. 充足的维生素和矿物质 各种维生素,尤其是 B 族维生素和维生素 C 应足量供给。多食用富含矿物质的蔬菜和水果等成碱性食物,有利于尿酸的溶解与排出。由于痛风患者易患高血压、高脂血症和肾病,故应限制钠盐摄入,通常用量为 2~5 g/d。

7. 多饮水 摄入液体量应保持在 2 000~3 000 ml/d,通过增加尿量来减少尿酸沉积,预防结石生成。可在睡前或半夜适当饮水,以防止夜尿浓缩。可多选用富含水分的水果和食品,并设法使尿液呈碱性。但若伴有肾功能不全,水分应适量。

8. 限制刺激性食物 乙醇可使体内乳酸增多,同时抑制尿酸排出,嘌呤分解增多引起尿酸生成增多,诱发痛风发作,故不宜饮酒。此外,强烈的香料和调味品,如辛辣调味品也不宜食用。茶、可可和咖啡可适量食用。

三、食谱举例

痛风患者食谱要把握严格限制高嘌呤食物,适当选择中低嘌呤食物作为食品原料,控制血液中尿酸含量,降低患者痛苦。

具体食谱见表 8-15、表 8-16。

表 8-15 痛风急性发病期参考食谱

早餐	牛奶(250 ml),馒头(面粉 50 g,白糖 10 g)
午餐	米饭(大米 100 g),韭黄炒鸡蛋(韭黄 200g;鸡蛋 1 个,50 g),猪血白菜汤(猪血 100 g,白菜 200 g)
晚餐	苋菜蛋清煮面条(苋菜 200g;蛋清 1 个,30 g;面条 150 g),甜酸黄瓜(250 g),西瓜(300 g)
加餐	牛奶(250 ml),葡萄(150 g)
营养成分	能量 7.52 MJ(1 798 kcal)　　蛋白质 61.2 g(14%) 脂肪 46.3 g(23%)　　糖类 283.4 g(63%)

注:全天烹调油 20 g,饮水量 2 000~3 000 ml。

表 8-16　痛风缓解期参考食谱

早餐	牛奶(300 ml),面包(面粉 100 g,白糖 10 g)
午餐	米饭(稻米 100 g),瘦猪肉炒芹菜(瘦猪肉 30 g,芹菜 150 g),西红柿马铃薯汤(西红柿 200 g,马铃薯 100 g)
晚餐	花卷(面粉 100 g),皮蛋粥(皮蛋 1 个,50 g;稻米 25 g),鸡肉丝炒西兰花(鸡肉 20g,西兰花 200 g),苹果(200 g)
营养成分	能量 8.27 MJ(1 977 kcal)　　　　蛋白质 67.1 g(14%) 脂肪 48.7 g(22%)　　　　　　　糖类 318 g(64%)

注:全天烹调油 25 g,用煮过去汤的瘦猪肉和鸡肉。

第五节　恶性肿瘤

案例导入

患者:陈某某,女,63 岁。

主诉:上腹痛,腹胀 5 个月,反复黑便、呕血 3 个月。

现病史:患者于 5 个月前开始出现上腹隐痛,不适,服"胃舒平(复方氢氧化铝)"等稍见缓解。3 个月前自觉腹痛较前加重,餐后尤明显,伴呕吐、黑便和呕血。起病以来,患者精神萎靡,食欲不振,体重较前减轻约 15 kg。

既往史:否认伤寒、结核、痢疾等病史,无药物及食物过敏史,无外伤及手术史。

个人史:出生并生活在广州市,无疫区接触史,无烟酒嗜好,否认性病和冶游史。

体格检查:体温 38.3℃,脉搏 86 次/分,血压 120/70 mmHg。体重 30 kg,意识清楚,慢性病容,营养不良,对答切题,检查合作。左锁骨上多个淋巴结肿大,质硬,腹膨隆,腹围 75 cm,右肋下 2 cm 肝区叩击痛。脾未扪及,移动性浊音(+)。

实验室检查:

(1) 血常规:红细胞 2.50×10^{12}/L,血红蛋白 80 g/L,白细胞 10.60×10^9/L。

(2) 肝功能:谷丙转氨酶(ALT)400 U/L,血清总蛋白 50 g/L,血清白蛋白(A)20 g/L,血清球蛋白(G)20 g/L,A/G=1:1。

(3) 血清癌胚抗原(CEA):120 ng/ml。

X 线钡餐检查:胃肠透视发现胃小弯侧近幽门处有充盈缺损和腔内壁龛。

B 超:肝有多个大小不等强回声团。

X 线胸片:肺部多发散在、界限清楚的圆形病灶,多靠近胸膜,之间可见散在模糊片状阴影。

初步诊断:肝硬化、肝癌。

请思考:

1. 从患者的营养状态上看,肿瘤患者的营养问题有哪些?
2. 肿瘤患者的营养治疗原则是什么?

肿瘤是机体在各种致瘤因素作用下,局部组织的细胞在基因水平上失去对其生长的正常调控,导致异常增生而形成的新生物,一般表现为局部肿块。肿瘤细胞与正常细胞相比,具有异常的形态、代谢和功能,并在不同程度上失去了分化成熟的能力。肿瘤细胞生长旺盛,具有相对的自主性,即使致瘤因素已不存在,仍能持续性生长,不仅与机体不相协调,而且有害无益。肿瘤是一种常见病、多发病,根据其生物学特性及对机体危害性的不同,一般分为良性肿瘤和恶性肿瘤两大类。恶性肿瘤是目前危害人类健康最严重的疾病之一。大多数恶性肿瘤是环境因素与遗传因素相互作用的结果。环境因素包括膳食结构、生活方式和环境致癌物。

一、膳食营养相关因素

营养不良与恶性肿瘤密切相关,营养不良的患者更容易发生恶性肿瘤,且会减弱治疗效果、缩短生存时间、降低生活质量。

(一) 能量与癌症发生的关系

能量的高低间接反映了三大宏量营养素的摄入状况。长期摄入能量高的食品可增加乳腺、直肠、膀胱、卵巢、前列腺、甲状腺等器官的患癌风险。能量摄入较高可导致婴儿期体重增长过快、月经初潮提前,两者均可增加乳腺癌的风险。腹型肥胖是结直肠癌的病因,也可能是胰腺癌、绝经后乳腺癌、子宫内膜癌的危险因素。而相反的是,绝经前女性体脂含量较高是乳腺癌发生的保护因素。

(二) 三大营养素与癌症发生的关系

1. 糖类 淀粉摄入高的人群,一般会伴随蛋白质摄入量低,胃癌和食管癌发病率较高。肿瘤细胞一般通过糖酵解方式获取能量,高糖环境可促进肿瘤细胞的转移。

2. 蛋白质 目前,有关蛋白质与癌症发生关系的研究相对较少,在日常饮食中,蛋白质摄入量较低时胃癌和食管癌的发生危险相对增加,而过多蛋白质的摄入可诱发胰腺癌、乳腺癌和结肠癌。

3. 脂肪 脂肪摄入量较高的国家和地区人群的结直肠癌、乳腺癌的发生率和死亡率都相对较高,尤其与动物脂肪的摄入量呈正相关。

(三) 维生素与癌症发生的关系

1. 维生素 A 和 β– 胡萝卜素 可抑制肺癌、口腔癌、胃癌、结直肠癌、乳腺癌、膀胱癌的发生。维生素 A 抑制肿瘤的作用可能与其调节细胞的分化、增殖和凋亡有关,也可能与抗氧化功能有关。β- 胡萝卜素也是强抗氧化剂,能猝灭自由基,阻止细胞膜上多不饱和脂肪酸(PUFA)的过氧化,保护细胞的正常功能。

2. 维生素 C　增加维生素 C 的摄入量可降低食管癌的危险性。维生素 C 可阻止食管上皮细胞增生转化为癌。也有调查发现增加维生素 C 的摄入量可降低喉癌、胰腺癌及宫颈癌发生的概率。

3. 维生素 E　有"自由基清道夫"的美称,是高效的抗氧化剂。在体内与其他抗氧化物质和抗氧化物酶包括超氧化物歧化酶(SOD)、谷胱甘肽过氧化物酶等一起构成抗氧化系统,保护生物膜及其他蛋白质免受自由基攻击,从而具有抗癌作用。

4. 叶酸　叶酸的重要生理功能是作为一碳单位的载体参与代谢。它主要携带"一碳基团"(甲酰基、亚甲基、甲基等)参与嘌呤、嘧啶核苷酸的合成,在细胞分裂和增殖中发挥作用。因此,叶酸摄入量较低容易造成 DNA 切除修复功能低下及影响 DNA 甲基化,进而引起癌症的发生。

(四) 矿物质与癌症发生的关系

1. 硒　是谷胱甘肽过氧化物酶的重要组成成分,而谷胱甘肽过氧化物酶具有抗氧化功能,可清除体内脂质过氧化物,阻断活性氧和自由基对机体的损伤作用,因此硒和肿瘤的发生呈负相关。

2. 锌　锌可以提高机体免疫力,维持正常的暗视能力,保持正常的味觉和食欲。锌对于促进人体生长、性功能发育、伤口愈合有重要作用。锌也是生物体内许多含锌指结构的酶和辅酶的重要组成部分,在电子传递、机体抗氧化、DNA 修复等诸多生物过程中发挥重要作用。

3. 钙　高钙高维生素 D 膳食与肠癌发病率呈负相关。

4. 钠　长期高钠摄入,可导致胃黏膜细胞及细胞外高渗透压,损伤胃黏膜,导致弥漫性充血、水肿、糜烂、溃疡等病变,增加癌变风险。

二、营养治疗与膳食指导

对肿瘤患者进行营养治疗,是希望满足患者的机体需要,改善其营养状况,增强免疫功能,提高患者对手术、放疗、化疗的耐受力。

1. 能量　不同类型及不同分期恶性肿瘤患者的能量需求差异较大,但所有恶性肿瘤患者都需警惕潜在的能量和营养素摄入不足。卧床者推荐 83.7~104.6kJ/(kg·d)[20~25 kcal/(kg·d)],活动者推荐 83.7~125.5kJ/(kg·d)[20~30 kcal/(kg·d)]。超重/肥胖者应适当减少能量摄入,体重过低、营养不足者应适当增加能量摄入。

2. 蛋白质　荷瘤状态下,患者有效摄入量减少,加之肿瘤高代谢,蛋白质消耗增加。手术、放疗、化疗也会对机体正常组织造成不同程度的损伤,损伤组织的修复需要大量的蛋白质。因此,蛋白质供给量要充足,应占总能量的 10%~35%,摄入量应达到 1.0~1.5 g/(kg·d),肾功能正常者可增至 2.0 g/(kg·d),而急慢性肾功能不全者应限制在 1.0 g/(kg·d) 以内。其中,优质蛋白应占 50% 以上。

3. **脂肪** 膳食脂肪供能比应占全天总能量的 20%~35%,体重下降且伴有胰岛素抵抗者,可适当增加膳食脂肪供能比。应限制饱和脂肪酸的摄入,增加 n-3 多不饱和脂肪酸和单不饱和脂肪酸的摄入。

4. **糖类** 是主要供能物质,应占总能量的 50%~65%,如存在胰岛素抵抗,糖类供能比可适当降低。供给足够的糖类可以改善患者的营养状况,减少蛋白质的消耗,保证蛋白质的充分利用。另外,如果胃肠道条件允许,还应增加膳食纤维的供给。

5. **维生素和矿物质** 多种恶性肿瘤的发生都与机体某些维生素和矿物质缺乏密切相关。应根据实验室检测结果,及时予以补充和调整。若膳食调整不能满足需要,可给予相应制剂,保证患者摄入足够的维生素和矿物质。

6. **特殊营养成分** 有些食物含有某些特殊物质,具有很强的防癌、抑癌作用,如香菇、木耳、金针菇、灵芝、海参中含有的多糖类物质,人参中含有的蛋白质合成促进因子,大豆中的异黄酮,茄子中的龙葵碱,四季豆中的植物红细胞凝集素等,应适量供给这些食物。

7. **其他** 肝功能不全时应限制水、钠摄入,肾功能不全时应限制蛋白质摄入,接受放疗、化疗时饮食宜清淡。对于伴有严重消化吸收功能障碍者,可选用经肠要素营养或 / 和肠外营养,防止出现恶病质状态。

三、食谱举例

肿瘤患者的饮食主要以平衡膳食为主,在食谱配制时要注意合理的烹饪方式与食材的新鲜度,这样可以在最大程度上减少饮食对肿瘤的诱发与促进。

具体食谱见表 8-17。

表 8-17 恶性肿瘤患者参考食谱

早餐	米粥(小米 50 g),发糕(面粉 50 g、玉米面 20 g),芹菜拌腐竹(芹菜 50 g、腐竹 25 g)
加餐	银耳莲子羹 150 ml(银耳 5 g、莲子 10 g、冰糖少许)
午餐	米饭 100 g,红焖黄鱼(300 g),肉片炒苦瓜(瘦猪肉 30 g、苦瓜 200 g)
加餐	大枣花生饮 150 ml(大枣 10 g、花生仁 10 g、冰糖少许)
晚餐	面条(面粉 150 g),青椒炒茄子(青椒 50 g、茄子 200 g),肉丝炒萝卜丝(瘦猪肉 30 g、胡萝卜 150 g)
加餐	牛奶(牛奶 200 ml、白糖 15 g)
营养成分	能量 9.62 MJ(2 300 kcal)　　　蛋白质 128.8 g(22%) 脂肪 45.54 g(18%)　　　糖类 341.44 g(60%)

注:全天烹调用油 9 ml。

第六节　消化性溃疡

案例导入

王某某,男,29岁,司机。

自述有胃病史6年,冬秋季节易复发,每次发作多于饭后3小时,出现上腹部隐痛,进食或服小苏打可缓解,有时夜间疼醒,常伴反酸、灼心。近2周来又因过劳上腹痛加重,饥饿痛,恶心,呕吐当天食物、水,无胆汁及血液,但仍能进少量饮食,近3天上腹胀痛,呈持续性,进食后加重,每天呕吐5~6次,呕吐物有酸酵味并伴不消化食物及隔日食,周身乏力,见瘦来诊。

查体:血压110/70 mmHg,意识清楚但精神较萎靡,皮肤弹性差,巩膜无黄染,锁骨上淋巴结未触及,心率94次/分,律齐,无杂音,肺(-),上腹膨隆,可见胃形,震水音(+),上腹轻压痛,肝、脾未触及,移动性浊音(-),肠鸣音活跃。

初步诊断:胃溃疡。

请思考:

1. 消化性溃疡的疼痛特点有哪些?

2. 消化性溃疡的饮食影响因素有哪些?

3. 消化性溃疡如何分期调整饮食?

消化性溃疡主要指发生在胃和十二指肠的慢性溃疡。十二指肠溃疡主要是由于胃液自身消化而形成溃疡,而胃溃疡大多在胃的慢性炎症的基础上发生。消化性溃疡的发生与幽门螺杆菌感染、饮食、精神、药物、吸烟与遗传等因素有关。典型消化性溃疡的临床表现为长期性、周期性和节律性出现的上腹疼痛,应用抑酸剂常能缓解。十二指肠溃疡者常伴有胃酸倒流现象。并发症为消化道出血、穿孔、幽门梗阻等。

一、膳食营养相关因素

消化性溃疡的发生、发展与营养密切相关,营养治疗是消化性溃疡综合治疗不可缺少的重要措施之一,尤其对预防复发和防治并发症,促进溃疡面愈合有重要意义。

1. **蛋白质**　消化性溃疡创面的修复需要蛋白质的参与,但因患者进食少,消化能力较差,容易发生营养不良或低蛋白血症。因此,需摄入足量蛋白质以满足机体的营养需求,同时应注意过量蛋白质摄入会促进胃酸分泌,加重病情。

2. **糖类**　消化性溃疡患者进食量少,吸收和消化能力较弱,常导致糖类不能满足机体需要,患者常伴体重下降或消瘦。糖类的合理补充不仅能保证能量供给,稳定血糖,增加体重,还可以中和胃酸,改善疾病症状。

3. 脂肪 消化性溃疡患者易发生必需脂肪酸和脂溶性维生素的缺乏,应予补充适量脂肪。但过多脂肪摄入会促进胆囊收缩而抑制胃肠蠕动,延缓胃排空,使食物在胃内的潴留时间延长,导致胃酸分泌增加并加重胆汁反流,引起胃胀痛。

4. 维生素 消化性溃疡患者易发生维生素缺乏,更需重视及时补充,以利于创面的愈合及术后康复。维生素 C 制剂呈酸性,不宜过多摄入,但其有助于促进溃疡面的愈合,临床上应针对具体病情,酌情考虑补充途径和剂量。

5. 膳食纤维 过粗的膳食纤维对溃疡面会造成机械性损伤,但适量膳食纤维能降低胃酸浓度,对黏膜有保护作用,应合理选择。

6. 水 是消化性溃疡患者不容忽视的营养素。因摄入食物减少常伴水摄入不足,这不仅会影响其他营养素的吸收和体内水平衡,而且无法对具有刺激胃酸分泌作用的食物进行充分稀释,不能起到缓冲胃酸分泌的作用。

二、营养治疗与膳食指导

(一)营养治疗原则

1. 营养丰富,清淡易消化 选用营养价值高和维生素丰富的食物。每天营养素比例为:半流质饮食中糖类为 55%、蛋白质为 15%、脂肪为 30%;流质饮食中糖类为 60%、蛋白质为 20%、脂肪为 20%。

(1)足量蛋白质 蛋白质对胃酸有中和作用,但其在胃内消化又促进胃酸分泌。建议蛋白质供给量为 1.0 g/(kg·d),如贫血则提高至 1.5 g/(kg·d)。适量饮用牛奶可中和胃酸。

(2)适量脂肪 不需要严格限制脂肪。供给量可为 70~90 g/d,宜选用易消化吸收的乳酪状脂肪,如牛奶、奶油、蛋黄、奶酪等及适量植物油。

(3)多用糖类 每天可供给 300~350 g。选择易消化食物,如厚粥、面条、馄饨等。蔗糖不宜过多,因其可使胃酸分泌增加,导致胀气。

(4)足够维生素 选用富含 B 族维生素、维生素 A 和维生素 C 的食品。主食以面食为主。少量渗血时用流质饮食,出血明显时应禁食。

(5)低盐 适当控制一般调味品,尤其是食盐的使用。消化性溃疡患者钠代谢降低,致使体内钠潴留,多余的钠可增加胃液的分泌,而胃液中盐酸含量取决于血中浓度,这与饮食中食盐摄入量有直接关系。每人每天食盐摄入量以 3~5 g 为宜。

2. 合理烹饪,少食多餐,养成良好的饮食习惯 选择蒸、煮、软烧等烹饪方法,使食物易消化。规律的进食使胃内保持适量食物,以中和胃酸,利于溃疡愈合。临床上一般溃疡患者每天进食 5~7 餐,病情严重合并急性穿孔或大出血者应立即禁食。

3. **心情舒畅,细嚼慢咽**　咀嚼可增加唾液的分泌,而唾液具有稀释中和胃酸、增强胃黏膜屏障的作用。

4. **食物选择**

(1) 适宜饮食　鱼、鸡蛋、瘦肉、稀饭、软米饭、面条、馒头、包子、黄瓜、南瓜、冬瓜、嫩叶蔬菜等。

(2) 饮食禁忌　刺激性强的,如浓肉汤、辣椒、酒、浓茶、咖啡、吸烟及刺激性药物等;粗纤维多的食物,如粗粮、芹菜、韭菜、黄豆芽、豆类;坚硬的食物,如油炸、烟熏食品或生冷食品等;易产气的食物,如竹笋、洋葱、大蒜、生萝卜等;产酸的食物,如番薯、马铃薯、过甜的点心及糖醋食物。另外,食物不宜过酸、过甜或过咸,要清淡爽口,少食草莓、菠萝、山楂等。

(二) 不同阶段的营养治疗

1. **急性发作出血期**　如患者出血量少,无恶心、呕吐和休克,可给予冷流质饮食,以中和胃酸、防止血管舒张、减少出血量。冷流质以牛奶、豆浆和稀藕粉为佳。每次 100~150 ml,每天 6~7 次。如出血量多则禁食,采用肠外营养($105~125$ kJ/kg)补充机体所需。

2. **急性发作后期**　初期或出血停止后,以富含蛋白质和糖类、易消化的流质饮食为主。每 2~3 小时进食一次,每次 100~150 ml,每天 6~7 次。如牛奶、豆浆、豆腐脑、米汤、蒸蛋羹、稀藕粉等,注意甜咸相间。

3. **病情缓解期**　调整为少渣半流质饮食,以细软易消化为主。食物内容在流质饮食基础上,将鱼、肉类用凉水煮开,再行蒸制,如蒸鱼、蒸肉饼、肉末蛋羹等。主食为烤馒头片、面包片、饼干、大米粥、面片粥、馄饨、挂面及细面条等,每天 5~6 次,每餐主食不超过 50 g。

4. **病情恢复期**　膳食应营养全面、清淡易消化。食物在少渣半流质饮食的基础上增加一些含纤维少的瓜菜(如冬瓜、土豆、去皮茄子、胡萝卜等)和成熟水果。主食为粥、馒头、花卷、面包、面条、面片等。每天 5~6 次,每餐主食不超过 100 g。

5. **合并贫血的患者**　增加富含铁的食物:海带、紫菜、木耳、香菇、豆类及其制品、各种肉类、禽蛋类、动物的肝肾及血。

三、食谱举例

为消化性溃疡患者编制食谱时要根据消化性溃疡所在的具体分期及其病理恢复状态选择流食(表 8-18)、半流食(表 8-19)、软食(表 8-20)或普通膳食(表 8-21),减少刺激,增加患者的饮食舒适程度,改善其营养状态,促进恢复。

表 8-18 消化性溃疡流食参考食谱

早餐	米汤(大米 25 g)	
加餐	藕粉 30 g	
午餐	鸡蛋羹(鸡蛋 50 g)	
加餐	豆腐脑 50 g	
晚餐	蛋花汤(鸡蛋 50 g)	
加餐	肠内营养制剂(粉剂 40 g)	
加餐	豆浆 200 ml	
营养成分	能量 2.64 MJ(630 kcal)	蛋白质 28 g(18%)
	脂肪 20 g(28%)	糖类 85 g(54%)

表 8-19　消化性溃疡半流食参考食谱

早餐	馄饨(面粉 50 g、猪瘦肉 20 g、白菜 100 g)	
加餐	豆浆 250 ml	
午餐	花卷 75 g，鸡蛋 50 g	
加餐	牛奶 250 ml	
晚餐	青菜肉丝面(面条 50 g、猪瘦肉 20 g、青菜 50 g)	
加餐	肠内营养制剂(粉剂 40 g)	
营养成分	能量 5.02 MJ(1 200 kcal)	蛋白质 56 g(19%)
	脂肪 28 g(21%)	糖类 180 g(60%)

表 8-20　消化性溃疡软食参考食谱

早餐	白米粥(大米 50 g),馒头(标准粉 50 g),鸡蛋羹(鸡蛋 50 g)	
加餐	豆浆 250 ml	
午餐	软米饭(大米 100 g),冬瓜肉末(冬瓜 200 g、猪瘦肉 50 g)	
加餐	牛奶 250 ml	
晚餐	馄饨[面粉 100 g、猪肉(肥瘦)75 g、白菜 200 g]	
营养成分	能量 7.11 MJ(1 700 kcal)	蛋白质 68 g(17%)
	脂肪 48 g(28%)	糖类 253 g(55%)

表 8-21　消化性溃疡普通膳食参考食谱

早餐	白米粥(大米 50 g),馒头(标准粉 100 g),牛奶 250 ml,咸鸭蛋 50 g	
午餐	软米饭(大米 100 g),鲫鱼豆腐汤(鲫鱼 50 g、南豆腐 60 g),大白菜 100 g,调和油 10 g	
加餐	豆浆 250 ml	
晚餐	软米饭(大米 100 g),番茄蛋汤(鸡蛋 50 g、番茄 100 g),油菜豆腐皮(油菜 100 g、豆腐皮 10 g),调和油 10 g	
加餐	牛奶 250 ml	
营养成分	能量 7.53 MJ(1 800 kcal)	蛋白质 72 g(16%)
	脂肪 55 g(27%)	糖类 265 g(57%)

第七节　骨质疏松症

　　田女士,50 岁,已婚,大学本科学历,干部。患者近 2 年感腰背疼痛明显,弯腰和下蹲时加剧,近 1 个月腰背疼痛加重,即来社区卫生服务机构妇女保健科就诊。既往 3 年前因子宫肌瘤、卵巢囊肿行子宫加双附件切除术,术前月经无异常,术后曾间断服用"替勃龙片"半年,后自行停药。1 年前滑倒后腕部骨折,后治愈,无高血压、糖尿病等慢性病史,无遗传病及传染病史。家庭经济收入稳定,夫妻关系和睦。生活习惯:每天咖啡 1 杯(约 200 ml)、牛奶 250 ml,每周运动<3 次。

　　体格检查:体温 36.3℃,脉搏 96 次 / 分,呼吸 18 次 / 分,血压 110/70 mmHg。身高 162 cm(原来 164 cm),体重 54 kg,发育正常,营养良好,意识清楚,自主体位,查体合作。心肺未闻及异常,腹软,肝、脾肋下未及,无压痛及反跳痛。四肢关节无红肿及变形,脊椎无畸形,无压痛及叩击痛。

　　辅助检查:1 个月前在外院体检,血钙、血磷无异常。双光能 X 线骨密度检查(DXA):L1~L4 骨密度 T-2.7(即低于正常 2.7 个标准差)。X 线摄片无明显异常。

　　初步诊断:严重骨质疏松症。

　　目前存在的健康问题:

　　(1) 危险因素:绝经后妇女,缺乏运动,喜欢喝咖啡。

　　(2) 患者 1 年前滑倒后出现腕部骨折,提示已经有骨质疏松症的存在,再次骨折风险明显增加,要积极控制危险因素,治疗骨质疏松症,避免再次骨折的发生。

　　(3) 患者经济收入稳定,文化水平较高,依从性较好。

　　请思考:

　　1. 骨质疏松好发人群有哪些?

　　2. 骨质疏松的饮食因素有哪些?

　　3. 骨质疏松的营养治疗原则有哪些?

　　骨质疏松症是以骨量减少和骨组织微观结构破坏为特征,导致骨脆性增加和骨折危险性增高的全身性骨病。骨质疏松症可发生于任何年龄,但多见于绝经后女性和老年男性。

一、膳食营养相关因素

　　1. 钙　钙在骨骼中是以羟磷灰石的形式存在的,骨骼中的钙含量占全身总钙量的 99% 左右。青少年时期钙的摄入情况与老年时期骨质疏松的发生和发展状况有密切关系。如果青少年期开始就有足够的钙供给，可有效提升骨矿化水平，使成年后达到更高的骨密度峰值。若长期保持适宜钙摄入，不仅能延缓骨质疏松进程，还可显著降低骨折风险。随年龄增长而出现的骨矿物质丢失可能是长期钙摄入不足、吸收不良和排泄增多综合作用的结果。调节体内钙代谢的因素主要包括维生素 D、甲状旁腺素、降钙素和雌激素等。雌激素分泌能力下降，以致肾保留钙以减少排出的能力降低，加上缺乏运动，可能是绝经后妇女骨质疏松的重要原因。

2. 磷 过高的血磷会抑制 $1,25-(OH)_2D_3$ 生成，导致钙吸收下降。一般认为钙磷比值 $1:1\sim2:1$ 范围是合适的。

3. 维生素 维生素 A 参与骨胶原和糖胺聚糖的合成，有利于骨钙化，摄入过低（<500 μg RAE/d）或过高（>15 000 μg RAE/d）都会损害骨健康。维生素 C 参与骨胶原和黏多糖的合成，对骨钙化有利。维生素 D 在活化状态下 $[1,25-(OH)_2D_3]$ 促进小肠钙吸收，减少肾钙磷排泄，有利于骨钙化。维生素 K 缺乏时，骨钙素中部分谷氨酸残基不能形成 γ- 羧化谷氨酸，因而与羟磷灰石结合力低下，影响骨骼的正常矿化。

4. 蛋白质 是组成骨基质的原料，但摄入高蛋白膳食可增加尿钙排泄，所以蛋白质的摄取量要与钙的摄取量保持平衡。

二、营养治疗与膳食指导

骨质疏松症的预防比治疗更为重要，必须从儿童时期就开始重视均衡营养和规律运动。营养治疗的目的是在合理能量和蛋白质供给的基础上，通过膳食补充钙、磷、维生素 D 等，预防和治疗骨质疏松症。

(一) 营养治疗原则

1. 为机体补充足够的钙 中青年推荐每天钙摄入量为 800 mg，50 岁以上中老年、妊娠中晚期及哺乳期人群推荐每天摄入量为 1 000 ~1 200 mg。

2. 适量的磷 膳食磷的适宜供给量为 700 mg/d，合适的钙磷比例有利于钙的利用和减慢骨钙丢失。如磷摄入过多，可能会加重骨质疏松的危险性。磷的可耐受最高摄入量是 3 000 mg/d，值得注意的是食物中普遍富含磷，且一些食品在加工时往往添加多种含磷添加剂。

3. 充足的维生素 维生素 D 促进钙的吸收和利用，推荐摄入量为 10 μg/d，适量多晒太阳，以增加体内维生素 D 的合成。维生素 A 促进骨骼发育，维生素 C 促进骨基质中胶原蛋白的合成，故应足量供给。

4. 适量的蛋白质 蛋白质可促进钙的吸收和储存，但过量也促进钙的排泄，故应适量供给。奶中的乳白蛋白、蛋类的白蛋白、骨中的骨白蛋白、核桃的核白蛋白，都含胶原蛋白和弹性蛋白，是合成骨基质的重要原料，日常膳食可合理选用。

5. 科学的烹调 谷类含有植酸，某些蔬菜富含草酸，它们与钙结合成不溶性钙盐而减少钙的吸收,故在烹调上应采取适当措施去除干扰钙吸收的因素。如植酸酶在55℃环境下活性较高,因此可加适量温水浸泡大米后再洗,以激活大米中植酸酶的活性,促进植酸分解。在面粉、豆粉、玉米粉中加入发酵剂发酵一段时间,可使植酸水解,增加钙游离。对草酸含量较高的蔬菜,可先经沸水焯烫(建议1~2分钟),使部分草酸溶出后再进行烹调。

(二)营养教育

1. **营养教育**　更年期妇女和老年人是骨质疏松症的高发人群,针对这类人群的营养教育应着重注意:一是纠正不良饮食习惯,二是通过科学的膳食搭配提高钙的吸收利用率,从而有效地预防骨质疏松症。

2. **宜用食物**　富含钙和维生素D的食物,如奶及其制品、小虾皮、海带、豆类及其制品、沙丁鱼、鲑鱼、青鱼、鸡蛋等;各种主食,特别是发酵的谷类;各种畜禽鱼肉类;各种水果和蔬菜(含草酸高的除外)。

3. **忌(少)用食物**　含草酸高的菠菜、空心菜、冬笋、茭白、洋葱头等,应先焯后烹调。

三、食谱举例

骨质疏松症患者的饮食要注意食物钙的含量与吸收率的问题,增加容易吸收的钙源与高生物价蛋白,减少抑制钙吸收的食物因素与烹调因素。

具体食谱见表8-22。

表8-22　骨质疏松症患者食谱举例

早餐	脱脂牛奶(250 ml),馒头(面粉75 g)
午餐	米饭(大米125 g),豆腐干炒瘦猪肉(豆腐干60 g,瘦猪肉50 g),虾皮咸蛋白菜汤(虾皮5 g,咸蛋40 g,白菜200 g)
晚餐	米饭(大米100 g),清蒸草鱼(100 g),炒油菜(200 g),海带猪骨汤(海带30 g,猪骨25 g),橙子100 g
营养成分	能量7.68 MJ(1 835 kcal)　　蛋白质78.6 g(17%)　钙1 198 mg 脂肪45.9 g(23%)　　　　　　糖类276.9 g(60%)

注:全天烹调用油25 g。

执考考点

1. 冠心病患者的膳食原则。
2. 糖尿病患者食物选择原则。
3. 骨质疏松症患者营养治疗应采取的措施。

4. 痛风患者营养治疗的具体措施。

5. 消化性溃疡饮食治疗原则。

在线测试

一、选择题

请扫描二维码完成在线测试。

二、简答题

1. 简述高血压患者应如何进行营养治疗。

2. 简述适用于肥胖患者的限制能量平衡膳食模式的基本内容。

3. 痛风患者如何控制蛋白质摄入?

4. 举例说明矿物质与肿瘤的关系。

5. 消化性溃疡患者的饮食禁忌有哪些?

6. 简述骨质疏松症患者补钙要点。

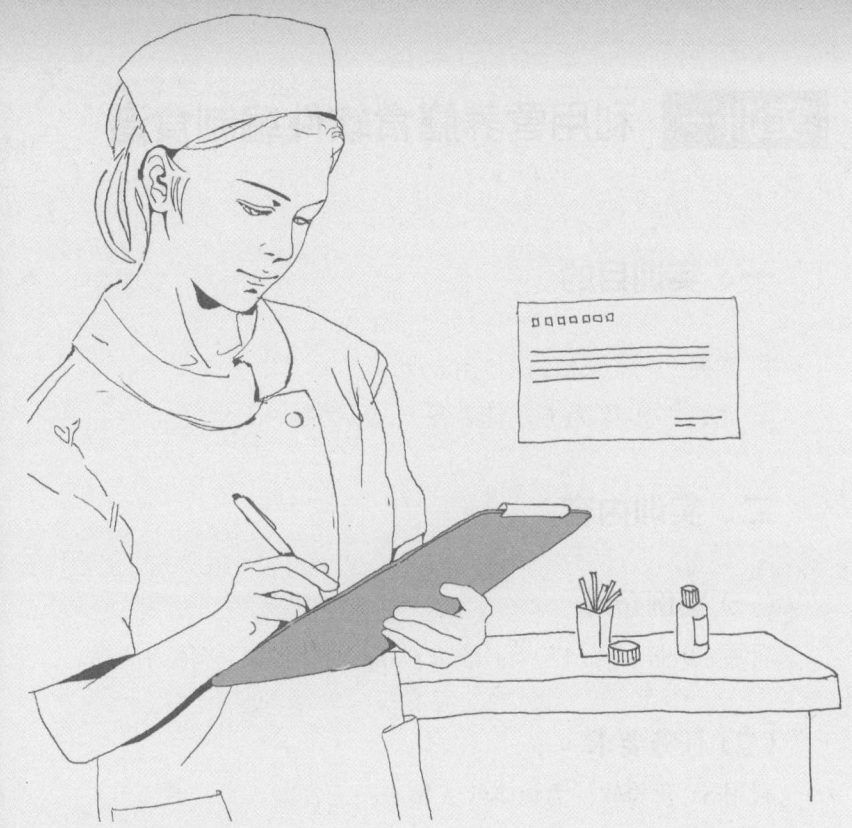

实训教程

实训一 利用营养膳食软件编制食谱

一、实训目的

1. 掌握 SY 营养软件的使用方法。
2. 能够利用 SY 营养软件为各类人群编制一天食谱。

二、实训内容

（一）案例介绍

胡某,70 岁,身高 170 cm,体重 62 kg,身体健康,轻体力活动。

（二）任务要求

利用 SY 营养软件为该老年人编制一天食谱。

三、实训步骤

（一）公共食谱制订

1. 设定食谱制订的相关信息。

（1）点击软件图标,打开 SY 营养分析食谱制订软件(图实 1-1)。

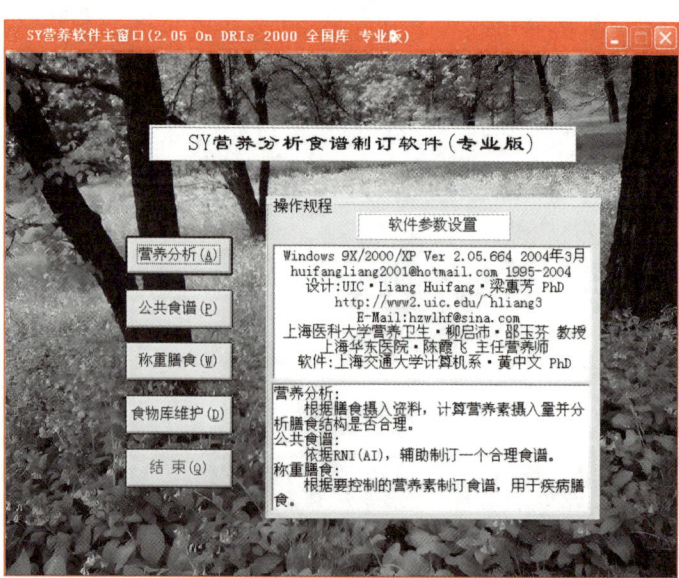

图实 1-1　SY 营养软件主窗口

(2) 点击"公共食谱(P)"定义制订食谱的对象,在食谱制订向导中输入编号、姓名、性别、年龄、健康状况、身高(cm)、体重(kg);根据劳动强度选择RNI(AI)标准。例如,编号01,胡某,男,70岁,正常,170 cm,62 kg,55(RNI)(图实1-2)。

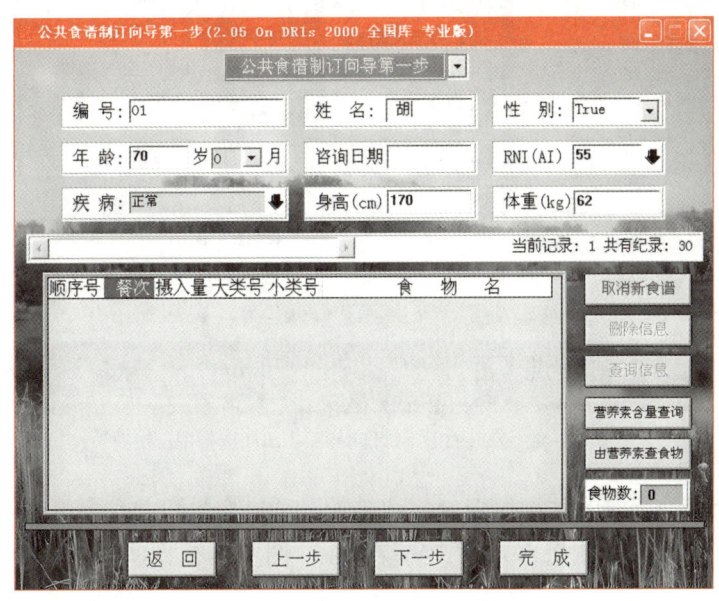

图实1-2 公共食谱制订向导第一步

2. 根据个人喜好选择食物。

点击"下一步",依次选择食物类别、品种和数量,包括粮食、干豆、蔬菜、水果、肉鱼蛋、乳类、纯热能类、点心及其他,具体操作方法见图实1-3、图实1-4。

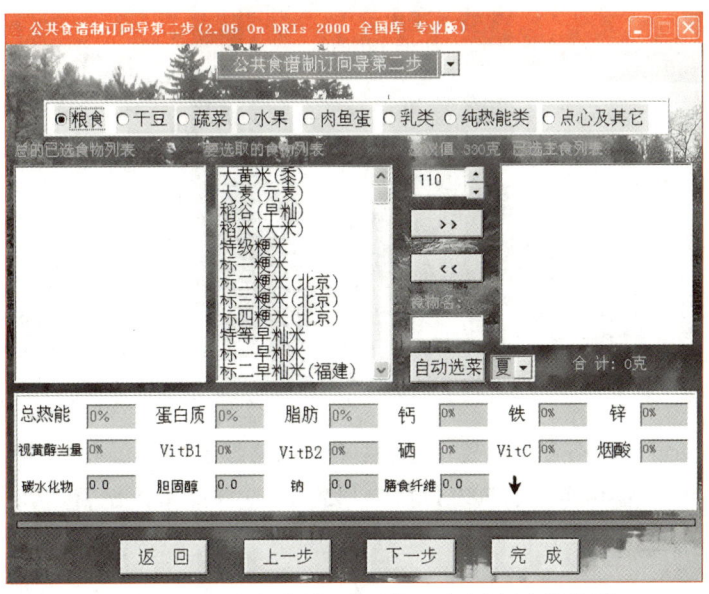

图实1-3 公共食谱制订向导第二步(选择食物类别)

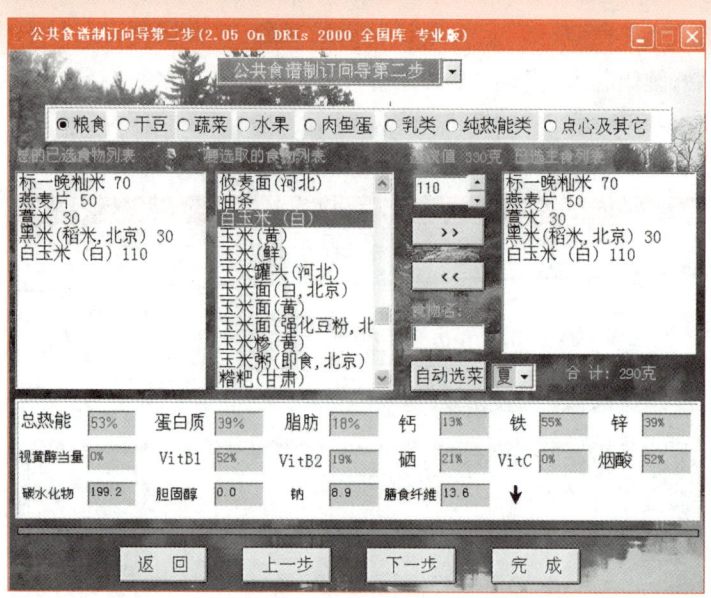

图实1-4　公共食谱制订向导第二步(选择品、数量)

3. 将全部已选取的食物列表分配到早餐、午餐、晚餐和点心菜单中,所显示的能量比,早餐只有9%,而午餐占40%,晚餐占43%(图实1-5、图实1-6)。

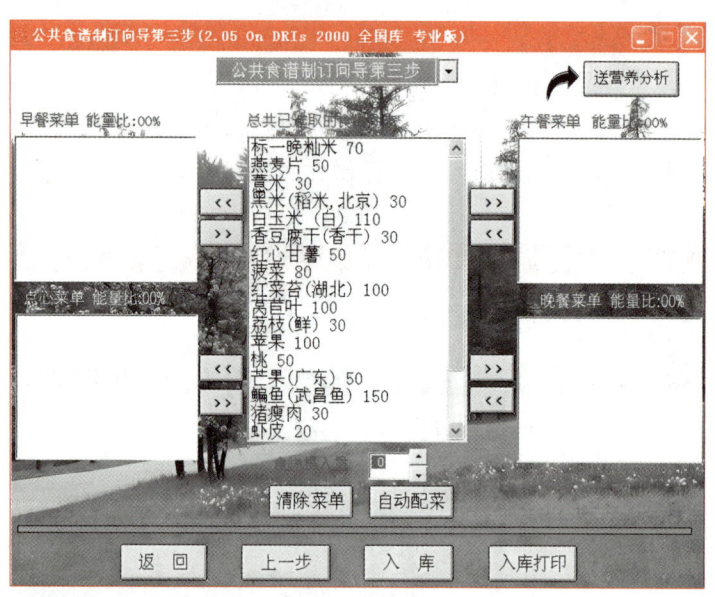

图实1-5　公共食谱制订向导第三步(已选取的食物列表)

4. 针对能量分配不合理的餐次,对食物进行调整。将点心菜单中的部分食物放进早餐,同时将午餐和晚餐的燕麦片放入早餐中,这样能量比例就达到了早餐32%,午餐39%,晚餐28%(图实1-7)。

(二)营养分析

1. 点击"营养分析",对食谱进行营养分析,将各项基本情况选定,并将食谱导入

（图实 1-8）。

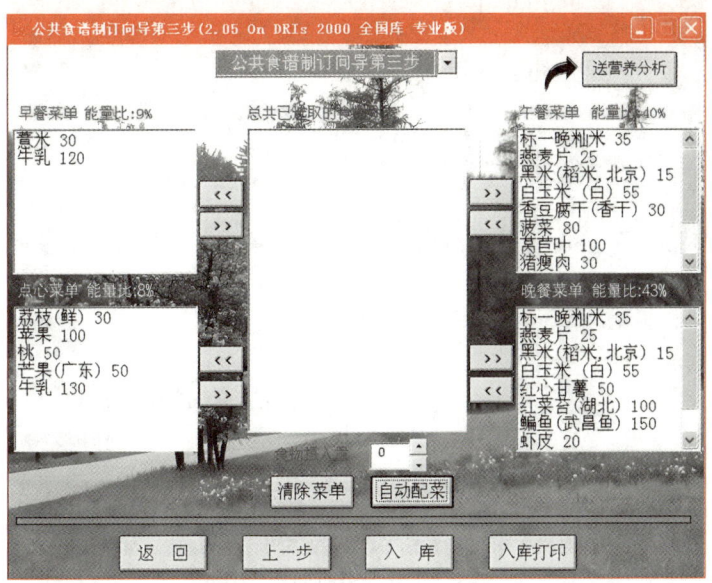

图实 1-6　公共食谱制订向导第三步（分配三餐食物）

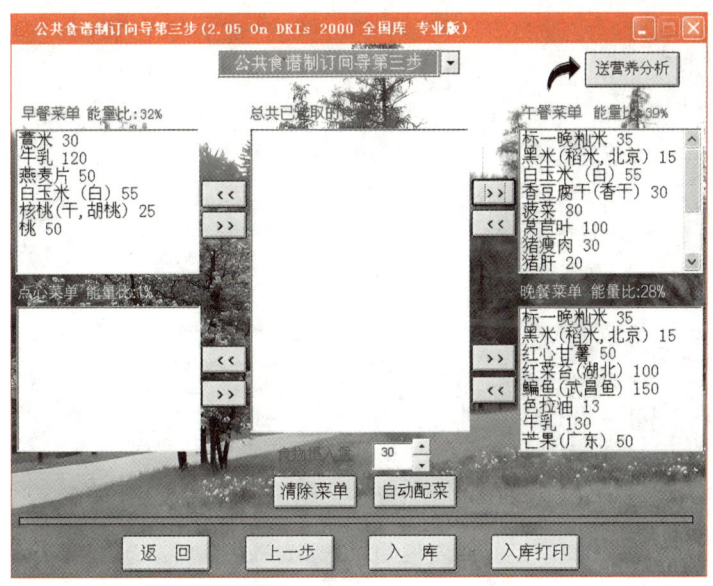

图实 1-7　公共食谱制订向导第三步（调整食物）

2. 点击"下一步"，进行各项设置，点击"下一步"，自动配餐（图实 1-9）。

3. 手动调整，使其符合三餐能量比。

（1）阅读软件营养分析结果，对各营养素摄入量与中国居民膳食营养素参考摄入量进行对比分析，必要时点击"食谱修改"作调整（图实 1-10）。

（2）阅读软件营养分析结果，了解本食谱中蛋白质来源、脂肪来源、氨基酸构成等信息，必要时点击"食谱修改"作调整（图实 1-11）。

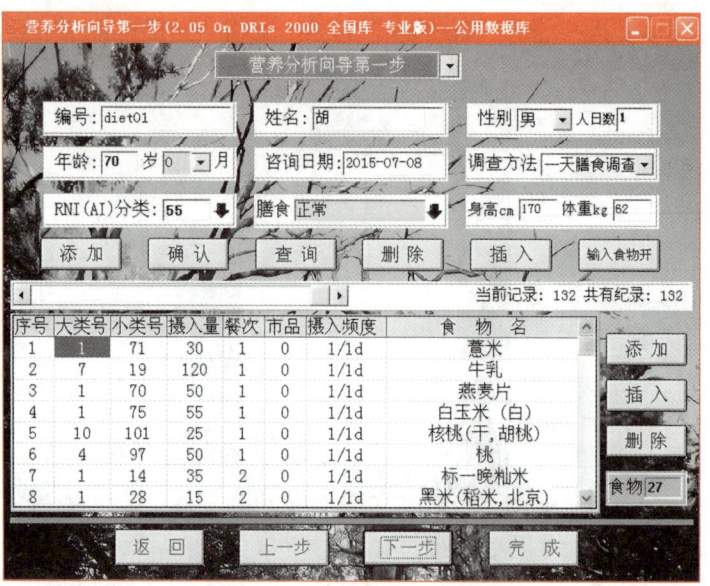

图实 1-8　营养分析向导第一步

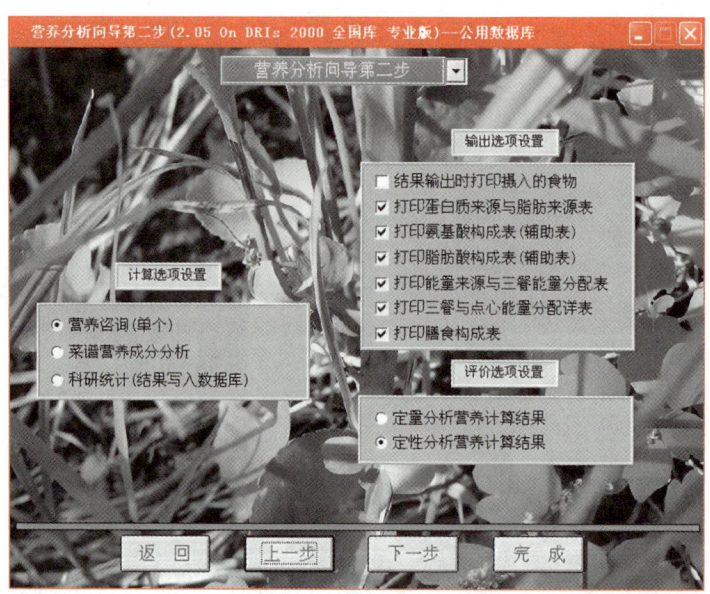

图实 1-9　营养分析向导第二步

　　(3) 阅读软件营养分析结果,了解本食谱中脂肪酸构成、能量来源、三餐能量分配比等信息,必要时点击"食谱修改"作调整(图实 1-12)。

　　(4) 阅读软件营养分析结果,了解本食谱的膳食构成并作出营养评价与建议"营养素摄入充足",必要时点击"食谱修改"作调整(图实 1-13)。

　　4. 最终确定一天食谱并打印(图实 1-14)。

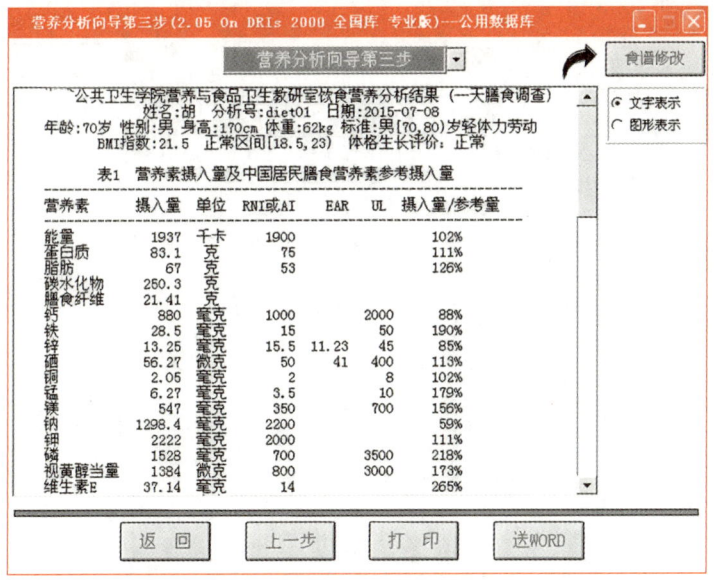

图实 1-10　营养分析向导第三步（对比分析）

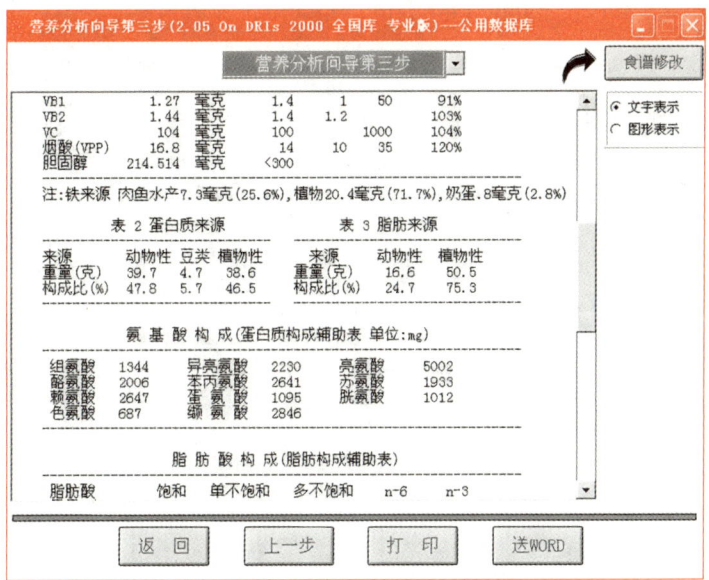

图实 1-11　营养分析向导第三步（了解信息）（1）

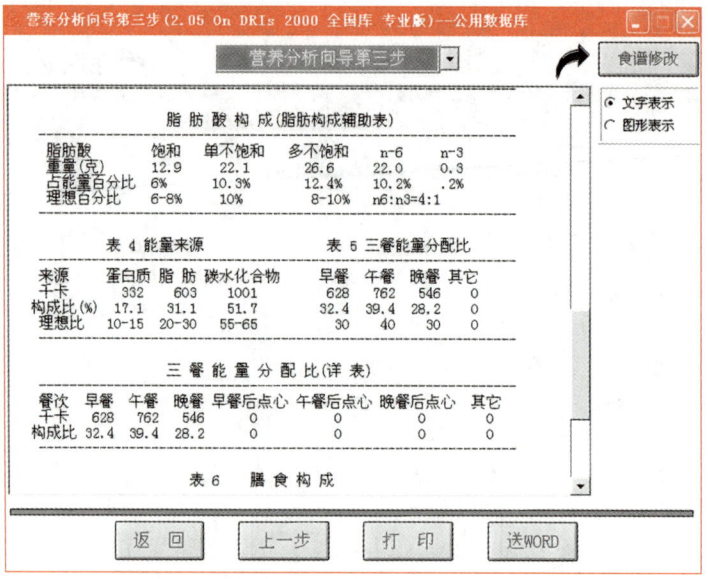

图实 1–12　营养分析向导第三步(了解信息)(2)

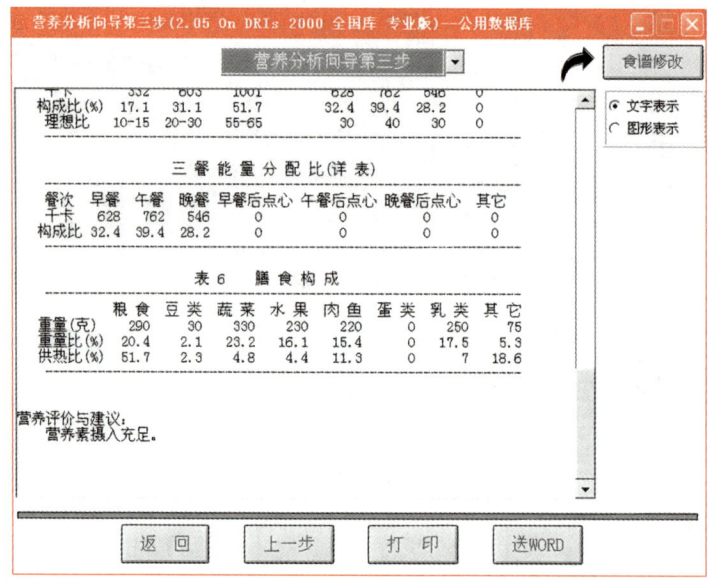

图实 1–13　营养分析向导第三步(营养评价与建议)

公共卫生学院营养与食品卫生教研室饮食食谱制订结果

姓名:胡××   分析号:Nutrdiet01   日期:

早餐食谱(共4种)   **点心食谱(共0种)**

1: 牛乳	80克	
2: 白玉米(白)	110克	
3: 燕麦片	25克	
4: 苹果	100克	

午餐食谱(共12种)   **晚餐食谱(共9种)**

午餐		晚餐	
1: 燕麦片	25克	1: 标一晚籼米	35克
2: 标一晚籼米	35克	2: 黑米(稻米,北京)	15克
3: 黑米(稻米,北京)	15克	3: 菠菜	80克
4: 香豆腐干(香干)	30克	4: 红心甘薯	50克
5: 莴苣叶	100克	5: 猪瘦肉	30克
6: 红菜苔(湖北)	100克	6: 虾皮	20克
7: 猪肝	20克	7: 色拉油	13克
8: 鳊鱼(武昌鱼)	250克	8: 牛乳	80克
9: 色拉油	12克	9: 薏米	30克
10: 芒果(广东)	50克		
11: 荔枝(鲜)	30克		
12: 桃	50克		

图实 1-14   确定一天食谱并打印

四、讨论

1. 分小组汇报,独立完成实训报告。
2. 思考:调整食谱的依据是什么?
3. 课后作业:根据所学知识,为自己或某成年人编制一天食谱。

实训二   孕妇膳食指导

一、实训目的

结合章节学习,熟悉孕妇的营养需要和营养不良对母婴的影响,并能根据不同孕期特点进行膳食指导。

二、实训内容

(一)案例介绍

某女性,28 岁。妊娠 30 周,身高 158 cm,体重 75 kg。

入院检查:体温 36.5℃,血压 130/85 mmHg,心率 105 次/分,呼吸 20 次/分。

实验室检查：血常规红细胞 4.5×10^{12}/L，白细胞 8.0×10^{9}/L，血红蛋白 137 g/L，空腹血糖 7.3 mmol/L。尿常规正常，肝功能正常。

临床诊断：妊娠期糖尿病，巨大儿。

（二）任务要求

分析本案例特点，试指导该孕妇合理营养。

三、实训步骤

（一）实训准备

复习妊娠期生理特点及各个时期的营养需要。

（二）实训方法

1. 分小组完成项目任务。

（1）根据该孕妇的检查数据，找出哪些数据不在正常范围内，作出初步营养状况评估。

（2）分析该孕妇哪些检查数据可能会对孕妇本人和胎儿产生不良影响？哪些数据可以通过合理膳食得到纠正？

（3）结合孕期膳食营养原则，撰写合理的营养指导建议。

2. 各小组撰写汇报材料，完成汇报 PPT。

3. 小组代表汇报，各组互评。

四、讨论

如何预防妊娠期糖尿病？

实训三 老年人膳食指导

一、实训目的

通过对资料的分析，了解影响老年人营养的因素，熟悉老年人的营养需要和营养不良对老年人健康的影响，并能根据老年人的特点进行营养指导。

二、实训内容

(一) 案例介绍

患者,女,65 岁,身高 155 cm,体重 65 kg。

病史:患者 2 个月前开始出现胸闷、气短症状,呈阵发性发作,以胸前区为重,常于活动时或情绪激动时发作,每次发作时间不等,休息后缓解。近 10 天来,上述症状加重,伴咳嗽、咳痰,发作频繁,持续时间延长,遂来院就诊。血压 120/90 mmHg。喜咸食。

实验室检查:血、尿常规各项指标均正常。空腹血糖 8.2 mmol/L,甘油三酯(TG) 9.0 mmol/L。

临床诊断:冠心病,高血压,2 型糖尿病,肺炎。

(二) 任务要求

根据本案例特点,请解决以下问题:

1. 上述疾病的发生与哪些饮食因素有关?
2. 为该老人开展合理营养指导。

三、实训步骤

(一) 实训准备

1. 课前复习老年人的年龄界定、生理特点、营养需要和膳食营养原则。
2. 搜集老年人常见的营养问题及产生营养问题的原因等相关资料。

(二) 实训方法

1. **分组** 将班级学生分成小组,推选出组长;组长组织组员完成项目任务。

(1) 根据患者的基本情况、病史、实验室检查信息,评估患者健康状况。

(2) 分析患者的膳食营养存在哪些问题,提出改进的建议。

(3) 为该老年人撰写营养改善建议意见。

2. **汇报** 组长组织本组成员进行讨论、分析,整理成完整材料,并由组长进行汇报。

3. **互评** 根据各组组长的汇报,各组互评。

4. **点评** 指导教师根据各组组长的汇报情况和小组互评结果,进行点评。

四、讨论

应如何安排该老年人合理膳食？根据讨论结果，撰写实训报告。

实训四　膳食调查与评价

一、实训目的

1. 掌握 24 小时膳食回顾调查表的设计、使用方法和注意事项。
2. 能正确填写和整理调查表，进行膳食评价。
3. 通过膳食调查体会卫生工作人员的社会职责，提升沟通能力，并能诚恳指出调查对象膳食中存在的问题。

二、实训内容

利用已学习的 24 小时膳食回顾调查方法，在本学年某班级中进行为期 3 天的膳食调查，了解同学们的饮食习惯、膳食结构是否合理。

三、实训步骤

（一）实训准备

1. **物品**　中国食物成分表、图谱、24 小时膳食回顾调查表、笔记本、铅笔、橡皮。
2. **器材**　计算器、计算机及营养计算软件、标准容器、食物模型等。
3. **环境**　学生宿舍或教室。

（二）实训方法

1. 设计或选用 24 小时膳食回顾调查表，可选用中华人民共和国卫生行业标准中膳食调查方法中的一部分：24 小时膳食回顾调查表（表实 4-1）。

24 小时膳食回顾调查表的基本信息应包括进餐时间、食物名称、原料名称、原料重量及可食部分占比（生熟量分别记录，如果是液体食物要记录体积）等，除此之外可加入调查对象的基本信息（姓名、性别、年龄、联系方式等）。

表实 4-1　24 小时膳食回顾调查表

姓名＿＿＿　性别＿＿＿　年龄＿＿＿　生理状况＿＿＿　劳动强度＿＿＿　联系电话＿＿＿＿＿＿＿

进餐时间	食物名称	原料名称	原料重量	可食部分占比

注：1. 生理状况：正常、孕妇、乳母。

2. 劳动强度：分为轻体力活动（一般指办公室工作、修理电器钟表、售货员工作、服务员工作、实验操作讲课等）、中等体力活动（一般指学生日常活动、机动车驾驶、电工安装、车床操作、金属制造等）、重体力活动（一般指非机械化农业劳动、炼钢、舞蹈、体育运动、装卸、采矿等）。

3. 进餐时间：分为早餐、上午零食、午餐、下午零食、晚餐、晚上零食。

4. 根据调查目的也可在表中添加进餐地点、制作方法和制作地点等内容。

2. **膳食调查**　准备好调查表和图谱、标准容器并确定其单位容量的位置后，同学之间模拟陌生人互相进行 24 小时膳食回顾调查或到其他班级的学生宿舍进行调查。调查过程中要注意以下几点：

（1）24 小时膳食回顾调查法的特点为调查前无预告，调查前要与受访者建立良好的沟通氛围，并说明调查仅供研究使用，不会对外泄露个人信息。

（2）引导受访者按照时间顺序回忆 24 小时之前所食用的食品，提醒有无零食、饮料等摄入，如有应进一步了解所摄入食品的制造商、包装、有效期，最后通过食品包装的成分说明了解每种食品的配料、食品或原料重量、料理方法等信息。

（3）如果受访者食用了面包、牛奶、零食等，需详细记录食品的品牌、名称与容量规格，便于后期复查时准确核实食品摄入量。

（4）完成常规餐食调查后，应询问受访者是否有单独服用维生素、微量元素类保健品、蛋白质饮品、减肥药、功能性饮料以及其他药品等。

3. **调查结果计算**　膳食调查完成后，调查者需要查阅食物成分表，或使用教师确认过的营养计算软件，计算每种营养素的平均摄入量，并明确下列指标：

（1）每天膳食中各类食物的可食部重量及构成比例。

（2）了解各类营养素的每天推荐摄入量。

（3）三大产能营养素提供的能量及各自占总能量的比例。

（三）结果评价与干预

1. 提交膳食评价结果。

2. 针对膳食调查中存在的营养问题提出合理建议。

四、讨论

分组讨论膳食调查过程中遇到的问题及如何提高膳食调查的准确性。

实训五　临床营养健康教育指导

一、实训目的

1. 熟悉常见心血管疾病的膳食营养相关因素。
2. 掌握常见心血管疾病营养治疗的原则。
3. 能够从患者具体情况出发,给予合理的膳食指导。
4. 能够积极开展多形式的健康宣教活动,帮助患者及健康人群了解心血管疾病的相关营养知识。

二、实训内容

(一)案例介绍

王某,男性,52岁。因"反复出现胸闷、气短、心前区疼痛1年,加重1周"入院。诊断为冠心病、不稳定型心绞痛、高血压。既往有高血压病史20年。入院体格检查:心率79次/分,血压170/98 mmHg;双肺听诊可闻及干、湿啰音;双下肢轻度水肿。辅助检查:心电图示T波低平,ST段下移。冠状动脉造影发现左冠状动脉前降支40%~50%狭窄。

入院后,责任护士为其测量身高175 cm,体重87 kg,并通过膳食调查了解到:王先生为大货车司机,日常口味较重,平时饮食中摄入肥肉、动物内脏等油腻性食物较多。有长期吸烟与饮酒史,偶尔运动。

(二)任务要求

1. 讨论、分析案例中患者存在的营养相关危险因素。
2. 依据患者具体情况,尝试为其设计一份科学、合理的膳食指导方案。
3. 选择合理的沟通方式,为患者开展营养健康教育指导。

三、实训步骤

1. 分组讨论并分析案例相关内容,明确患者存在的营养相关危险因素。

2. 依据案例分析结果,结合患者具体情况,设计一份膳食指导方案。

3. 以小组为单位,通过角色扮演等活动方式,模拟对患者开展营养健康教育指导场景。

4. 教师对实训全过程进行指导、评价和总结,并提出改进意见。

四、课后模拟训练

以小组为单位,针对居民社区、校园等健康人群设计一场心血管疾病营养健康宣教活动,实践并撰写活动实施报告。

实训六　糖尿病患者食谱编制

一、实训目的

通过为糖尿病患者编制食谱,熟悉糖尿病患者食物选择的原则,能用食品交换份法给糖尿病患者正确地编制食谱。

二、实训内容

(一)案例介绍

患者,男,62 岁。身高 162 cm,体重 62 kg,退休教师,体检发现空腹血糖 6.8~9.8 mmol/L,餐后血糖 6.7~18.3 mmol/L,有多饮、多食、多尿症状,诊断为 2 型糖尿病住院治疗。

(二)任务要求

1. 用食品交换份法为该糖尿病患者编制适当的食谱。

2. 为认识或熟悉的糖尿病患者编制不同的一天食谱两套。

三、实训步骤

临床上通常采用食品交换份法来为糖尿病患者制订食谱(以上文案例为例,患者身高 162 cm,体重 62 kg,从事轻体力活动)。

(一)计算该患者的标准体重并评价其营养状况

1. 计算标准体重

$$标准体重(kg) = 身高 - 105 = 162 - 105 = 57(kg)$$

2. 评价营养状况

体重差值百分比 = [实测体重(kg) − 标准体重(kg)] ÷ 标准体重(kg) × 100%

$\qquad$ = (62−57) ÷ 57 × 100%

$\qquad$ = 8.8%

判断:该患者属于正常体重。

(二)计算全天能量需要量及主要营养素数量

计算全天能量需要量及营养素数量,查表实 6−1 可知:体重在正常范围内的轻体力活动者每天每千克体重的能量需要量为 25~30 kcal,本例可取 30 kcal 进行计算。

本例:全天能量需要量(kcal)= 标准体重(kg)× 单位标准体重能量需要量(kcal/kg)= 57 × 30 = 1 710(kcal)。

其中,脂肪占 25%,脂肪 =(1 710 × 0.25)÷ 9 ≈ 48(g)

蛋白质占 15%,蛋白质 =(1 710 × 0.15)÷ 4 ≈ 64(g)

表实 6–1　不同体力活动能量需求　　　　　单位:kcal/(kg·d)

劳动强度	低体重	体重正常	超重或肥胖
卧床休息	25~30	20~25	15~20
轻体力劳动 (公司职员、简单家务等)	35	25~30	20~25
中体力劳动 (学生的日常活动、机动车驾驶等)	40	30~35	30
重体力劳动 (非机械化的农业劳作、舞蹈、体育运动等)	40~50	40	35

注:1 kcal ≈ 4.2 kJ。

(三)确定能量交换单位份数

确定能量交换单位份数,从表实 6–2 可知:1 710 kcal(7.2 MJ)共需 19 个食物能量等值交换份,其中谷薯类 11 个交换份,蔬果类 1 个交换份,肉蛋类 3 个交换份,豆乳类 2 个交换份,油脂类 2 个交换份。

表实 6–2　不同能量所需的各类食品交换份数

能量 /MJ	交换单位	谷薯类	蔬果类	肉蛋类	豆乳类	油脂类
1 200	14	6	1	3	2	2
1 400	16	8	1	3	2	2
1 600	18	10	1	3	2	2
1 800	20	12	1	3	2	2
2 000	22	14	1	3	2	2
2 200	24	16	1	3	2	2

该患者病情稳定,规律进食,早、中、晚三餐能量比例为 1/5、2/5、2/5,将上述食品份数按比例分配,见表实 6-3。

表实 6-3　一日三餐各类食品交换份数分配　　　　　　　　单位:份

食品种类	全天交换	早餐	中餐	晚餐
谷薯类	11	2	5	4
蔬果类	1	0.25	0.5	0.25
肉蛋类	3		2	1
豆乳类	2	1.5	0.5	
油脂类	2		1	1
合计	19			

(四) 确定各类食品的种类与数量

根据表实 6-4 ~ 表实 6-10 确定各类食品的种类与数量。

表实 6-4　谷薯类食品能量等值交换份表

食品名称	质量 /g	食品名称	质量 /g
大米、小米、糯米、玉米、薏米、高粱	25	烧饼、烙饼、馒头	35
面粉、米粉、玉米粉、通心粉	25	咸面包、窝窝头	35
各种挂面、龙须面、混合面、荞麦面	25	生面条、魔芋生面条	35
油条、油饼、燕麦片、苏打饼干	25	马铃薯	100
绿豆、红豆、芸豆、干豌豆	25	湿粉皮	150
干莲子、干粉条	25	鲜玉米(1 个,带棒心)	200

注:每份谷薯类食品提供蛋白质 2 g,糖类 20 g,能量 377 kJ(90 kcal)。根茎类一律以净食部分计算。

表实 6-5　大豆及其制品类食品能量等值交换份表

食品名称	质量 /g	食品名称	质量 /g
腐竹	20	北豆腐	100
大豆、大豆粉	25	南豆腐(嫩豆腐)	150
豆腐丝、豆腐干、油豆腐	50	豆浆	400

注:每份大豆及其制品类食品提供蛋白质 9 g,脂肪 4 g,糖类 4 g,能量 377 kJ(90 kcal)。

表实 6-6　奶类食品能量等值交换份表

食品名称	质量 /g	食品名称	质量 /g
奶粉	20	无糖酸奶	130
脱脂奶粉、奶酪	25	牛奶、羊奶	160

注:每份奶类食品提供蛋白质 5 g,脂肪 5 g,糖类 6 g,能量 377 kJ(90 kcal)。

表实 6-7　肉蛋类食品能量等值交换份表

食品名称	质量/g	食品名称	质量/g
鸡蛋粉	15	鸡蛋(1大个,带壳);鸭蛋、松花蛋(1大个,带壳);鹌鹑蛋(6个,带壳)	60
熟火腿、香肠	20	带鱼、大黄鱼、黑鲢、鲫鱼、草鱼、鲤鱼、甲鱼、比目鱼、对虾、青虾、鲜贝	80
肥瘦猪肉	25	兔肉、蟹肉、水发鱿鱼	100
熟叉烧肉(无糖)、午餐肉、熟酱牛肉、熟酱鸭、大肉肠	35	鸡蛋清	150
猪肉、牛肉、羊肉(瘦)、带骨排骨、鸭肉、鹅肉	50	水发海参	350

注:每份肉、蛋类食品提供蛋白质9g,脂肪6g,能量377kJ(90kcal)。除蛋类按市品重量计算外,其余菜一律以净食部分计算。

表实 6-8　水果类食品能量等值交换份表

食品名称	质量/g	食品名称	质量/g
柿子、香蕉、鲜荔枝	150	橘子、橙子、柚子、猕猴桃	200
苹果、梨、桃、葡萄、李子、杏	200	西瓜、草莓	300

注:每份水果类食品提供蛋白质1g,糖类21g,能量377kJ(90kcal)。每份水果一律按市品重量计算。

表实 6-9　蔬菜类食品能量等值交换份表

食品名称	质量/g	食品名称	质量/g
毛豆、鲜豌豆	70	白萝卜、青椒、茭白、冬笋	400
慈姑、百合、芋头	100	大白菜、圆白菜、菠菜、油菜、空心菜、苋菜、芹菜、韭菜、茼蒿、冬瓜、苦瓜、黄瓜、丝瓜、茄子、番茄、西葫芦、莴笋、芥蓝、绿豆芽、鲜蘑、水发海带	500
山药、荸荠、藕	150		
胡萝卜	200		
鲜豇豆、扁豆、洋葱、蒜苗	250		
南瓜、菜花	350		

注:每份蔬菜类食品提供蛋白质2g,糖类17g,能量377kJ(90kcal)。每份蔬菜一律以净食部分计算。

表实 6-10　油脂类食品能量等值交换份表

食品名称	质量/g	食品名称	质量/g
豆油、玉米油、花生油(1汤匙)	10	猪油、牛油、羊油	10
菜籽油、香油、红花油(1汤匙)	10	黄油	10

注:每份油脂类食品提供脂肪10g,能量377kJ(90kcal)。

（五）形成一天食谱

食谱安排，将前面选定的食物安排到一天三餐中，即完成了配餐。

根据表实 6-4~ 表实 6-10 确定每类食物的名称与数量，则应吃谷类食物 285 g，蔬菜 375 g，水果 75 g，肉蛋类食品可选用清蒸带鱼 80 g、熟酱牛肉 35 g、大鸡蛋 1 个，豆类选香干 25 g，乳类选牛奶 1 盒（240 g），油脂选用橄榄油 20 g。具体食谱见表实 6-11。

表实 6-11　糖尿病患者食谱举例

食物类别	早餐		午餐		晚餐	
	食物	质量 /g	食物	质量 /g	食物	质量 /g
主食	燕麦片 窝窝头	25 35	大米饭 （生米量）	125	牛肉青菜面 （挂面）	100
副食	草莓	75	番茄蛋汤 （番茄） （鸡蛋） 清蒸带鱼 芹菜炒香干 （芹菜） （香干）	125 60 80 125 25	牛肉青菜面 （熟酱牛肉） （青菜）	35 125
油脂类	牛奶	240	橄榄油	10	橄榄油	10

187

（六）课堂交流食谱

重复上述步骤，为认识或熟悉的糖尿病患者编制不同的一天食谱 4 套，并在课堂上交流。

四、讨论

如何为同一患者编制不同季节的一天食谱？

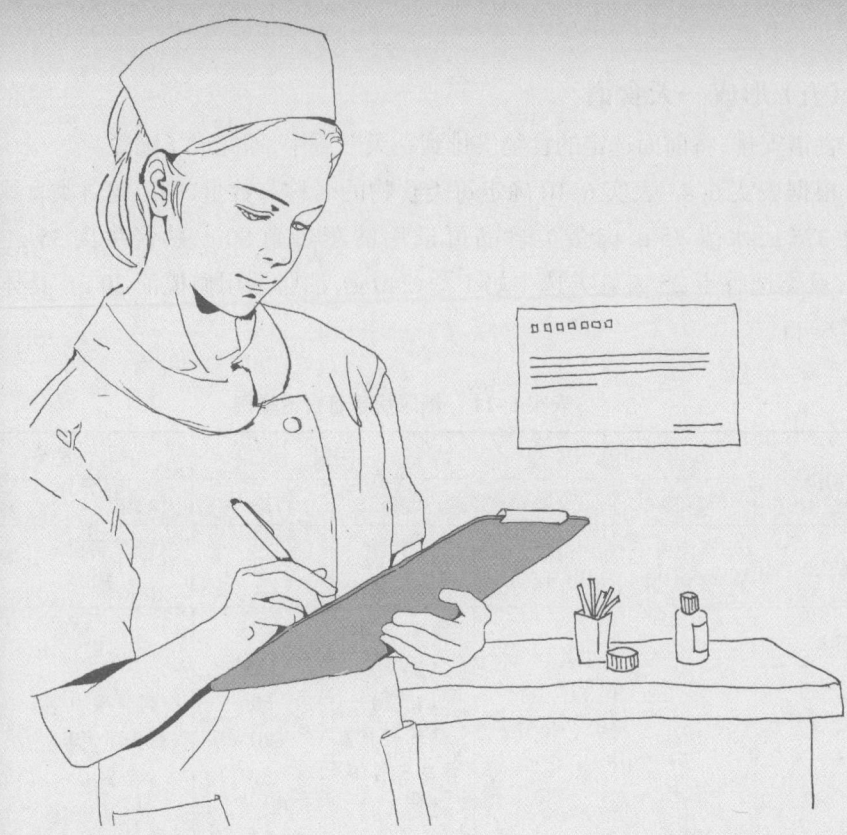

附录

附录一　常见食物营养成分表

1. 谷类及其制品

食物名称	可食部分/%	能量/g	水分/g	蛋白质/g	脂肪/g	膳食纤维/g	糖类/g	视黄醇当量/μg RAE	维生素B$_1$/mg	维生素B$_2$/mg	烟酸/mg	维生素E/mg	钠/mg	钙/mg	铁/mg	维生素C/mg	胆固醇/mg
粳米（标一）	100	343	13.7	7.7	0.6	0.6	77.4	—	0.16	0.08	1.3	1.01	2.4	11	1.1	—	—
粳米饭（蒸，北京）	100	117	70.6	2.6	0.3	0.2	26	—	—	0.03	2	—	3.3	7	2.2	—	—
粳米粥（北京）	100	46	88.6	1.1	0.3	0.1	9.9	—	—	0.03	0.2	—	2.8	7	0.1	—	—
小麦粉（标准粉）	100	344	12.7	11.2	1.5	2.1	73.6	0	0.28	0.08	2	1.8	3.1	31	3.5	—	—
挂面（标准粉）	100	344	12.4	10.1	0.7	1.6	74.4	—	0.19	0.04	2.5	1.11	150	14	3.5	—	—
馒头（蒸，标粉）	100	233	40.5	7.8	1.0	1.5	48.3	0	0.05	0.07	0	0.86	165.2	18	1.9	—	—
油条	100	386	21.8	6.9	17.6	0.9	50.1	0	0.01	0.07	0.7	3.19	585.2	6	1	—	—
玉米（鲜，包谷）	46	106	71.3	4	1.2	2.9	19.9	—	0.16	0.11	1.8	0.46	1.1	—	1.1	—	—
玉米（面，黄）	100	340	12.1	8.1	3.3	5.6	69.6	7	0.26	0.09	2.3	3.8	2.3	22	3.2	—	—
小米	100	358	11.6	9	3.1	1.6	73.5	17	0.33	0.1	1.5	3.63	4.3	41	5.1	—	—
小米粥	100	46	89.3	1.4	0.7	—	8.4	—	0.02	0.07	0.9	0.26	4.1	10	1	—	—

2. 薯类、淀粉及其制品

食物名称	可食部分/%	能量/g	水分/g	蛋白质/g	脂肪/g	膳食纤维/g	糖类/g	视黄醇当量/μg RAE	维生素B$_1$/mg	维生素B$_2$/mg	烟酸/mg	维生素E/mg	钠/mg	钙/mg	铁/mg	维生素C/mg	胆固醇/mg
马铃薯(土豆,洋芋)	94	76	79.8	2	0.2	0.7	16.5	5	0.08	0.04	1.1	0.34	2.7	8	0.8	27	—
马铃薯粉(土豆粉)	100	337	12	7.2	0.5	1.4	76	20	0.08	0.06	5.1	0.28	4.7	171	10.7	—	—
甘薯(红心山芋,红薯)	90	99	73.4	1.1	0.2	1.6	23.1	125	0.04	0.04	0.6	0.28	28.5	23	0.5	26	—
甘薯粉(地瓜粉)	100	336	14.5	2.7	0.2	0.1	80.8	3	0.03	0.05	0.2	26.4	26.4	33	10	—	—
藕粉	100	372	6.4	0.2	—	0.1	92.9	—	—	0.01	0.4	—	10.8	8	41.8	—	—

3. 干豆类及其制品

食物名称	可食部分/%	能量/g	水分/g	蛋白质/g	脂肪/g	膳食纤维/g	糖类/g	视黄醇当量/μg RAE	维生素B$_1$/mg	维生素B$_2$/mg	烟酸/mg	维生素E/mg	钠/mg	钙/mg	铁/mg	维生素C/mg	胆固醇/mg
黄豆(大豆)	100	359	10.2	35.1	16	15.5	18.6	37	0.41	0.2	2.1	18.9	2.2	191	8.2	—	—
黄豆粉	100	418	6.7	32.8	18.3	7	30.5	63	0.31	0.22	2.5	33.69	3.6	207	8.1	—	—
豆浆	100	13	96.4	1.8	0.7	1.1	0	15	0.02	0.02	0.1	0.8	3	10	0.5	—	—
豆腐(内酯)	100	49	89.2	5	1.9	0.4	2.9	—	0.06	0.03	0.3	3.26	6.4	17	0.8	—	—
豆腐皮	100	409	16.5	44.6	17.4	0.2	18.6	—	0.31	0.11	1.5	20.63	9.4	116	30.8	—	—
豆腐干	100	140	65.2	16.2	3.6	0.8	10.7	—	0.03	0.07	0.3	—	76.5	308	4.9	—	—

食物名称	可食部分/%	能量/g	水分/g	蛋白质/g	脂肪/g	膳食纤维/g	糖类/g	视黄醇当量/μg RAE	维生素B₁/mg	维生素B₂/mg	烟酸/mg	维生素E/mg	钠/mg	钙/mg	铁/mg	维生素C/mg	胆固醇/mg
腐竹	100	459	7.9	44.6	21.7	1	21.3	—	0.13	0.07	0.8	27.84	26.5	77	16.5	—	—
素鸡	100	192	64.3	16.5	12.5	0.9	3.3	10	0.02	0.03	0.4	17.8	373.8	319	5.3	—	—
烤麸（上海）	100	121	68.6	20.4	0.3	0.2	9.1	—	0.04	0.05	1.2	0.42	230	30	2.7	—	—
绿豆	100	316	12.3	21.6	0.8	6.4	55.6	22	0.25	0.11	2	10.95	3.2	81	6.5	—	—
豇豆	100	322	10.9	19.3	1.2	7.1	58.5	10	0.16	0.08	1.9	8.61	6.8	40	7.1	—	—
蚕豆（带皮）	93	342	11.3	25.4	1.6	2.5	56.4	50	0.2	0.2	2.5	6.68	2.2	54	2.5	—	—
蚕豆（去皮）	100	304	11.5	24.6	1.1	10.9	49	8	0.13	0.23	2.2	4.9	21.2	49	2.9	—	—
豌豆	100	313	10.4	20.3	1.1	10.4	55.4	42	0.49	0.14	2.4	8.47	9.7	97	4.9	—	—

4. 蔬菜类及其制品

食物名称	可食部分/%	能量/g	水分/g	蛋白质/g	脂肪/g	膳食纤维/g	糖类/g	视黄醇当量/μg RAE	维生素B₁/mg	维生素B₂/mg	烟酸/mg	维生素E/mg	钠/mg	钙/mg	铁/mg	维生素C/mg	胆固醇/mg
白萝卜（莱菔）	95	20	93.4	0.9	0.1	1	4	3	0.02	0.03	0.3	0.92	61.8	36	0.5	21	—
红萝卜（红皮）	94	26	91.6	1.2	0.1	1.2	5.2	3	0.03	0.04	0.6	1.8	68	45	0.6	24	—
胡萝卜（黄）	97	43	87.4	1.4	0.2	1.3	8.9	668	0.04	0.04	0.2	—	25.1	32	0.5	16	—
刀豆	92	35	89	3.1	0.2	1.8	5.3	37	0.05	0.07	1	0.31	5.9	48	3.2	15	—

食物名称	可食部分/%	能量/g	水分/g	蛋白质/g	脂肪/g	膳食纤维/g	糖类/g	视黄醇当量/μg RAE	维生素B₁/mg	维生素B₂/mg	烟酸/mg	维生素E/mg	钠/mg	钙/mg	铁/mg	维生素C/mg	胆固醇/mg
豆角	96	30	90	2.5	0.2	2.1	4.6	33	0.05	0.07	0.9	2.24	3.4	29	1.5	18	—
荷兰豆(广州)	88	27	91.9	2.5	0.3	1.4	3.5	80	0.09	0.04	0.7	0.3	8.8	51	0.9	16	—
黄豆芽	100	44	88.8	4.5	1.6	1.5	3	5	0.04	0.07	0.6	0.8	7.2	21	0.9	8	—
绿豆芽	100	18	94.6	2.1	0.1	0.8	2.1	3	0.05	0.06	0.5	0.19	4.4	9	0.6	6	—
豌豆苗(上海)	98	29	92.7	3.1	0.6	—	2.8	—	—	—	—	—	26.3	59	1.8	—	—
西红柿(番茄、番柿)	97	19	94.4	0.9	0.2	0.5	3.5	92	0.03	0.03	0.6	0.57	5	10	0.4	19	—
茄子	93	21	93.4	1.1	0.2	1.3	3.6	8	0.02	0.04	0.6	1.13	5.4	24	0.5	5	—
甜椒(脱水)	100	307	10.5	7.6	0.4	8.3	68.3	2 818	0.23	0.18	4	6.05	126	130	7.4	846	—
辣椒(青)	84	23	91.9	1.4	0.3	2.1	3.7	57	0.03	0.04	0.5	0.88	2.2	15	0.7	62	—
冬瓜	80	11	96.6	0.4	0.2	0.7	1.9	13	0.01	0.01	0.3	0.08	1.8	19	0.2	18	—
苦瓜(凉瓜、癞葡萄)	81	19	93.4	1	0.1	1.4	3.5	17	0.03	0.03	0.4	0.85	2.5	14	0.7	56	—
南瓜(饭瓜、番瓜、倭瓜)	85	22	93.5	0.7	0.1	0.8	4.5	148	0.03	0.04	0.4	0.36	0.8	16	0.4	8	—
丝瓜	83	20	94.3	1	0.2	0.6	3.6	15	0.02	0.04	0.4	0.22	2.6	14	0.4	5	—
蒜头(糖)	74	114	66.1	2.1	0.2	1.7	25.9	—	0.04	0.06	0.2	0.71	692.2	38	1.3	—	—
葫芦(长瓜、蒲瓜、氯瓜)	87	14	95.3	0.7	0.1	0.8	2.7	7	0.02	0.01	0.4	—	0.6	16	0.4	11	—
蒜苗(蒜薹)	82	37	88.9	2.1	0.4	1.8	6.2	47	0.11	0.08	0.5	0.81	5.1	29	1.4	35	—
韭菜	90	26	91.8	2.4	0.4	1.4	3.2	235	0.02	0.09	0.8	0.96	8.1	42	1.6	24	—
韭芽(韭黄)	88	22	93.2	2.3	0.2	1.2	2.7	43	0.03	0.05	0.7	0.34	6.9	25	1.7	15	—
大白菜(白菜)	92	21	93.6	1.7	0.2	0.6	3.1	42	0.06	0.07	0.8	0.92	89.3	69	0.5	47	—

食物名称	可食部分/%	能量/g	水分/g	蛋白质/g	脂肪/g	膳食纤维/g	糖类/g	视黄醇当量/μg RAE	维生素B₁/mg	维生素B₂/mg	烟酸/mg	维生素E/mg	钠/mg	钙/mg	铁/mg	维生素C/mg	胆固醇/mg
小白菜（青菜、白菜）	81	15	94.5	1.5	0.3	1.1	1.6	280	0.02	0.09	0.7	0.7	73.5	90	1.9	28	—
菜花（花椰菜）	82	24	92.4	2.1	0.2	1.2	3.4	5	0.03	0.08	0.6	0.43	31.6	23	1.1	61	—
西兰花（绿菜花）	83	33	90.3	4.1	0.6	1.6	2.7	1 202	0.09	0.13	0.9	0.91	18.8	67	1	51	—
菠菜（赤根菜）	89	24	91.2	2.6	0.3	1.7	2.8	487	0.04	0.11	0.6	1.74	85.2	66	2.9	32	—
芹菜茎	67	20	93.1	1.2	0.2	1.2	3.3	57	0.02	0.06	0.4	1.32	159	80	1.2	8	—
芹菜叶	100	31	89.4	2.6	0.6	2.2	3.7	488	0.08	0.15	0.9	2.5	83	40	0.6	22	—
生菜	94	13	95.8	1.3	0.3	0.7	1.3	298	0.03	0.06	0.4	1.02	32.8	34	0.9	13	—
香菜（香荽、芫荽）	81	31	90.5	1.8	0.4	1.2	5	193	0.04	0.14	2.2	0.8	48.5	101	2.9	48	—
莴苣笋（莴苣）	62	14	95.5	1	0.1	0.6	2.2	25	0.02	0.02	0.5	0.19	36.5	23	0.9	4	—
莴笋叶（莴苣叶）	89	18	94.2	1.4	0.2	1	2.6	147	0.06	0.1	0.4	0.58	39.1	34	1.5	13	—
春笋（竹笋）	66	20	91.4	2.4	0.1	2.8	2.3	5	0.05	0.04	0.4	—	6	8	2.4	5	—
竹笋（毛笋、毛竹笋）	67	21	93.1	2.2	0.2	1.3	2.5	—	0.04	0.05	0.3	0.15	5.2	16	0.9	9	—
黄花菜（金针菜）	98	199	40.3	19.4	1.4	7.7	27.2	307	0.05	0.21	3.1	4.92	59.2	301	8.1	10	—
茼蒿菜（蓬蒿菜、艾菜）	82	21	93	1.9	0.3	1.2	2.7	252	0.04	0.09	0.6	0.92	161.3	73	2.5	18	—
油菜	87	23	92.9	1.8	0.5	1.1	2.7	103	0.04	0.11	0.7	0.88	55.8	108	1.2	36	—
藕（莲藕）	88	70	80.5	1.9	0.2	1.2	15.2	3	0.09	0.03	0.3	0.73	44.2	39	1.4	44	—
茭白（茭笋、茭粑）	74	23	92.2	1.2	0.2	1.9	4	5	0.09	0.03	0.5	0.99	5.8	4	0.4	5	—
芋艿（芋头、毛芋）	84	79	78.6	2.2	0.2	1	17.1	27	0.06	0.05	0.7	0.45	33.1	36	1	6	—

194

5. 菌藻类

食物名称	可食部分 /%	能量 /g	水分 /g	蛋白质 /g	脂肪 /g	膳食纤维 /g	糖类 /g	视黄醇当量 /µg RAE	维生素 B₁ /mg	维生素 B₂ /mg	烟酸 /mg	维生素 E /mg	钠 /mg	钙 /mg	铁 /mg	维生素 C /mg	胆固醇 /mg
黑木耳（干）（木耳,元耳）	100	205	15.5	12.1	1.5	29.9	35.7	17	0.17	0.44	2.5	11.34	48.5	247	97.4	—	—
香菇（干）（香蕈,冬菇）	95	211	12.3	20	1.2	31.6	30.1	3	0.19	1.26	20.5	0.66	11.2	83	10.5	5	—
平菇（鲜,糙皮）	93	20	92.5	1.9	0.3	2.3	2.3	2	0.06	0.16	3.1	0.79	3.8	5	1	4	—
蘑菇（鲜）	99	20	92.4	2.7	0.1	2.1	2	2	0.08	0.35	4	0.56	8.3	6	1.2	2	—
金针菇（智力菇）	100	26	90.2	2.4	0.4	2.7	3.3	5	0.15	0.19	4.1	1.14	4.3	—	1.4	2	—
白木耳（银耳）	96	200	14.6	10	1.4	30.4	36.9	8	0.05	0.25	5.3	1.26	82.1	36	4.1	—	—
海带（干）（江白菜,昆布）	98	77	70.5	1.8	0.1	6.1	17.3	40	0.01	0.1	0.8	0.85	327.4	348	4.7	—	—
紫菜（干）	100	207	12.7	26.7	1.1	21.6	22.5	228	0.27	1.02	7.3	1.82	710.5	264	54.9	2	—

6. 水果类

食物名称	可食部分 /%	能量 /g	水分 /g	蛋白质 /g	脂肪 /g	膳食纤维 /g	糖类 /g	视黄醇当量 /µg RAE	维生素 B₁ /mg	维生素 B₂ /mg	烟酸 /mg	维生素 E /mg	钠 /mg	钙 /mg	铁 /mg	维生素 C /mg	胆固醇 /mg
苹果（国光）	78	54	85.9	0.3	0.3	0.8	12.5	10	0.02	0.03	0.2	0.11	1.3	8	0.3	4	—
香梨	89	46	85.8	0.3	0.1	2.7	10.9	12	—	—	0.1	—	0.8	6	0.4	—	—
鸭梨	82	43	88.3	0.2	0.2	1.1	10	2	0.03	0.03	0.2	0.31	1.5	4	0.9	4	—
桃子（平均）	86	48	86.4	0.9	0.1	1.3	10.9	3	0.01	0.03	0.7	1.54	5.7	6	0.8	7	—

食物名称	可食部分/%	能量/g	水分/g	蛋白质/g	脂肪/g	膳食纤维/g	糖类/g	视黄醇当量/μg RAE	维生素 B_1/mg	维生素 B_2/mg	烟酸/mg	维生素 E/mg	钠/mg	钙/mg	铁/mg	维生素 C/mg	胆固醇/mg
杏(李子杏)	92	35	89.9	1	0.1	1.1	7.5	13	0.03	0.01	0.5	—	1.5	3	0.2	16	—
枣(鲜)	87	122	67.4	1.1	0.3	1.9	28.6	40	0.06	0.09	0.9	0.78	1.2	22	1.2	243	—
枣(大、干)	88	298	14.5	2.1	0.4	9.5	71.6	—	0.08	0.15	1.6	—	8.3	54	2.1	7	—
枣(干)	80	264	26.9	3.2	0.5	6.2	61.6	2	0.04	0.16	0.9	3.04	6.2	64	2.3	14	—
葡萄	86	43	88.7	0.5	0.2	0.4	9.9	8	0.04	0.02	0.2	0.7	1.3	5	0.4	25	—
草莓	97	30	91.3	1	0.2	1.1	6	5	0.02	0.03	0.3	0.71	4.2	18	1.8	47	—
柑	77	51	86.9	0.7	0.2	0.4	11.5	148	0.08	0.04	0.4	0.92	1.4	35	0.2	28	—
无花果	100	59	81.3	1.5	0.1	3	13	5	0.03	0.02	0.1	1.82	5.5	67	0.1	2	—
橙	74	47	87.4	0.8	0.2	0.6	10.5	27	0.05	0.04	0.3	0.56	1.2	20	0.4	33	—
菠萝(凤梨、地菠萝)	68	41	88.4	0.5	0.1	1.3	9.5	33	0.04	0.02	0.2	—	0.8	12	0.6	18	—
杧果(广东)(抹猛果、望果)	60	32	90.6	0.6	0.2	1.3	7	1 342	0.01	0.04	0.3	1.21	2.8	—	0.2	23	—
香蕉(甘蕉)	59	91	75.8	1.4	0.2	1.2	20.8	10	0.02	0.04	0.7	0.24	0.8	7	0.4	8	—
枇杷	62	39	89.3	0.8	0.2	0.8	8.5	117	0.01	0.03	0.3	0.24	4	17	1.1	8	—
荔枝(鲜)	73	70	81.9	0.9	0.2	0.5	16.1	2	0.1	0.04	1.1	—	1.7	2	0.4	41	—
甜瓜(香瓜)	78	26	92.9	0.4	0.1	0.4	5.8	5	0.02	0.03	0.3	0.47	8.8	14	0.7	15	—
西瓜(寒瓜)	56	25	93.3	0.6	0.1	0.3	5.5	75	0.02	0.03	0.2	0.1	3.2	8	0.3	6	—

食物营养与膳食

7. 坚果、种子类

食物名称	可食部分/%	能量/g	水分/g	蛋白质/g	脂肪/g	膳食纤维/g	糖类/g	视黄醇当量/μg RAE	维生素B₁/mg	维生素B₂/mg	烟酸/mg	维生素E/mg	钠/mg	钙/mg	铁/mg	维生素C/mg	胆固醇/mg
胡桃(干)(核桃)	43	627	5.2	14.9	58.8	9.5	9.6	5	0.15	0.14	0.9	43.21	6.4	56	2.7	1	—
山核桃(干)	24	601	2.2	18	50.4	7.4	18.8	5	0.16	0.09	0.5	65.55	250.7	57	6.8	—	—
栗子(干)	73	345	13.4	5.3	1.7	1.2	77.2	5	0.08	0.15	0.8	11.45	8.5	—	1.2	25	—
松子(炒)	31	619	3.6	14.1	58.5	12.4	9	5	—	0.11	3.8	25.2	3	161	5.2	—	—
杏仁	100	514	5.6	24.7	44.8	19.2	2.9	—	0.08	1.25	—	18.53	7.1	71	1.3	26	—
榛子(炒)	21	594	2.3	30.5	50.3	8.2	4.9	12	0.21	0.22	9.8	25.2	153	815	5.1	—	—
花生(炒)	71	589	4.1	21.7	48	6.3	17.3	10	0.13	0.12	18.9	12.94	34.8	47	1.5	—	—
葵花子(炒)	52	616	2	22.6	52.8	4.8	12.5	5	0.43	0.26	4.8	26.46	1 322	72	6.1	—	—
西瓜子(炒)	43	573	4.3	32.7	44.8	4.5	9.7	—	0.04	0.08	3.4	1.23	187.7	28	8.2	—	—
南瓜子(炒)(白瓜子)	68	574	4.1	36	46.1	4.1	3.8	—	0.08	0.16	3.3	27.28	15.8	37	6.5	—	—

8. 畜、禽、鱼肉类

食物名称	可食部分/%	能量/g	水分/g	蛋白质/g	脂肪/g	膳食纤维/g	糖类/g	视黄醇当量/μg RAE	维生素B₁/mg	维生素B₂/mg	烟酸/mg	维生素E/mg	钠/mg	钙/mg	铁/mg	维生素C/mg	胆固醇/mg
猪肉(肥瘦)	100	395	46.8	13.2	37	—	2.4	—	0.22	0.16	3.5	0.49	59.4	6	1.6	—	80
猪肉(肥)	100	816	8.8	2.4	90.4	—	0	29	0.08	0.05	0.9	0.24	19.5	3	1	—	109
猪肉(瘦)	100	143	71	20.3	6.2	—	1.5	44	0.54	0.1	5.3	0.34	57.5	6	3	—	81
猪大排	68	264	58.8	18.3	20.4	—	1.7	12	0.8	0.15	5.3	0.11	44.5	8	0.8	—	165

食物名称	可食部分/%	能量/g	水分/g	蛋白质/g	脂肪/g	膳食纤维/g	糖类/g	视黄醇当量/μg RAE	维生素B$_1$/mg	维生素B$_2$/mg	烟酸/mg	维生素E/mg	钠/mg	钙/mg	铁/mg	维生素C/mg	胆固醇/mg
猪小排(排骨)	72	278	58.1	16.7	23.1	—	0.7	5	0.3	0.16	4.5	0.11	62.6	14	1.4	—	146
猪耳	100	190	69.4	22.5	11.1	—	0	—	0.05	0.12	3.5	0.85	68.2	6	1.3	—	92
猪蹄(爪尖)	60	260	58.2	22.6	20	—	0	3	0.05	0.1	1.5	0.01	101	33	1.1	—	192
猪肚	96	110	78.2	15.2	5.1	—	0.7	3	0.07	0.16	3.7	0.32	75.1	11	2.4	—	165
猪肝	99	129	70.7	19.3	3.5	—	5	4 972	0.21	2.08	15	0.86	68.6	6	22.6	—	288
猪脑	100	131	78	10.8	9.8	—	0	—	0.11	0.19	2.8	0.96	130.7	30	1.9	—	2 571
猪心	97	119	76	16.6	5.3	—	1.1	13	0.19	0.48	6.8	0.74	71.2	12	4.3	—	151
猪肾(猪腰子)	93	96	78.8	15.4	3.2	—	1.4	41	0.31	1.14	8	0.34	134.2	12	6.1	—	354
猪血	100	55	85.8	12.2	0.3	—	0.9	—	0.03	0.04	0.3	0.2	56	4	8.7	—	51
腊肉(生)	100	498	31.1	11.8	48.8	—	2.9	96	—	—	—	6.23	763.5	22	7.5	—	123
猪肉松	100	396	9.4	23.4	11.5	—	49.7	44	0.04	0.13	3.3	10.02	469	41	6.4	—	111
香肠	100	508	19.2	24.1	40.7	—	11.2	—	0.48	0.11	4.4	1.05	2 309	14	5.8	—	82
火腿(熟)	100	529	24.6	12.4	50.4	—	6.4	—	0.17	—	—	—	—	—	—	—	166
牛肉(肥瘦)	100	190	68.1	18.1	13.4	—	0	9	0.03	0.11	7.4	0.22	57.4	8	3.2	—	84
牛肉(瘦)	100	106	75.2	20.2	2.3	—	1.2	6	0.07	0.13	6.3	0.35	53.6	9	2.8	—	58
羊肉(肥瘦)	90	198	66.9	19	14.1	—	0	22	0.05	0.14	4.5	0.26	80.6	6	2.3	—	92
驴肉(瘦)	100	116	73.8	21.5	3.2	—	0.4	72	0.03	0.16	2.5	2.76	46.9	2	4.3	—	74
狗肉	80	116	76	16.8	4.6	—	1.8	157	0.34	0.2	3.5	1.4	47.4	52	2.9	—	62
兔肉	100	102	76.2	19.7	2.2	—	0.9	212	0.11	0.1	5.8	0.42	45.1	12	2	—	59
鸡	66	167	69	19.3	9.4	—	1.3	48	0.05	0.09	5.6	0.67	63.3	9	1.4	—	106

食物名称	可食部分/%	能量/g	水分/g	蛋白质/g	脂肪/g	膳食纤维/g	糖类/g	视黄醇当量/μg RAE	维生素B_1/mg	维生素B_2/mg	烟酸/mg	维生素E/mg	钠/mg	钙/mg	铁/mg	维生素C/mg	胆固醇/mg
鸭	68	240	63.9	15.5	19.7	—	0.2	52	0.08	0.22	4.2	0.27	69	6	2.2	—	94
鸡蛋（红皮）	88	156	73.8	12.8	11.1	—	1.3	194	0.13	0.32	0.2	2.29	125.7	44	2.3	—	585
鸭蛋	87	180	70.3	12.6	13	—	3.1	261	0.17	0.25	0.2	4.98	106	62	2.9	—	565
草鱼（白鲩、草包鱼）	58	112	77.3	16.6	5.2	—	0	11	0.04	0.11	2.8	2.03	46	38	0.8	—	86
黄鳝（鳝鱼）	67	89	78	18	1.4	—	1.2	50	0.06	0.98	3.7	1.34	70.2	42	2.5	—	126
带鱼（白带鱼、刀鱼）	76	127	73.3	17.7	4.9	—	3.1	29	0.02	0.06	2.8	0.82	150.1	28	1.2	—	76
明虾	57	85	79.8	13.4	1.8	—	3.8	—	0.01	0.04	4	1.55	119	75	0.6	—	273
虾皮	100	153	42.4	30.7	2.2	—	2.5	19	0.02	0.14	3.1	0.92	5 058	991	6.7	—	428
蛔贝（鲜）	35	60	84.2	11.1	0.6	—	2.6	—	—	0.1	0.2	11.85	339	142	7.2	—	—
牡蛎	100	73	82	5.3	2.1	—	8.2	27	0.01	0.13	1.4	0.81	462.1	131	7.1	—	100

9. 奶类及其制品

食物名称	可食部分/%	能量/g	水分/g	蛋白质/g	脂肪/g	膳食纤维/g	糖类/g	视黄醇当量/μg RAE	维生素B_1/mg	维生素B_2/mg	烟酸/mg	维生素E/mg	钠/mg	钙/mg	铁/mg	维生素C/mg	胆固醇/mg
牛奶	100	54	89.8	3	3.2	—	3.4	24	0.03	0.14	0.1	0.21	37.2	104	0.3	—	15
酸奶	100	72	84.7	2.5	2.7	—	9.3	26	0.03	0.15	0.2	0.12	39.8	118	0.4	—	15
牛奶粉（全脂）	100	478	2.3	20.1	21.2	—	51.7	141	0.11	0.73	0.9	0.48	260.1	676	1.2	—	110

10. 糖果类

食物名称	可食部分/%	能量/g	水分/g	蛋白质/g	脂肪/g	膳食纤维/g	糖类/g	视黄醇当量/μg RAE	维生素B₁/mg	维生素B₂/mg	烟酸/mg	维生素E/mg	钠/mg	钙/mg	铁/mg	维生素C/mg	胆固醇/mg
蛋糕	100	347	18.6	8.6	5.1	0.4	66.7	86	0.09	0.09	0.8	2.8	67.8	39	2.5	—	—
饼干（奶油）	100	429	6.5	8.5	13.1	1	69.2	95	0.09	0.02	3.6	7.23	196.4	49	2.1	—	81
巧克力	100	586	1	4.3	40.1	1.5	51.9	—	0.06	0.08	1.4	1.62	111.8	111	1.7	—	—
奶糖	100	407	5.6	2.5	6.6	—	84.5	—	0.08	0.17	0.6	—	222.5	50	3.4	—	—
水晶糖	100	395	1	0.2	0.2	0.1	98.1	—	0.04	0.05	—	—	107.8	—	3	—	—

11. 油脂及调味品

食物名称	可食部分/%	能量/g	水分/g	蛋白质/g	脂肪/g	膳食纤维/g	糖类/g	视黄醇当量/μg RAE	维生素B₁/mg	维生素B₂/mg	烟酸/mg	维生素E/mg	钠/mg	钙/mg	铁/mg	维生素C/mg	胆固醇/mg
花生油	100	899	0.1	—	99.9	—	0	—	—	—	—	42.06	3.5	12	2.9	—	—
猪油（炼）	100	897	0.2	—	99.6	—	0.2	27	0.02	0.03	—	5.21	—	—	—	—	93
酱油	100	63	67.3	5.6	0.1	0.2	9.9	—	0.05	0.13	1.7	—	5 757	66	8.6	—	—
醋	100	31	90.6	2.1	0.3	—	4.9	—	0.03	0.05	1.4	—	262.1	17	6	—	—

营养与膳食

12. 含酒精（乙醇）饮料

食物名称	可食部分/%	能量/g	水分/g	蛋白质/g	脂肪/g	膳食纤维/g	糖类/g	视黄醇当量/μg RAE	维生素 B_1/mg	维生素 B_2/mg	烟酸/mg	维生素 E/mg	钠/mg	钙/mg	铁/mg	维生素 C/mg	胆固醇/mg
北京啤酒（5.4°）	—	33	—	0.4	—	—	—	—	—	0.03	—	—	—	—	—	—	—
葡萄酒（红，12°）	—	68	—	0.1	—	—	—	—	0.04	—	—	—	2.6	12	0.2	—	—
黄酒（13°）	—	78	—	1.2	—	—	—	—	0.04	0.01	—	—	8.7	—	1.1	—	—
五粮春（44.4°）	—	260	—	—	—	—	—	—	—	—	—	—	0.1	2	—	—	—

附录二 中国居民膳食营养素参考摄入量

1. 膳食能量需要量（EER）

人群	男性 PAL I [a]		男性 PAL II [b]		男性 PAL III [c]		女性 PAL I [a]		女性 PAL II [b]		女性 PAL III [c]	
	MJ/d	kcal/d	MJ/d	kcal/d	MJ/d	kcal/d	MJ/d	kcal/d	MJ/d	kcal/d	MJ/d	kcal/d
0 岁~	—	—	0.38MJ/(kg·d)	90kcal/(kg·d)	—	—	—	—	0.38MJ/(kg·d)	90kcal/(kg·d)	—	—
0.5 岁~	—	—	0.31MJ/(kg·d)	75kcal/(kg·d)	—	—	—	—	0.31MJ/(kg·d)	75kcal/(kg·d)	—	—
1 岁~	—	—	3.77	900	—	—	—	—	3.35	800	—	—
2 岁~	—	—	4.60	1 100	—	—	—	—	4.18	1 000	—	—
3 岁~	—	—	5.23	1 250	—	—	—	—	4.81	1 150	—	—

人群	男性 PAL Iª MJ/d	kcal/d	男性 PAL IIᵇ MJ/d	kcal/d	男性 PAL IIIᶜ MJ/d	kcal/d	女性 PAL Iª MJ/d	kcal/d	女性 PAL IIᵇ MJ/d	kcal/d	女性 PAL IIIᶜ MJ/d	kcal/d
4 岁~	—	—	5.44	1 300	—	—	—	—	5.23	1 250	—	—
5 岁~	—	—	5.86	1 400	—	—	—	—	5.44	1 300	—	—
6 岁~	5.86	1 400	6.69	1 600	7.53	1 800	5.44	1 300	6.07	1 450	6.90	1 650
7 岁~	6.28	1 500	7.11	1 700	7.95	1 900	5.65	1 350	6.49	1 550	7.32	1 750
8 岁~	6.69	1 600	7.74	1 850	8.79	2 100	6.07	1 450	7.11	1 700	7.95	1 900
9 岁~	7.11	1 700	8.16	1 950	9.20	2 200	6.49	1 550	7.53	1 800	8.37	2 000
10 岁~	7.53	1 800	8.58	2 050	9.62	2 300	6.90	1 650	7.95	1 900	8.79	2 100
11 岁~	7.95	1 900	9.20	2 200	10.25	2 450	7.32	1 750	8.37	2 000	9.41	2 250
12 岁~	9.62	2 300	10.88	2 600	12.13	2 900	8.16	1 950	9.20	2 200	10.25	2 450
15 岁~	10.88	2 600	12.34	2 950	13.81	3 300	8.79	2 100	9.83	2 350	11.09	2 650
18 岁~	9.00	2 150	10.67	2 550	12.55	3 000	7.11	1 700	8.79	2 100	10.25	2 450
30 岁~	8.58	2 050	10.46	2 500	12.34	2 950	7.11	1 700	8.58	2 050	10.04	2 400
50 岁~	8.16	1 950	10.04	2 400	11.72	2 800	6.69	1 600	8.16	1 950	9.62	2 300
65 岁~	7.95	1 900	9.62	2 300	—	—	6.49	1 550	7.74	1 850	—	—
75 岁~	7.53	1 800	9.20	2 200	—	—	6.28	1 500	7.32	1 750	—	—
孕早期	—	—	—	—	—	—	+0	+0	+0	+0	+0	+0
孕中期	—	—	—	—	—	—	+1.05	+250	+1.05	+250	+1.05	+250
孕晚期	—	—	—	—	—	—	+1.67	+400	+1.67	+400	+1.67	+400
乳母	—	—	—	—	—	—	+1.67	+400	+1.67	+400	+1.67	+400

注：PAL Iª、PAL IIᵇ和 PAL IIIᶜ 分别代表低强度身体活动水平、中等强度身体活动水平和高强度身体活动水平。
"—"表示未制定；"+"表示在相应年龄阶段的成年女性需要量基础上增加的需要量。

2. 膳食宏量营养素参考摄入量

人群	蛋白质 RNI/(g·d⁻¹) 男	蛋白质 RNI/(g·d⁻¹) 女	蛋白质 AMDR/%E	总脂肪 AMDR/%E	总碳水化合物 AMDR/%E	膳食纤维 AI/(g·d⁻¹)	添加糖 AMDR/%E [a]
0岁~	9 (AI)	9 (AI)	—	48 (AI)	—	—	—
0.5岁~	17 (AI)	17 (AI)	—	40 (AI)	—	—	—
1岁~	25	25	—	35 (AI)	50~65	5~10	—
2岁~	25	25	—	35 (AI)	50~65	5~10	—
3岁~	30	30	—	35 (AI)	50~65	5~10	—
4岁~	30	30	8~20	20~30	50~65	10~15	<10
5岁~	30	30	8~20	20~30	50~65	10~15	<10
6岁~	35	35	10~20	20~30	50~65	10~15	<10
7岁~	40	40	10~20	20~30	50~65	15~20	<10
8岁~	40	40	10~20	20~30	50~65	15~20	<10
9岁~	45	45	10~20	20~30	50~65	15~20	<10
10岁~	50	50	10~20	20~30	50~65	15~20	<10
11岁~	55	55	10~20	20~30	50~65	15~20	<10
12岁~	70	60	10~20	20~30	50~65	20~25	<10
15岁~	75	60	10~20	20~30	50~65	25~30	<10
18岁~	65	55	10~20	20~30	50~65	25~30	<10
30岁~	65	55	10~20	20~30	50~65	25~30	<10

人群	蛋白质 RNI/(g·d⁻¹)		蛋白质 AMDR/%E	总脂肪 AMDR/%E	总碳水化合物 AMDR/%E	膳食纤维 AI/(g·d⁻¹)	添加糖ᵃ AMDR/%E
	男	女					
50 岁~	65	55	10~20	20~30	50~65	25~30	<10
65 岁~	72	62	15~20	20~30	50~65	25~30	<10
75 岁~	72	62	15~20	20~30	50~65	25~30	<10
孕早期	—	+0	10~20	20~30	50~65	+0	<10
孕中期	—	+15	10~20	20~30	50~65	+4	<10
孕晚期	—	+30	10~20	20~30	50~65	+4	<10
乳母	—	+25	10~20	20~30	50~65	+4	<10

注：a 添加糖不超过 50g/d，最好低于 25g/d。

%E 为占能量百分比；AI 为适宜摄入量。

"—" 表示未制定；"+" 表示在相应年龄阶段的成年女性需要量基础上增加的需要量。

3. 膳食维生素推荐摄入量（RNI）或适宜摄入量（AI）

人群	维生素 A/(μg RAE·d⁻¹) RNI		维生素 D/(μg·d⁻¹) RNI	维生素 E/(mg α-TE·d⁻¹) AI	维生素 K/(μg·d⁻¹) AI	维生素 B₁/(mg·d⁻¹) RNI		维生素 B₂/(mg·d⁻¹) RNI		叶酸/(μg DFE·d⁻¹) RNI	维生素 C/(mg·d⁻¹) RNI
	男	女				男	女	男	女		
0 岁~	300 (AI)	300 (AI)	10 (AI)	3	2	0.1 (AI)	0.1 (AI)	0.4 (AI)	0.4 (AI)	65 (AI)	40 (AI)
0.5 岁~	350 (AI)	350 (AI)	10 (AI)	4	10	0.3 (AI)	0.3 (AI)	0.6 (AI)	0.6 (AI)	100 (AI)	40 (AI)

人群	维生素 A/(μg RAE·d⁻¹) RNI		维生素 D/(μg·d⁻¹) RNI	维生素 E/(mg α-TE·d⁻¹) AI	维生素 K/(μg·d⁻¹) AI	维生素 B₁/(mg·d⁻¹) RNI		维生素 B₂/(mg·d⁻¹) RNI		叶酸/(μg DFE·d⁻¹) RNI	维生素 C/(mg·d⁻¹) RNI
	男	女				男	女	男	女		
1岁~	340	330	10	6	30	0.6	0.6	0.7	0.6	160	40
4岁~	390	380	10	7	40	0.9	0.9	0.9	0.8	190	50
7岁~	430	390	10	9	50	1.0	0.9	1.0	0.9	240	60
9岁~	560	540	10	11	60	1.1	1.0	1.1	1.0	290	75
12岁~	780	730	10	13	70	1.4	1.2	1.4	1.2	370	95
15岁~	810	670	10	14	75	1.6	1.3	1.6	1.2	400	100
18岁~	770	660	10	14	80	1.4	1.2	1.4	1.2	400	100
30岁~	770	660	10	14	80	1.4	1.2	1.4	1.2	400	100
50岁~	750	660	10	14	80	1.4	1.2	1.4	1.2	400	100
65岁~	730	640	15	14	80	1.4	1.2	1.4	1.2	400	100
75岁~	710	600	15	14	80	1.4	1.2	1.4	1.2	400	100
孕早期	—	+0	+0	+0	+0	—	+0	—	+0	+200	+0
孕中期	—	+70	+0	+0	+0	—	+0.2	—	+0.1	+200	+15
孕晚期	—	+70	+0	+0	+0	—	+0.3	—	+0.2	+200	+15
乳母	—	+600	+0	+3	+5	—	+0.3	—	+0.5	+150	+50

注:"—"表示未涉及;"+"表示在相应年龄阶段的成年女性需要量基础上增加的需要量。

营养与膳食

4. 膳食矿物质推荐摄入量（RNI）或适宜摄入量（AI）

人群	钙 /(mg·d⁻¹) RNI	磷 /(mg·d⁻¹) RNI	钾 /(mg·d⁻¹) AI	钠 /(mg·d⁻¹) AI	镁 /(mg·d⁻¹) RNI	铁 /(mg·d⁻¹) RNI 男	铁 /(mg·d⁻¹) RNI 女	碘 /(μg·d⁻¹) RNI	锌 /(mg·d⁻¹) RNI 男	锌 /(mg·d⁻¹) RNI 女	硒 /(μg·d⁻¹) RNI
0 岁 ~	200（AI）	105（AI）	400	80	20（AI）	0.3（AI）	0.3（AI）	85（AI）	1.5（AI）	1.5（AI）	15（AI）
0.5 岁 ~	350（AI）	180（AI）	600	180	65（AI）	10	10	115（AI）	3.2（AI）	3.2（AI）	20（AI）
1 岁 ~	500	300	900	500~700ᵃ	140	10	10	90	4.0	4.0	25
4 岁 ~	600	350	1 100	800	160	10	10	90	5.5	5.5	30
7 岁 ~	800	440	1 300	900	200	12	12	90	7.0	7.0	40
9 岁 ~	1 000	550	1 600	1 100	250	16	16	90	7.0	7.0	45
12 岁 ~	1 000	700	1 800	1 400	320	16	18	110	8.5	7.5	60
15 岁 ~	1 000	720	2 000	1 600	330	16	18	120	11.5	8.0	60
18 岁 ~	800	720	2 000	1 500	330	12	18	120	12.0	8.5	60
30 岁 ~	800	710	2 000	1 500	320	12	18	120	12.0	8.5	60
50 岁 ~	800	710	2 000	1 500	320	12	10ᵇ / 18ᶜ	120	12.0	8.5	60
65 岁 ~	800	680	2 000	1 400	310	12	10	120	12.0	8.5	60
75 岁 ~	800	680	2 000	1 400	300	12	10	120	12.0	8.5	60
孕早期	+0	+0	+0	+0	+40	—	+0	+110	—	+2.0	+5
孕中期	+0	+0	+0	+0	+40	—	+7	+110	—	+2.0	+5
孕晚期	+0	+0	+0	+0	+40	—	+11	+110	—	+2.0	+5
乳母	+0	+0	+400	+0	+0	—	+6	+120	—	+4.5	+18

注：a 1 岁 ~ 为 500mg/d，2 岁 ~ 为 600mg/d，3 岁 ~ 为 700mg/d。

b 无月经。

c 有月经。

"—" 表示未涉及；"+" 表示在相应年龄阶段的成年女性需要量基础上增加的需要量。

参 考 文 献

[1] 杨柳清,贾丽娜.营养与膳食[M].2版.北京:高等教育出版社,2020.

[2] 中国营养学会.中国居民膳食指南(2022)[M].北京:人民卫生出版社,2022.

[3] 中国营养学会.中国居民膳食指南科学研究报告(2021)[M].北京:人民卫生出版社,2022.

[4] 中国营养学会.中国居民膳食营养素参考摄入量(2023版)[M].北京:人民卫生出版社,2023.

[5] 国家卫生健康委疾病预防控制局.中国居民营养与慢性病状况报告(2020年)[M].北京:人民卫生出版社,2021.

[6] 中华人民共和国国家卫生健康委员会医政司.肥胖症诊疗指南(2024年版)[J].中华消化外科杂志,2024,23(10):1237-1260.

[7] 中华人民共和国国家卫生健康委员会.成人糖尿病食养指南(2023年版)[J].全科医学临床与教育,2023,21(5):388-391.

[8] 杨月欣,葛可佑.中国营养科学全书[M].2版.北京:人民卫生出版社,2019.

[9] 杨月欣.中国食物成分表(标准版)[M].6版.北京:北京大学医学出版社,2019.

[10] 中华医学会骨质疏松和骨矿盐疾病分会.原发性骨质疏松症诊疗指南(2022)[J].中国全科医学,2023,26(14):1671-1691.

[11] 中国高血压防治指南修订委员会,高血压联盟(中国),中国医疗保健国际交流促进会高血压分会,等.中国高血压防治指南(2024年修订版)[J].中华高血压杂志,2024,32(7):603-700.

[12] 李融融,于康,中国营养学会肿瘤营养管理分会,等.恶性肿瘤患者康复期营养管理专家共识(2023版)[J].中华临床营养杂志,2023,31(2):65-73.

[13] 中华医学会糖尿病学分会.中国糖尿病防治指南(2024版)[J].中华糖尿病杂志,2025,17(1):16-139.

[14] 葛可佑.公共营养师[M].2版.北京:中国劳动社会保障出版社,2012.

[15] 葛可佑,李珏声,赵法伋,等.营养名词术语:WS/T476—2015[S].北京:中华人民共和国国家卫生和计划生育委员会,2015:1-7.

[16] 石汉平,陈伟.临床营养学[M].北京:人民卫生出版社,2024.

[17] 中国疾病预防控制中心营养与食品安全所,浙江省疾病预防控制中心,河南省疾病预防控制中心,等.膳食调查方法:WS/T426—2013[S].北京:中华人民共和国国家卫生和计划生育委员会,2013:1-4.

读者意见反馈

为收集对教材的意见建议，进一步完善教材编写并做好服务工作，读者可将对本教材的意见建议通过如下渠道反馈至我社。

咨询电话　400-810-0598

反馈邮箱　gjdzfwb@pub.hep.cn

通信地址　北京市朝阳区惠新东街 4 号富盛大厦 1 座
　　　　　高等教育出版社总编辑办公室

邮政编码　100029

资源服务提示

授课教师如需获取本书配套教辅资源，请登录"高等教育出版社产品信息检索系统"（http://xuanshu.hep.com.cn/）搜索下载，首次使用本系统的用户，请先进行注册并完成教师资格认证。

高教社高职医药卫生教师 QQ 群：191320409